丝绸之路经济带
创新合作模式研究

江凤香 著

中国纺织出版社有限公司 | 国家一级出版社
全国百佳图书出版单位

图书在版编目（CIP）数据

丝绸之路经济带创新合作模式研究 / 江凤香著. --北京 : 中国纺织出版社有限公司, 2019.9（2022.8重印）
ISBN 978-7-5180-6428-1

Ⅰ. ①丝… Ⅱ. ①江… Ⅲ. ①丝绸之路－经济带－国际合作－经济合作－研究－中国 Ⅳ. ① H319.1

中国版本图书馆CIP数据核字（2019）第151817号

责任编辑：郭　婷　　责任校对：王花妮　　责任印制：储志伟

中国纺织出版社有限公司出版发行
地址：北京市朝阳区百子湾东里A407号楼　邮政编码：100124
销售电话：010—67004422　传真：010—87155801
http://www.c-textilep.com
E-mail:faxing@c-textilep.com
中国纺织出版社天猫旗舰店
官方微博 http://www.weibo.com/2119887771
佳兴达印刷（天津）有限公司印刷　各地新华书店经销
2019年9月第1版　2022年8月第6次印刷
开本：787×1092　1/16　印张：11.5
字数：260千字　定价：59.00元

前言

2013 年 9 月 7 日，中国国家主席习近平在哈萨克斯坦纳扎尔巴耶夫大学作重要演讲，提出了共同建设“丝绸之路经济带”，为了使欧亚各国经济联系更加紧密、相互合作更加深入、发展空间更加广阔，可以用创新的合作模式，共同建设“丝绸之路经济带”，以点带面，从线到片，逐步形成区域大合作。2015 年 3 月 28 日，《推动共建丝绸之路经济带和 21 世纪海上丝绸之路的愿景与行动》正式对外发布，标志着“一带一路”倡议进入实质性阶段。推动“一带一路”倡议的实施，中国需要深化多边、双边交流，加强顶层设计，中国加强与中亚各国的务实合作，尽快契合丝绸之路经济带的机遇，创新丝绸之路经济带背景下中国与中亚的合作模式。

丝绸之路经济带是在“古丝绸之路经济带”概念基础上形成的一个新的经济发展区域，是中国与中亚各国之间形成的一个经济合作区域，大致在古丝绸之路范围之上。中国境内包括陕西、甘肃、青海、宁夏、新疆五个西北省区，重庆、四川、云南、广西四个西南省市区。这一地区地域辽阔，资源丰富，包括自然资源、矿产资源、能源资源、土地资源以及宝贵的旅游资源，因此建设丝绸之路经济带，将对世界经济产生重要影响。但是整个区域内与丝路两端区域相比，经济发展水平不高，区域交通不够便利，自然环境较差等，以及多元文化引来的差异，阻碍区域经济合作。

丝绸之路经济带，东边牵着亚太经济圈，西边系着发达的欧洲经济圈，被认为是“世界上最长、最具有发展潜力的经济大走廊”。它不是西部大开发战略简单的升级版，其中蕴涵了更深更远的意义，意味着中国寻求全方位的开放格局。中国改革开放四十年来，东部沿海地区一直是前沿，且主要面向西方发达国家。在新形势下，中国要改变以往过于依赖美、日、韩及东盟市场的被动局面，通过中西部地区扩大向西开放，加强与中亚、南亚、西亚乃至欧洲地区贸易往来和经济、技术、金融合作，从而形成中国全方位对外开放格局。

构建“丝绸之路经济带”并不是单纯的国内政策，而是为了促进中国与中亚、欧洲等地区开放合作的总体战略布局。从国际视角看，丝绸之路两端是当今国际经济最活跃的两个主引擎：欧洲联盟与环太平洋经济带。丝绸之路沿线大部分国家处在两个引擎之间的“塌陷地带”，经济发展水平与两端的经济圈落差巨大，交通基础设施供给严重不足。然而此地有横跨亚欧和与中国接壤的地理优势，有丰富的矿产资源、能源资源、土地资源和人力资源。发展经济与追求美好生活是该地区国家与民众的普遍诉求。“丝绸之路经济带”在空间上形成串联中外的轴线，成为促进中国与周边国家和地区互惠互利、交流合作的纽带。

从长期发展看，建设“丝绸之路经济带”可进一步推动欧亚大陆各国的经济合作，促进各国经济发展，进一步改变整个欧亚大陆的经济版图。

为了使欧亚各国经济联系更加紧密、相互合作更加深入、发展空间更加广阔，可以用创新的合作模式，共同建设“丝绸之路经济带”，以点带面，从线到片，逐步形成区域大合作。

本书主要研究丝绸之路经济带背景下中国与中亚创新合作模式，首先进行区域经济合作的基本理论分析，其次分析中国与中亚五国经济合作的战略价值与意义，针对中亚各国的商务环境进行分析，用 SWOT 分析方法分析中国与中亚五国合作环境，从环境层面、主导层面、合作领域层面来进行合作模式构建，并提出保障性措施。

本书是作者在多年来从事教学工作基础上完成的，本书结合丝绸之路经济带的发展研究中国与中亚地区合作的创新模式。由于时间仓促，书中难免有错误和不妥之处，恳请广大读者批评指正。

西安培华学院

江凤香

目录

第 1 章　绪论 ……………………………………………………1

1.1　研究背景 ……………………………………………………1

1.2　研究意义 ……………………………………………………2

1.3　研究的方法 ……………………………………………………2

1.4　研究的思路与技术路线 ……………………………………………………3

1.5　研究的特色与创新之处 ……………………………………………………4

第 2 章　中国与中亚各国合作发展“丝绸之路经济带”的理论依据 ……………………6

2.1　“丝绸之路经济带”的概念界定 ……………………………………………………6

2.2　“中亚”地理概念界定 ……………………………………………………6

2.3　国际经济合作理论 ……………………………………………………7

2.4　区域经济合作理论 ……………………………………………………8

第 3 章　中国与中亚各国共同建设“丝绸之路经济带”对推动我国经济持续健康发展的意义和价值 ……………………………………………………12

3.1　“丝绸之路经济带”倡议的意义 ……………………………………………………12

3.2　“丝绸之路经济带”建设面临的挑战 ……………………………………………………17

3.3　建设“丝绸之路经济带”对推动我国经济持续健康发展的价值 ……………………19

3.4　“丝绸之路经济带”构想的前景展望 ……………………………………………………20

第 4 章　中亚各国的商务环境分析 ……………………………………………………22

4.1　哈萨克斯坦 ……………………………………………………22

4.2　乌兹别克斯坦 ……………………………………………………47

4.3　吉尔吉斯斯坦 ……………………………………………………74

4.4　土库曼斯坦 ……………………………………………………88

4.5 塔吉克斯坦 ……103
第五章 中国与中亚各国合作的 SWOT 分析 ……119
5.1 中国与中亚各国合作的S分析 ……119
5.2 中国与中亚各国合作的W分析 ……121
5.3 中国与中亚各国合作的O分析 ……123
5.4 中国与中亚各国合作的T分析 ……124
5.5 中国与中亚各国合作的SWOT矩阵分析 ……126
第六章 中国与中亚的经济合作模式 ……127
6.1 直接投资合作 ……127
6.2 科技合作 ……133
第七章 中国与中亚各国合作的模式构建 ……137
7.1 环境层面 ……138
7.2 主导层面 ……138
7.3 合作领域层面 ……140
第八章 中国与中亚各国合作的保障性措施 ……151
8.1 政策支持 ……151
8.2 发展资金 ……151
8.3 人力资源培育 ……152
8.4 基础设施建设 ……155
第九章 中国与中亚各国合作案例 ……156
9.1 中国与哈萨克斯坦合作案例 ……156
9.2 中国与土库曼斯坦合作案例 ……159
9.3 中国与吉尔吉斯斯坦合作案例 ……160

9.4 中国与塔吉克斯坦合作案例······160
9.5 中国与乌兹别克斯坦合作案例······161
9.6 中国与中亚多国合作案例······163
第十章 结论及展望······166
参考文献······170

作者简介

江凤香，女，1983 年 7 月生，湖南湘阴人，西安培华学院副教授，硕士，研究生，主要从事区域经济学、人力资源管理和创新创业教育研究。近年来，主持“丝绸之路经济带创新合作模式研究”多项省级课题，作为参与人参与省部级课题多项，先后在《经济研究导刊》《农业工程》《陕西教育高教版》等学术期刊上发表论文四十多篇，其中人大复印资料转载 1 篇，科技核心 4 篇，SCI 摘要检索 3 篇，CPCI 收录论文 10 篇；参编教材 1 部。

第1章　绪论

1.1　研究背景

1.1.1　“丝绸之路经济带”的提出

中国国家主席习近平 2013 年 9 月 3 ~ 13 日访问中亚四国。访问期间，中国同土库曼斯坦、吉尔吉斯斯坦分别建立战略伙伴关系，同哈萨克斯坦进一步深化全面战略伙伴关系，同乌兹别克斯坦进一步发展和深化战略伙伴关系并签署了《中乌友好合作条约》。至此，中国同中亚五国全面建立了战略伙伴关系。土库曼斯坦是联合国承认的永久中立国，中国成为第一个和土库曼斯坦建立战略伙伴关系的国家。访问实现了中国与中亚国家双边关系的全面战略升级。9 月 7 日，习近平主席在哈萨克斯坦纳扎尔巴耶夫大学发表了重要演讲。在演讲中，习近平指出：为了使我们欧亚各国经济联系更加紧密、相互合作更加深入、发展空间更加广阔，我们可以用创新的合作模式，共同建设“丝绸之路经济带”。这是一项造福沿途各国人民的大事业。我们可以以点带面，从线到片，逐步形成区域大合作。习近平主席全面、系统阐述中国新一届政府对中亚政策，强调尊重中亚各国人民自主选择发展道路，在涉及国家主权、领土完整、安全稳定等重大核心利益问题上坚定相互支持。习近平主席多次传达的中国和中亚国家将“相互扶持、联合自强”的信息，准确地解释了中国和中亚国家建设“命运共同体”和“利益共同体”的基础性原则。中国与中亚国家关系发展进入新的历史时刻，如何更好地为未来的双边关系发展夯实基础、规划蓝图？怎么样建立中国与中亚国家“命运共同体”和“利益共同体”？引发国际社会各界关注与思考。本书基于“丝绸之路经济带”，研究中国与中亚五国合作模式创新。

1.1.2　上海合作组织合作框架拉动

1992 年中亚国家独立时，中国和中亚五国的双边贸易额只有 4.6 亿美元，2001 年增长到 55 亿美元。在上海合作组织合作框架的拉动下，2018 年 1 月至 9 月中国与中亚的双边贸易额已经达到 305 亿美元。

从 2001 年上海合作组织成立以来，中国和中亚国家的经贸及社会文化关系取得了长足进展。目前，中国是中亚五国最大的贸易伙伴，也是中亚油气资源最大的购买国。在上

海合作组织这一区域合作机制的成功推动下，中国和中亚国家已经建立了定期的反恐联合军事演习制度、定期的国防部长磋商和会晤制度、定期的国家安全事务高层官员对话制度。上海合作组织年度的首脑会晤机制，更是为各国间高层协调和促进中国、俄罗斯与中亚四国的政治、外交与经济合作提供了重要的战略性平台。上海合作组织从20世纪90年代开始的边境信心建立措施起步，通过制度化合作路径的建设性发展，走到今天演变为连接中国、俄罗斯与中亚国家的次区域合作框架。上海合作组织开启了中国与中亚国家睦邻友好、合作共赢的新篇章，也见证了中国与中亚国家经济、社会与政治关系融合、互补的新高度。特别是在打击“三股势力”、共同防止国际恐怖主义对中国和中亚国家的渗透和威胁、协调合作以共同维护中国和中亚国家的边界地区稳定等方面，上海合作组织过去10多年的成功历程为全球范围内的次区域合作提供了典范。在上海合作组织的拉动下，中国与中亚五国合作基础夯实。

1.2 研究意义

丝绸之路经济带构想是在我国根据区域经济一体化和经济全球化的新形势提出的跨区域经济合作的创新模式，是新时代下对于古丝绸之路的复兴计划。本书的研究有利于加快我国“走出去”的步伐，也响应了国家发展战略，进一步转变对外经济发展方式，提高我国开放型经济发展水平，通过研究，尝试探索提升西部地区经济发展水平的路径，推动区域经济协调发展；同时探索解决我国能源短缺问题，促进经济可持续发展，在合作中求得竞争实力，增强综合国力，在多元化格局中占据有利位置的策略。

研究该课题更加清楚地认识丝绸之路经济带构想的内涵，同时细化发展战略，处理和平衡各方关系，解决中国西部地区经济发展不平衡问题。本书的成果使用去向可能：习近平主席关于构建丝绸之路经济带的倡议，启发社会各界对丝绸之路进行重新审视。中国西部地区应该发挥在“丝绸之路经济带”的作用，以丝绸之路为纽带，拓展区域合作的视野，各种资源、经济优势结合，转化为合作优势，发展文化产业，开发特色文化创意旅游产品。本书希冀能够为政界和学术界提供理论指导。

1.3 研究的方法

1.3.1 简单描述性统计分析

描述性统计是用来概括、表述事物整体状况以及事物间关联、类属关系的统计方法。描述性统计分析，就是对一组数据的各种特征进行分析，以便于描述测量样本的各种特征及其所代表的总体的特征。本书主要通过饼图、折线图、柱状图来说明中国与丝绸之路经济带上中亚国家和地区的合作现状，包括产业分布、投资状况等。

1.3.2 文献研究法

文献研究法主要指搜集、鉴别、整理文献，并通过对文献的研究形成对事实的科学认识的方法。本书通过文献法搜集资料，利用互联网、电子阅览室、图书资料室、期刊、杂志、统计年报等媒介作为获取资料的来源。通过文献法，认真而透彻地阅读文献，从而获得深入系统的认识，查阅大量有关丝绸之路经济带的进展，中亚五国的政治、经济、文化等发展资料，中国与中亚五国的合作状况等相关的历史资料。

1.3.3 比较研究法

比较研究法就是对物与物之间、人与人之间的相似性或相异程度的研究与判断的方法。比较研究法可以理解为是根据一定的标准，对两个或两个以上有联系的事物进行考察，寻找其异同，探求普遍规律与特殊规律的方法。本书运用比较研究法来分析中亚地区各个国家经济发展模式和特征，对比其优劣势，并和中国经济发展特征加以对比，以期为丝绸之路经济带上国家和地区间合作提供有益的参照和经验。

1.3.4 调查法

调查法是通过收集被调查对象的各种有关资料进行分析、相互比较以了解其心理活动的方法。为了达到设想的目的，制订某一计划全面或比较全面地收集研究对象的某一方面情况的各种材料，并做出分析、综合，得到某一结论的研究方法，就是调查法。它的目的可以是全面把握当前的状况，也可以是为了揭示存在的问题，弄清前因后果，为进一步的研究或决策提供观点和论据。

1.3.5 经验总结法

经验总结法通过对实践活动中的具体情况进行归纳与分析，使之系统化、理论化，上升为经验的一种方法。通过研究过程和思路进行归纳总结，总结推广中国与其他区域合作的先进做法，以及研究丝绸之路经济带上国家和地区合作的先进经验，创新丝绸之路经济带的经济合作模式。

1.4 研究的思路与技术路线

丝绸之路经济带的机遇下，中国经济发展和中亚之间存在巨大的战略需求，并且中亚各国和中国拥有共同的利益诉求。

本书认为中国和中亚各国加强友好合作的政策制定和实施，可实现文化产业的融合，打造独具特色的旅游产业，创新区域合作模式。

本文的研究思路与技术路线，具体见图 1–1：

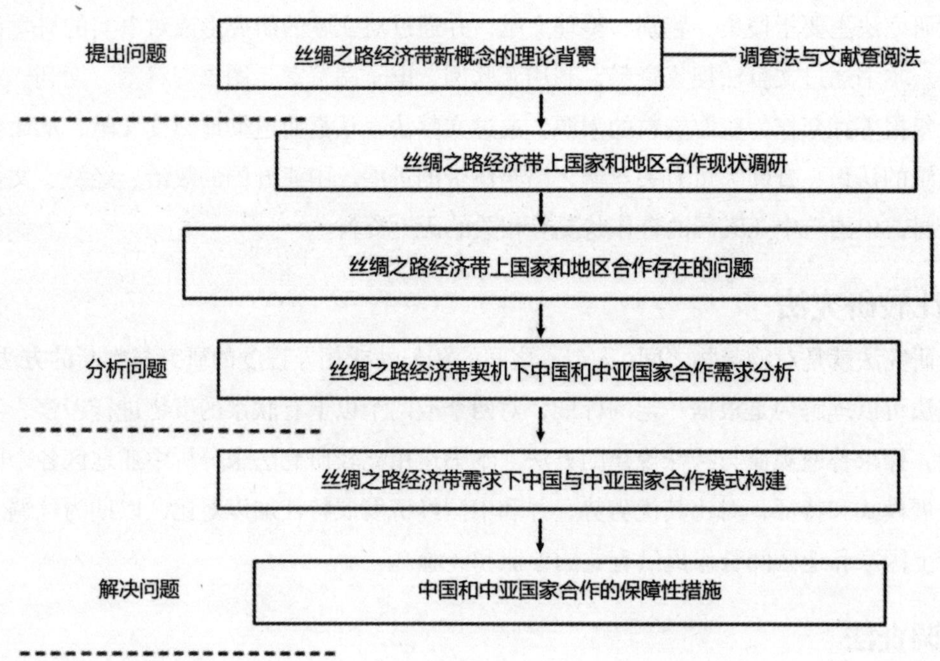

图1–1 本书的研究思路与技术路线图

1.5 研究的特色与创新之处

本书的特色和创新主要体现在以下几个方面：

（1）已有的文献主要基于区域资源合作的角度研究，加强中国与中亚国家在能源资源等方面的合作，包括石油、天然气、农产品等方面的资源合作。本文研究主要传承历史，结合丝绸之路经济带的历史文化遗产，探索文化产业的合作模式。

（2）中国与中亚五国之间的合作条件不仅仅是政策相通、道路相通，更多的是需要加快合作条件的改善。丝绸之路经济带上的中亚国家经济条件相对落后，因此合作不仅仅在于改善物质等基础设施条件，如交通条件、技术条件，同时这些区域与中国的文化差异还是比较大，因此，中国与中亚五国合作还应该加强文化融合，减少文化冲突，创造合作的良好人文环境。

（3）改变传统能源合作的模式。中亚国家由于多方面的原因，经济发展水平相对落后，相关的基础设施建设、资源的开发能力也是比较落后。鉴于中亚国家的经济发展水平，我国以资金、技术入股与目的国国家共同开发能源。

（4）开放的合作政策。中国与中亚国家双向开放新体制，由内向外有重点，鼓励更多的民间团体、社会组织和个人进入双方合作模式之中，同时鼓励更多的中国企业和更多的中国商人进入中亚国家，逐渐文化渗透，加强商业文化交流，减少合作的障碍因素。

（5）旅游产业与旅游产品合作发展与开发。丝绸之路经济带上的中亚国家民族文化资源丰富、历史文化资源丰富，对于发展旅游资源具有独特的优势。中国在旅游产业组织水平、区域经济结构、旅游资源背景、旅游产品特色以及旅游线路组合等方面具有优势，可充分开发旅游文化资源，促进中国与中亚五国的区域经济合作。

第2章 中国与中亚各国合作发展“丝绸之路经济带”的理论依据

2.1 “丝绸之路经济带”的概念界定

丝绸之路经济带2013年由中国国家主席习近平在哈萨克斯坦纳扎尔巴耶夫大学演讲时提出。丝绸之路经济带，是在古丝绸之路概念基础上形成的一个新的经济发展区域。包括陕西、甘肃、青海、宁夏、新疆西北五省区，重庆、四川、云南、广西西南四省区市。丝绸之路经济带，东边牵着亚太经济圈，西边系着发达的欧洲经济圈，被认为是“世界上最长、最具有发展潜力的经济大走廊”。丝绸之路经济带地域辽阔，有丰富的自然资源、矿产资源、能源资源、土地资源和宝贵的旅游资源，被称为21世纪的战略能源和资源基地，但该区域交通不够便利，自然环境较差，经济发展水平与两端的经济圈存在巨大落差，整个区域存在“两边高，中间低”的现象。

2.2 “中亚”地理概念界定

关于“中亚”的地理概念，最早由地理学家亚历山大·冯·洪堡于1843年提出。但是对于“中亚”的范围，国际学术界的观点不统一。中亚，也就是亚洲中部地区，其有广义和狭义之分。

广义的中亚，根据联合国科教文组织1978年确定，涵盖阿富汗、伊朗东北部、巴基斯坦、印度北部、中国西部、蒙古和历史上苏联时期的几个加盟共和国（哈萨克斯坦、吉尔吉斯斯坦、乌兹别克斯坦、塔吉克斯坦、土库曼斯坦）。根据广义“中亚”，全部或部分属于中亚地区的国家共有七个，即阿富汗、中国、印度、伊朗、蒙古、巴基斯坦和俄罗斯；就中国来说，新疆维吾尔自治区、西藏自治区、青海省、甘肃省中西部及河西走廊、宁夏回族自治区、内蒙古自治区西部等地都属于中亚地区范围。

狭义的中亚，由苏联官方定义，仅指其下属的五个加盟共和国，即乌兹别克斯坦共和国（简称乌兹别克斯坦）、哈萨克斯坦共和国（简称哈萨克斯坦）、吉尔吉斯共和国（简

称吉尔吉斯斯坦)、土库曼斯坦、塔吉克斯坦共和国（简称塔吉克斯坦)。国际社会已经广泛使用狭义范围，但是实际上，在苏联时期，阿富汗也属于中亚范畴。本书的研究采用狭义的“中亚”。

2.3　国际经济合作理论

2.3.1　“合作”的内涵

合作是指互相配合做某事或共同完成某项任务。“合作”一词的含义就是指双边或者多边为了达到某个共同目标而建立起来的协作与配合关系。❶

按合作的性质，可分为同质合作与非同质合作。同质合作，即合作者无差别地从事同一活动，如无分工地从事某种劳动。非同质合作，即为达到同一目标，合作者有所分工，如按工艺流程分别完成不同的工序的生产。按照有无契约合同的标准，合作分为非正式合作与正式合作。非正式合作发生在初级群体或社区之中，是人类最古老、最自然和最普遍的合作形式。这种合作无契约上规定的任务，也很少受规范、传统与行政命令的限制。正式合作是指具有契约性质的合作，这种合作形式明文规定了合作者享有的权利和义务，通过一定法律程序，并受到有关机关的保护。按合作的参加者分，有个人间的和群体间的合作等。就合作本质而言，双方具有平等的法人地位，在自愿、互利的基础上实行不同程度的联合。

成功的合作需要满足一定的基本条件，主要包括：①一致的目标。任何合作都要有共同的目标，至少是短期的共同目标。②统一的认识和规范。合作者应对共同目标、实现途径和具体步骤等有基本一致的认识；在联合行动中合作者必须遵守共同认可的社会规范和群体规范。③相互信赖的合作气氛。创造相互理解、彼此信赖、互相支持的良好气氛是有效合作的重要条件。④具有合作赖以生存和发展的一定物质基础。必要的物质条件（包括设备、通信和交通器材工具等）是合作能顺利进行的前提，空间上的最佳配合距离，时间上的准时、有序，都是物质条件的组成部分。在经济合作中，成功的合作也需要满足相对应的条件，包括伙伴之间认可彼此的发展理念、企业文化和商业模式；合作伙伴之间具备一定的经济实力，并且愿意承担合作中所产生的风险，双方秉持平等、协作、共同发展的观念，不损害彼此利益（见下图）。

---

❶　孙莹.国际经济合作[M].机械工业出版社,2015.

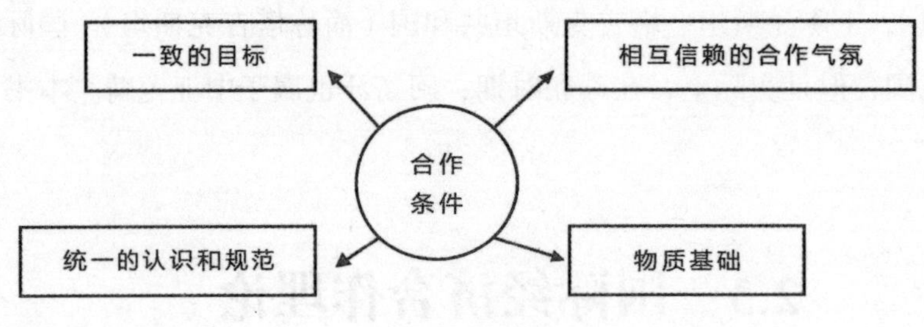

合作的条件

2.3.2 国际经济合作的内涵

关于国际经济合作的内涵表述有很多种。比如有的表述为“国际经济合作是指第二次世界大战以后，不同主权国家政府、国际经济组织和超越国家界限的自然人与法人为了共同的利益，在生产领域中以生产要素的移动与重新配置为主要内容而进行较长期的经济协作活动”。有的表述为“世界上不同国家（地区）政府、== 国际经济组织和超越国家界限的自然人与法人为了共同的利益，在生产领域和流通领域（侧重）生产领域所进行的以生产要素的国际转移和重新配置为重要内容的较长期的经济协作活动”。也有的表述为“国际经济合作是超越国界的经济主体根据协商确定的方式，在侧重生产领域或生产与交换、分配、消费等相结合的领域进行的经济活动和政策协调活动”。具体来说，国际经济合作包括国际经济合作的主体、国际经济合作的原则、国际经济合作的范围、国际经济合作的内容、国际经济合作的期限，见表 2–1。

表2–1　国际经济合作的具体含义

国际经济合作的主体	不同国家（地区）政府
	国际经济组织
	各国的企业和个人
国际经济合作的原则	平等互利
国际经济合作的范围	生产领域
	国际经济
	政策协调
国际经济合作的内容	不同国家或地区生产要素的优化组合和配置
国际经济合作的期限	较长期的经济协作活动

2.4　区域经济合作理论

区域经济合作理论，不但反映着区域经济合作实践的要求，而且从来无法摆脱世界经济实践进程和理论发展的影响。国际区域经济一体化已经成为当今世界经济发展最重要的

趋势之一，尤其是进入 20 世纪 90 年代以来，国际区域经济一体化组织更是取得了长足的进展。

2.4.1 区域经济合作理论概述

比较优势理论认为，技术和资源等要素禀赋差异引起的相对价格差异是国际贸易产生的原因，传统的区域经济一体化理论和新国际劳动地域分工理论基于此建立其理论框架，“中心—周边”理论和国际依附论则强调该差异产生的历史积累原因和差异加大的趋势，提出改变不合理的国际经济秩序的主张，采取割断不合理交换关系、建立发展中国家内部区域经济合作的方式以避免两极分化的进一步加剧，并认为新国际劳动地域分工理论关于发展中国家与发达国家经济联系的论述实际上反映了发展中国家对发达国家新的依附。新经济地理理论中的新贸易理论认为，即使不存在相对价格条件的差异，规模经济和不完全竞争也是国际贸易产生的独立因素，认为“中心—周边”模式即区域经济的出现依赖于运输成本、规模经济、市场需求、制造业分布和产业外部性。

2.4.2 标准区域经济一体化理论

标准区域经济一体化理论以瓦伊纳《关税同盟问题》一书中的关税同盟理论为代表。基于李嘉图比较优势理论和赫克歇尔、俄林的要素禀赋理论，该理论认为，组建关税同盟后，区域经济一体化将对区域集团内的国家产生静态效应和动态效应。区域经济一体化的静态效应主要包括贸易创造效应和贸易转移效应。贸易创造指组建关税同盟成员方之间相互取消关税和非关税壁垒所带来的贸易规模的扩大、相互出口产品价格下降带来的经济福利的增加，包括生产创造效应和消费创造效应。贸易转移效应指建立关税同盟之后成员国与高成本产品成员方的相互贸易代替了成员国与低成本非成员国之间的贸易造成的福利损失。是否组建关税同盟，取决于贸易创造效应与贸易转移效应的比较。从发达国家之间组建关税同盟的福利效应来看，由于其供给和需求曲线较为平坦，贸易创造效应较大，且非成员国的产品成本不占优势，贸易转移效应较小，因而贸易创造效应大于贸易转移效应，福利正效应较为明显。由于比较优势的存在，会导致成员国在某些生产领域的专业化发展，以及相应的生产活动向生产成本较低的国家集中，进而形成使每个国家的总体利益都增加的区域性专业化地域分工，但对第三国即非成员国产生贸易壁垒和福利负效应，因而标准的区域经济一体化是一个封闭的模式。欧盟的建立以标准的区域经济一体化理论为依据，推动了欧盟经济实力的不断增强，取得了巨大的成功，并带动了区域经济合作浪潮的兴起，对发展中国家早期开展区域经济合作产生了很大的示范效应。

根据发展中国家的实际，布朗、罗布森、库珀和小岛清等人研究了标准的区域经济合作理论对发展中国家的适用性，认为发展中国家之间区域经济合作的贸易转移效应大于贸易创造效应，静态效应不明显，发展中国家借鉴标准的区域经济一体化理论应强调区域经济合作的动态效应和对外保护作用。区域经济一体化的动态效应主要包括规模经济效应和竞争效应。小岛清提出的协定分工理论认为，区域经济集团组建以后，不同经济体分散的小市场结成统一大市场，企业摆脱了市场规模的限制，并通过协议使各成员方分享规模经济效益；西托夫斯基和德纽的"大市场"理论即共同市场理论认为共同市场统一了保护主义分割的小市场，通过大市场内的激烈竞争，打破了原来各成员国国内的垄断；此外，区域经济一体化使外资通过区内设厂生产，绕开区域经济同盟的壁垒限制，从而能扩大吸引外资的规模。

2.4.3 "中心—周边"理论和国际依附论

"中心—周边"理论和国际依附论是20世纪六七十年代发展中国家之间区域经济合作的主要理论依据。结构主义者缪尔达尔、普雷维什和辛格等认为，世界经济存在"中心"和"周边"的格局，资本主义发达国家作为技术创新者、发展的动力和经济利益的获得者而成为中心，周边则由发展中国家组成，是技术模仿者、原料提供者和中心的附庸；由于发达国家即中心国家在技术水准、生产率、产品价格和收入水准等方面处于有利地位，从而使经济剩余转向发达国家，产生中心剥削周边、中心统治周边、周边依附中心的现实。激进主义的国际依附论进一步认为，对发达国家的依附是发展中国家贫穷的根源，剩余价值从边缘流入中心地区，造成中心的积累和边缘的负积累，中心与边缘的经济差距将随着经济的发展而加大，发展中国家应变革各国内部不合理的经济制度，与现行的国际经济制度脱钩并实行发展中国家的区域经济一体化。

2.4.4 以产品生命周期理论为核心的新国际地域分工理论

新国际地域分工理论将比较优势理论、产品生命周期理论和雁行理论结合运用，认为产品的技术周期与不同国家的技术梯度之间存在动态匹配关系。其中，产品生命周期理论是新国际地域分工理论的核心部分，它提出了不同于"中心—周边"理论和国际依附论关于世界经济技术传递的解释。美国哈佛大学经济学教授雷蒙德·弗农认为，一种新产品一般经历创新、成熟和标准化三个阶段。在产品技术创新阶段，产品和技术的研制和开发需要较高的资本和技术水准，新发明和新产品一般在发达国家开发，主要满足发明国国内市场的需要；在产品成熟阶段，产品技术已成熟，生产规模扩大并开始大量出口，进而到成本较低的国家设厂，进口国模仿、掌握并开始生产该产品，创新国成为进口国；在产品标准化阶段，产品和技术在发达国家普及，并扩大到成本最低的发展中国家，最后发达国家

成为该产品的净进口国，产品的生命周期至此完成。在产品和技术周期的不同阶段，不同的国家有着不同的比较优势，生产区位在不同发展水准的国家之间转移，并通过产品交换实现比较利益在国际间的转移。

2.4.5 新经济地理理论

李嘉图比较优势理论和赫克歇尔、俄林的新古典贸易理论假定在规模收益不变、自由贸易、不存在运输成本等条件下产生国际贸易及其利益，在此基础上产生的标准区域经济一体化理论已不能解释区域经济合作的现实格局。在当代国际经济活动中，规模收益递增、外部性、不完全竞争和运输成本是国际贸易及其利益产生的重要因素。新经济地理学中的区位理论和新贸易理论有效解释了上述条件下贸易利益的起源和区域经济增长模式。新贸易理论认为贸易活动的区位选择依赖于要素密集度和运输密集度等因素。在同样的贸易条件下，两国间距离越近，贸易运输成本越小，交易费用就越小，贸易量就越高，贸易量随距离的增加而迅速递减；区域经济的出现依赖于运输成本、规模经济和制造业比重等因素。在产业外溢效应下，递减的成本支持相关产业的聚集和产品创新，产业部门的地理集中引起地区经济的持久增长，区域经济一体化则进一步导致生产和创新的区域集中。

由于边缘国家具有较低的经济发展水准和需求水准，克鲁格曼的新贸易理论模型说明了经济发展水准较低的国家之间进行区域经济合作有着内在缺陷，认为在若干不发达国家之间自由贸易一体化均衡状态下，福利总体增量为负效应，发展中国家合作区域内先进和落后国家的福利都减少了。按照该理论，发展中国家之间建立封闭式区域经济一体化存在负面影响。

第3章　中国与中亚各国共同建设“丝绸之路经济带”对推动我国经济持续健康发展的意义和价值

3.1　“丝绸之路经济带”倡议的意义

3.1.1　定义

丝绸之路经济带是利用经济杠杆加强睦邻友好，形成区域大合作创新模式。中国与中亚是“古丝绸之路”的核心路段，是丝绸之路经济带建设的支点。

3.1.2　丝绸之路经济带倡议的特征

丝绸之路经济带构想是我国根据区域经济一体化和经济全球化的新形势提出的跨区域经济合作的创新模式，是新时代对“古丝绸之路”的复兴计划。这一构想具有伟大的历史与现实意义，符合区域内各国发展需求和欧亚区域合作的大势，前景未可限量。对丝绸之路经济带的构想进行梳理，可在纵向与横向的比较中进一步认识其内涵，评估其发展可能面临的潜在挑战，进而判断其未来的走势。在国际竞争与合作的坐标体系下，我们可以更清楚地看到丝绸之路经济带构想的特性。

3.1.2.1 我国目前正处在建设丝绸之路经济带的最佳历史机遇期

当前，东西方之间存在通联的巨大战略需求，而中国又处在绝佳的地缘位置上。过去40年经济高速发展取得的成就，对中亚各国产生了巨大的向心力，我国当是复兴丝绸之路的最佳推手。全球金融危机发生后，处在丝绸之路上的国家，包括中俄在内，大都面临着类似的发展问题，有着共同的利益诉求，对合作的期盼远高于利益的分歧。此时推动建立丝绸之路经济带，是一个恰到好处的选择。习近平主席提出的丝绸之路经济带，准确地抓住了历史机遇，既能满足我国自身发展的需求，又可为世界经济发展、文明融合做出巨大的贡献。

3.1.2.2 丝绸之路经济带构想体现鲜明的独立自主的和平外交思想

通过坚持不干涉国家内政原则，中国与本地区国家在长期相处的过程中建立起普遍的政治互信。我国提出的构想，不针对任何第三方，不搞排他性制度设计，不谋求地区事务的主导权，不经营势力范围，这些举措有助于最大限度地排除政治阻力。同时，肯定、接纳其他国家在本地区内的存在，有助于充分发挥各方力量，强化地区的一体化趋势，充分体现了大国政治的胸襟。

3.1.2.3 我国的丝绸之路经济带构想在制度设计上更为合理

由点及面、从线到片的布局规划符合扩散效应原理。在构想中，软件（政策沟通）建设与硬件（道路连通）建设相辅相成，消除贸易壁垒与加强金融制度建设相得益彰，经济交往与民心交流并行不悖。这些都是我国丝绸之路经济带构想超越既有建设计划的出彩之处。

3.1.2.4 我国的丝绸之路经济带构想是建立在文明融合而非文明冲突的立场上

新构想不仅强调政治协调、经济交流、促进安全、制度建设，更突出民心相通，人民外交的思想为开展区域合作奠定了坚实的民意基础与社会基础。这表明，中国外交正在走出权力政治的窠臼，为各国开展合作提供了典范，也是对全球经济繁荣与和平安全的重大贡献。

3.1.2.5 中国和中亚在“共同发展和共同繁荣”基础上的紧密合作关系，必定具有强大的生命力

中亚所在的里海地区，是世界重要的油气资源产地。油气资源开发也是中亚经济的最大经济支柱。中国则是中亚油气资源最稳定、最可靠的长期用户。2018 年，中国全年天然气进口量为 9039 万吨，同比增长 3.19%，从霍尔果斯海关获悉，截至 2018 年 12 月 31 日，2018 年中亚天然气管道向中国输气 474.93 亿标方，同比增长 23.08%。目前，已经有两条连接中国和中亚的输气管线正在运营，连接中国和哈萨克斯坦的第三条输气管线已竣工，2014 年年初已经投入运营。2013 年习近平主席访问期间，中国和土库曼斯坦就建设第四条输气管线达成了协议。一旦第四条输气管线开通运营，土库曼斯坦将每年向中国输送 650 亿立方米天然气，再加上沿途的乌兹别克斯坦和新开通的哈萨克斯坦管线，中国每年将从中亚三国进口天然气 800 亿立方米。中国与中亚长期稳定的能源合作关系对于双方的能源战略来说，都具有不可替代的重大战略价值。随着中国和中亚关系的提升，中亚国家开放油气田给中国石油天然气企业参股和开发进程也取得了积极进展。习主席访问土库曼斯坦期间，专门同别尔德穆哈梅多夫总统共同启动了中国公司参与开发的“复兴气田”启动仪式。哈萨克斯坦政府同意中国参与世界级的卡莎甘油田二期开发。习近平主席在上海合作组织比斯凯克首脑峰会上提议建立中亚能源俱乐部，协调各国的能源政策和能源利益。

3.1.3 丝绸之路经济带的历史

丝绸之路的历史，可以追溯到汉武帝派遣张骞出使西域之前数千年。张骞到达中亚后，发现那里已经大量使用中国的竹制品和纺织品。西汉使团“凿开”亚、欧、非三大洲的通道，被德国地理学家李希霍芬（Ferdinand von Richthofen）命名为“丝绸之路”。实际上，就功能而言，还可以叫“茶叶之路”“瓷器之路”“欧亚使道”，而且地理上的具体路线也不止一条。历史上，开辟丝绸之路绝非仅仅出于贸易目的，当时的中原王朝为了巩固北方边界的安全，在信息极端闭塞的情况下，凭借传闻与使团的勇气和信念，搭建起连接东西文明的桥梁。这个过程既有偶然、更是必然。丝绸之路尽管曲折，但仍然是连接亚欧大陆最便捷的通道，极大地促进了东西文明的交流，但囿于技术条件、自然条件与政治因素的限制，它难以承载大规模的物质转运的任务。随着航海技术的进步，丝绸之路被效率更高的海运所取代。

近百年来，中国为重新“凿通”“丝绸之路”做出了不懈努力。1905 年，古丝绸之路上，中国境内的第一条铁路（汴洛铁路）开始修建。无论是清政府，还是孙中山先生的国民政府，都规划了延伸到西北方向的铁路，以便与各国的铁路网衔接。中华人民共和国成立后，铁路建设的步伐明显加快，在不到 40 年的时间里，连接陇海、兰新直达欧洲的铁路动脉全线贯通。

除铁路等基础设施建设投入外，我国更明确提出了相关的战略规划。21 世纪以来，中央先后部署了“西部大开发”“中部崛起”等重大战略，西部地区建设的步伐明显加快，丝绸之路复兴的前景日渐光明。2005 年，“欧亚经济论坛”在西安召开，两年一度的国际论坛成为我国推进丝绸之路复兴的重要多边舞台。2007 年，我国与中亚七国（哈萨克斯坦、阿富汗、阿塞拜疆、吉尔吉斯斯坦、蒙古、塔吉克斯坦、乌兹别克斯坦）计划共同投入 192 亿美元建设“现代丝绸之路”。

2008 年，我国与联合国开发计划署及中亚四国（哈萨克斯坦、吉尔吉斯斯坦、塔吉克斯坦和乌兹别克斯坦）联合发起丝绸之路区域项目，共有 19 个国家响应，各国在日内瓦签署意向书，决定再为复兴丝绸之路投入 430 亿美元。2013 年 9 月，习近平主席完整阐述了丝绸之路经济带的构想，这一构想既与古老的丝绸之路一脉相承，又充分体现了时代特点。

中国与中亚国家已经实现铁路连通。2015 年 7 月 5 日，甘肃省会兰州和武威市相继发出直达阿拉木图的两趟国际货运专列，这是继该省 2014 年年底开通首趟直达中亚的“天马号”国际货运班列后，与中亚国家的再次“握手”，实现了中国西部铁路与中亚地区间互联互通的常态化。

中国在中亚互联互通上发挥了积极作用。中国的“一带一路”倡议和中亚地区互联互通相辅相成、相互促进。近年来，“一带一路”倡议改善了中亚地区的基础设施面貌，也提高了当地人口的生活质量和水平。更重要的是，中方提出的“一带一路”倡议符合沿线

国家利益。在新的历史条件下，这一倡议将是推动中亚一体化和丝绸之路沿线国家发展的重要力量。中国提出的“一带一路”倡议为中亚地区提升基础设施建设创造了机会，是丝绸之路沿线所有国家加快发展的一个机遇。

3.1.4 丝绸之路经济带构想的意义

3.1.4.1 在新技术条件下，丝绸之路具备复兴的客观条件

古老的陆路运输技术不足以承载产生规模效益的运输量。但是铁路和公路运输技术的发展，极大地降低了陆地运输的成本。据测算，从我国连云港到荷兰鹿特丹，如果通过丝绸之路，运输距离可比海运缩短 9000 多公里，时间缩短近 1 个月，运费节约近 1/4。此外，古丝绸之路必须避开山地与沙漠，路线选择范围有限，经济和社会效益不高。而今天，我们的技术水平已经能把铁路修到“世界屋脊”。因此，与古丝绸之路相比，新丝绸之路覆盖的面积将更广，路线更密集，也更发达，从而可以在更广泛的区域内把资源与市场串联起来。新丝绸之路是在新技术条件下，对古老的交通通道的复兴与拓展。

3.1.4.2 新丝绸之路构想充分兼顾了国际、国内两方面的战略需求

从国际角度看，丝绸之路两端是当今国际经济最活跃的两个主引擎——欧洲联盟与环太平洋经济带。丝绸之路沿线大部分国家处在两个引擎之间的“塌陷地带”，发展经济与追求美好生活是本地区国家与民众的普遍诉求。这方面的需求与两大经济引擎通联的需求叠加在一起，共同构筑了丝绸之路复兴的国际战略基础。从国内角度看，我国当前的发展需要兼顾地区平衡，并着力开拓新的经济增长点。复兴丝绸之路能带动经济实力较为薄弱的西部地区，有望形成新的开放前沿。

3.1.4.3 新丝绸之路设想兼顾政治、经济、安全乃至文化利益的均衡发展

中亚地区处于地缘战略要冲，又是东西文明的交汇点。新丝绸之路构想以经济合作为先导与基石，以政治合作为前提与推进手段，以促进文化交流、化解安全风险为重要目标，是具有前瞻性的综合战略规划。经济发展为基础设施建设准备了物质条件，提高了各国参与合作的意愿。政治合作消除了开展经济合作的各种人为障碍。经济发展与政治合作有助于化解安全冲突，消弭宗教极端势力滋生的温床。伴随着政治、经济活动而展开的文化交流，最终将促进东西方文明的融合。政治、经济、安全、文化目标并行不悖，使得新丝绸之路构想具有突出的稳定性，不至于被安全冲突打断，反而能抑制安全冲突。

3.1.5 其他各国对于丝绸之路经济带的发展评价和做法

丝绸之路的发展前景也吸引了世界的目光。各国纷纷提出自己的设想，其中影响较大的有日本的“丝绸之路外交”、美国的“新丝绸之路”计划以及“北南走廊”计划。这些计划为我们认识新丝绸之路设想提供了参照系。

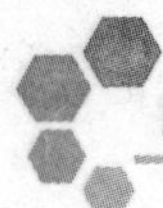

3.1.5.1 日本提出“丝绸之路外交”

日本提出“丝绸之路外交”的初衷是保障能源来源的多元化。日本早期并不重视中亚外交，直到 1997 年桥本内阁首次提出“丝绸之路外交”设想，才开始加强与中亚的交往。日本政府认为：中亚各国远离国际市场，需要加强彼此间的经济合作，才能更有效地进入国际市场，日本应该帮助中亚各国实现一体化，在此过程中，日本可以强化在这一地区的政治与经济影响力。日本执行丝绸之路外交的主要方式是：由日本政府提供开发援助，帮助丝绸之路沿线国家完善公路、铁路、电力等基础设施建设。

为了推动丝绸之路外交，日本自 2004 年起推动设立“中亚（乌兹别克斯坦、塔吉克斯坦、吉尔吉斯斯坦、土库曼斯坦）＋日本”机制，通过五国外长的定期会晤来促进政治对话、经贸合作、文化交流。日本政府的开发援助，为日本在这一地区赢得了好名声。但日本“丝绸之路外交”进展并不理想。首先，这可能与日本自身实力的相对衰退有关。由于日本经济增长长期停滞，日本模式在中亚渐渐失去了市场。“中亚＋日本”机制越来越难以与上海合作组织等合作框架的影响力相媲美。其次，日本对中亚地区能源的重要性及相关安全议题的认识逐渐成熟，渐渐失去了对丝绸之路外交的兴趣。再次，日本不具备开展中亚外交的地缘条件，同时该地区与日本的宗教文化差异较为明显，“丝绸之路外交”进展缓慢。最后，也是最重要的，日本外交缺乏自主权。为了配合美国的意识形态外交，日本的丝绸之路外交也染上了鲜明的政治干涉色彩，这侵蚀了与该地区各国互信的基础。

3.1.5.2 美国对于中亚高度重视

美国异常重视中亚地区的地缘政治价值。早在 1999 年，美国国会就通过了“丝绸之路战略法案”。该法案计划通过支持中亚和南高加索国家的经济和政治独立来复兴连接这些国家及欧亚大陆的丝绸之路。为此，美国致力于推动中亚国家建立市场经济和民主政治体制。2005 年美国提出“大中亚”计划，强调要以阿富汗为立足点，在中亚地区建立政治、经济与安全的多边机制，以促进地区发展与民主改造。2011 年美国进一步提出“新丝绸之路计划”，通过援助中亚地区国家的基础设施建设，推动实现“能源南下”与“商品北上”的战略目标。2012 年 7 月，在东京召开了关于“新丝绸之路”计划的部长级会议，美国希望将日本拉入该计划，可见其对这一计划的重视程度。

美国的新丝绸之路计划带有较强的意识形态色彩，与中俄两国展开地缘政治争夺的态势明显。然而政治干涉为己方树立了对手，如伊朗；军事干涉给本国背上了沉重的经济与安全包袱，如阿富汗；战略争夺迫使本地区国家不得不选边站，实际上违背了促进地区一体化的战略目标。同时，美国自身的安全问题也并没有因介入该地区而得到根本改善。未来，较难期待美国的“新丝绸之路战略法案”会大有作为。

3.1.5.3 俄罗斯、印度、伊朗三国发起“北南走廊”计划

“北南走廊”计划最早由俄罗斯、印度、伊朗三国发起，计划修建一条从南亚途经中亚、

高加索、俄罗斯到达欧洲的货运通道，一旦项目完成，将大大降低从印度到欧洲的货运成本。然而自2000年提出以后，这项计划一直进展缓慢，资金迟迟不能到位，政治分歧久难弥合，特别是由于处在计划核心位置的伊朗态度日渐消极，项目几乎陷入瘫痪。随着印度实力的提升，2011年印度的态度转为积极，甚至表态愿意承担在伊朗境内的铁路与公路建设，这项计划方得以再度获得生机。“北南走廊”的前景并不明朗。首先，“北南走廊”计划的提出仍然是地区大国在中亚抗衡其他国家影响力的尝试，当主导大国兴趣降低后，计划往往迅速沉寂，甚至难以维系。其次，连接南北并不具备贯穿东西所能产生的巨大战略效益。最后，北南通路上障碍重重，例如，印巴之间存在巨大的战略分歧，伊朗存在较突出的不稳定性。因此，北南通路即便建成，也随时可能因突发性政治事件而再度被阻断。

3.2 “丝绸之路经济带”建设面临的挑战

总体来说，“丝绸之路经济带”构想是在恰当的时机、恰当的地点提出的恰当的建议。这一建议有很大的包容性，与其他国家的建议并不发生根本性冲突。然而，未来丝绸之路经济带在建设过程中，在一些关键的节点上如果拿捏不好，亦有可能难以实现预期效果。

3.2.1 制度化建设

制度化建设的水平能达到一个什么样的高度，值得关注。丝绸之路是一个多边外交的舞台，既涉及本地区的国家，又涉及在本地区具备影响力的国家（如美国、日本）甚至国际组织（如国际道路联盟、联合国教科文组织）。初始的政策协调将处在一个什么样的范围之内？最初的制定过程是否需要排除外界因素？在缺少主导国的前提下如何排除外界因素的作用？政策协调是否需要形成一个固定的机制？相关国家在多大程度上愿意为了国际协调而让渡自己的主权？如果有国家因特殊原因（如政变）而退出协调机制，是否需要建立补救及惩戒机制？

在制度建设上实际需要处理好两个平衡：一是主权让渡与不干涉内政原则的平衡。缺乏主权让渡的一体化进程往往是不稳固的。这或许能解释为什么美国始终坚持以意识形态划线，在意识形态相近的背景下，较容易形成政治互信，从而提升制度化建设的水平。然而依照我国的新丝绸之路规划，意识形态、民族、文化、种族的差异是必须直面的现实，“不干涉”是使新规划能够覆盖这些差异的唯一选择，那么就要看我国的计划能够在多大程度上扩大有关国家的共同利益基础，并且需要对“不干涉”的范畴有更加明晰的界定。总体上说，由点及面、从线到片的思路是正确的，但在扩散的过程中需要特别注意保持各方的利益平衡（这种平衡往往是非常脆弱的）。

另一个平衡是缺乏主导国与推进制度建设之间的平衡关系。为了消除有关国家的疑虑，中国明示放弃在新丝绸之路建设上的主导地位，其他国家也不具备承担这个地位的条件。而制度建设非有国家牵头不可，特别是在关键时期需要有国家主动放弃自己的利益，以便产生示范效应。放弃主导地位，则意味着承担额外责任的国家需要放弃额外的收益。这将考验国家对长远利益的认知以及对即期利益损失的承受能力。此外，要特别注意，推进丝绸之路经济带须对地区一体化进程起到促进作用，而不是相反的作用。

3.2.2 基础设施建设

道路等基础设施的建设规划考验决策者的智慧。丝绸之路经济带路线的选择需要充分考虑地理环境、经济效益与政治协调。总体上，经济带的干线仍需以铁路交通为主，其次才是公路和石油管道，最后是其他配套设施。丝绸之路途经的地带多山、多沙漠，地理环境较为复杂。地理条件决定丝绸之路的很多路段只能绕行，而无法直接通过。从我国境内情况来看，现实的选择是通过新疆的霍尔果斯和阿拉山口等几个较为平坦的口岸出境。目前已经通车的亚欧大陆桥即属于此条线路。它是我国西北地区目前唯一的出境铁路，目前看来，这条线路应该无法承载建设丝绸之路经济带的全部需求。正在规划论证中的中巴铁路、中尼铁路以及中吉乌铁路，均需要穿越山地，施工难度较大。但青藏铁路建成所累积的技术和经验，让我们对这些线路的建设更有信心。目前，中尼铁路已经开始施工，我国将把青藏铁路延伸到尼泊尔边境。中巴铁路、中吉乌铁路因其重大的战略及经济效益，目前已经得到各方的鼎力支持，顺利完工也是可以预期的。未来在西南方向经广西、云南出境前往东南亚和南亚的线路也应该纳入丝绸之路经济带的规划。

要想使交通线充分发挥扩散效应，选址除了考虑地理因素外，还要充分考虑经济因素。例如同样是贯通亚欧大陆的交通线，穿越人口稠密地区的线路所能带来的经济效益要远远高于西伯利亚铁路。除了人口与物产分布外，避免重复建设也是一个重要的考虑因素。新丝绸之路的规划应该统筹考虑与本地既有基础设施的衔接问题。例如，新丝绸之路不妨考虑与“北南走廊”计划等联结，最大限度地发挥已建成设施的效用，缩减早期投入。

与技术和规划因素相比，更大的挑战来自于政治协调，特别是大国之间的协调。例如，俄罗斯是丝绸之路上的传统大国，也是利益攸关的国家，俄方的态度能够对新丝绸之路设想产生重大影响。从地缘政治角度出发，俄视中亚地区如自家后院，不太愿意接纳其他国家在这里扩张影响力。从功能上看，新丝绸之路规划与俄罗斯的西伯利亚铁路有明显的重叠，需要进一步协调两者的角色定位。又如，中尼铁路需要充分考虑印度因素；西南方向出境的路线需要协调东南亚各方的立场，此外还要充分考虑美、日、欧盟等在本地区有影响力的其他大国的因素。总之，新丝绸之路将是一个多边角力的舞台，能否成功很大程度上取决于技术人员、谈判人员尤其是政治决策者的智慧与能力。

3.2.3 人为障碍

丝绸之路经济带能否建成，还取决于能否成功消解一些人为的障碍。新丝绸之路将跨

越多国边界，跨境物流需要充分考虑体制、官僚与腐败等因素的消极影响，这是与海运相比的一个突出劣势。目前，丝绸之路沿线国家对跨境贸易征收的高额关税，各国边界管理机关低效率、不作为甚至是贪污腐败的行为，都严重威胁着丝绸之路的复兴。据亚洲发展银行的调查，往来于阿富汗的卡车司机中，90% 的人认为官僚是开展跨境贸易的最主要障碍。至少在短期内，设立跨国边境管理机构是不现实的选项。如何把这些人为的消极成本降到最低，是建设丝绸之路经济带所面临的一个重大挑战。

除了边境管理，安全保障是另一个突出的人为障碍。“三股势力”长期在中亚地区肆虐。费尔干纳谷地目前是宗教极端势力的重要营地。境内反动势力与境外恐怖分子勾结，进行破坏油气管线等恐怖活动的威胁并非杞人忧天。区内部分国家，如阿富汗、缅甸等局势仍然动荡。毒品等跨境犯罪问题尚未得到根治，湄公河惨案的警钟尚在耳边回荡，阿富汗山区又崛起成为新的海洛因主产区。印巴之间存在严重的领土争端，中亚国家之间也屡有龃龉，这些问题处理不好极有可能诱发政治对立甚至军事冲突。这些地区内部问题再加上地区外的政治势力的挑唆、干扰、破坏，极有可能在短时间内造成严重的安全威胁，使得建设丝绸之路经济带的努力付诸东流。

3.3 建设“丝绸之路经济带”对推动我国经济持续健康发展的价值

“丝绸之路”的国际属性决定了其运行过程、运行机制和运行轨迹会对所有沿线民族和国家的经济行为和经济发展产生重要影响。古“丝绸之路”开通之动因主要在于政治利益，沿线民族与国家经济上互有需求、相依相生和自行发展是政治关系演进的结果。从地缘政治看，中亚拥有极为重要的战略地理位置与重要的能源战略地位。中国应深化与中亚的油气合作，加强双方的地缘政治联系，巩固“上海合作组织”战略成果，从而在中亚谋求稳固的政治、经济地位。

3.3.1 增进能源合作

能源合作是中国与中亚国家合作的亮点。中哈原油管道、中国—中亚天然气管道等大型能源合作项目相继建成并投入运营，为区域经济发展输入新鲜血液。全长 2800 公里的中哈石油管道 2010 年至 2016 年连续 7 年输油量超过 1 千万吨，2020 年将达到 2 千万吨，已累计向中国国内输送原油逾 1 亿吨。中国—中亚天然气管道年设计输气量为 300 亿 ~ 400 亿立方米，自 2009 年年底到 2013 年，已累计向中国输送天然气 600 多亿立方米，相当于中国 2010 年天然气总产量的一半。2016 年我国进口管道气 380 亿立方米，进口液化天然气 343 亿立方米，从主要进口国土库曼斯坦进口量 1728.4 万吨。从新疆霍尔果斯出入境检验检疫局获悉，中亚天然气管道 2017 年向中国输气 387.38 亿立方米，同比增长 13.37%，为快速增长的中国天然气市场需求提供保障。中亚天然气管道是联通中亚多国与中国的重要能源通道，管道自2009年12月A线竣工投产以来，经过多年建设，目前已形成A、B、C三线并行输气格局，年输气能力达到550亿立方米。截至2017年年底，累计输气2032.33亿立方米，合计14524.69万吨。2018年，我国在国际能源合作领域继续取得了令世界瞩目的成绩。在“一带一路”建设方面，与中国签署共建合作文件的国家超过60个，“一带一路”倡议的辐射范围延伸至欧盟、拉美、非洲和大洋洲，而“朋友圈”中除了国际组织、国家之外，还出现了地方政府，充分体现了“一带一路”开放、包容的特征。

3.3.2 扩充经济贸易伙伴

中国与中亚经贸“朋友圈”的扩大在制度建设方面也发挥了重要作用。近20年来，经贸峰会作为该地区的一个重大的国际合作机制，在贸易促进、跨境电商，还有推动解决地区间的商务纠纷、制度建设方面都发挥了非常重要的作用。中国已成为中亚国家最主要的贸易伙伴，分别成为哈萨克斯坦、乌兹别克斯坦、吉尔吉斯斯坦和塔吉克斯坦的第二大贸易伙伴。中国对中亚国家的直接投资快速增长，已成为乌兹别克斯坦、吉尔吉斯斯坦第一大，塔吉克斯坦第二大投资来源国。未来，中国与中亚国家在经贸、金融、投资等领域合作将不断扩大，经济合作的内容将更加丰富，规模将进一步扩大。

3.3.3 有助于实现互联互通

加快推进互联互通建设是丝绸之路经济带有关国家的共识。上海合作组织在其中期发展战略中明确提出了大力发展金融、能源、通信、农业四大领域的经济合作。当前，中国正在积极推动与中亚国家间建成铁路、公路、航空、电信、电网、能源管道的互联互通网络，发展与中亚国家的资金流、物流、人流和信息流等方面的合作，激活新的经济增长点。在中国政府优惠贷款和援助支持下，中国企业在中亚地区承揽了公路、电信、电力等基础设施建设项目。中吉乌公路、塔乌公路、塔境内输变电线等一批经济合作项目已经成功启动并在积极落实之中。随着区域内基础设施的不断完善，连接本地区的能源、交通、电信等网络已初显轮廓。

近年来，中国政府向中亚提供数百亿美元贷款，主要用于中亚地区铁路、公路、光缆、石油天然气管道等基础设施建设。中国资金的注入，加快了中亚各国经济建设的步伐。上合组织正着手建立开发银行等金融合作机制，为合作项目提供融资平台，这将给丝绸之路经济带各国间的经贸合作增加动力，为未来各领域合作发展提供广阔空间和持久动力。

3.4 “丝绸之路经济带”构想的前景展望

尽管“丝绸之路经济带”构想的实施存在严重的潜在挑战，我们仍有充足的理由对丝

绸之路的前景表示乐观。

3.4.1 "丝绸之路经济带"可以分期分阶段实现既定目标

这一构想在空间上大致分五个区段：东亚段、中亚段、西亚段、中东欧段、西欧段。时间上可以按近期、中期、远期来分阶段建设。重新激活这条古老的贸易通道，对于沿途国家的经济建设、地区繁荣乃至世界经济的平衡都具有重大的战略意义。

丝绸之路经济带的建设将极大改善我国西部地区的发展环境，形成新的对外开放前沿与经济增长段，西部地区的面貌及当地群众的生活水平将再上一个台阶。通过参与丝绸之路经济带的建设，所谓"塌陷地带"的国家将有机会重新融入世界经济的主流，逐步消除贫困与落后，这又有助于根除极端势力、恐怖主义、跨国犯罪活动的温床。丝绸之路经济带将把世界经济最活跃的两个地区更紧密地联结在一起，不仅有利于促进贸易、繁荣经济，更有利于东西文明的交流与融合，促进源自不同民族、文化、种族的群体的相互包容。因此，我们可以预期，这一计划将得到地区内多数国家的积极响应与支持。

与预期收益相比，更引人入胜的是丝绸之路经济带构想的历史价值。区域经济一体化是全球化时代的一个重要特征。新丝绸之路构想突破了传统的区域经济合作模式，它主张构建一个开放包容的体系，以开放的心态接纳各方的积极参与，最大限度地减少运行阻力，扩大支持的基础，并且充分调动各种资源。这些优势是以势力范畴争夺或贸易保护为目的的排他性地区经济合作所无法比拟的。"丝绸之路经济带"构想同步推进政治、经济、安全乃至民心方面的沟通与建设，突破了由单一领域向其他领域扩散的传统模式，使得这几方面得以相辅相成，最大限度地排除各种消极因素的干扰。

3.4.2 中国发挥引领和中枢作用

建设丝绸之路经济带，无论是技术准备、基础设施建设、资金投入乃至政治与安全的国际合作等方面的条件均已成熟。我国提出这一构想，既是水到渠成的结果，也体现了大国外交的自信。这种自信，源于对国际局势的判断，源于对自身实力与战略目标的认知，也源于驾驭各种复杂局面的勇气与能力。中国目前不仅有强大的经济实力支撑这一计划的实行，而且可以从中获得直接和间接的回报。中国推行这一计划，政府发动、企业主导、市场推动、国际合作，可行性越来越明显。

自从中国提出这一计划以来，得到了中亚、西亚、中东欧、西欧各国不同程度的积极响应和配合。丝绸之路经济带的建设，带来的将是世界上最大的欧亚大陆的一体化和全面复兴。这是"中国梦"，更是"世界梦""人类梦"。

第4章 中亚各国的商务环境分析

中亚各国，本书主要论述狭义的中亚，也就是"中亚五国"。"中亚五国"包括哈萨克斯坦的亚洲部分、乌兹别克斯坦、吉尔吉斯斯坦、土库曼斯坦、塔吉克斯坦，这五国政权已形成一个比较共同的政治文化区域，在文化上也有高度的共同性。本部分主要论述哈萨克斯坦、吉尔吉斯斯坦、乌兹别克斯坦、土库曼斯坦、塔吉克斯坦五个中亚国家的简史、自然环境、政治环境、经济环境、社会环境、文化环境、商业环境。

4.1 哈萨克斯坦

哈萨克斯坦，全名为哈萨克斯坦共和国，是一个位于中亚的内陆国家，也是世界上最大的内陆国。哈萨克斯坦的国家基本信息可以见表4-1。国名来自其主体民族哈萨克族。原为苏联加盟共和国之一，在1991年12月16日宣布独立。与俄罗斯、中国、吉尔吉斯斯坦、乌兹别克斯坦、土库曼斯坦等国接壤，并与伊朗、阿塞拜疆隔里海相望，国土面积排名世界第九位。16世纪之前，哈萨克斯坦境内生活的是游牧的突厥民族，直到18世纪初期，俄罗斯帝国将哈全境吞并，哈萨克斯坦开始沦为俄罗斯帝国的殖民地，至今哈萨克斯坦的民族和文化属于突厥文化、伊斯兰文化和斯拉夫文化的结合体。近年来，哈萨克斯坦加强了与俄罗斯等东欧各国的经济、政治、军事等方面的一体化，2015年1月1日与俄罗斯、白俄罗斯、亚美尼亚等国家成立欧亚经济联盟。

表4-1 哈萨克斯坦的国家基本信息

中文名称	哈萨克斯坦共和国	外文名称	The Republic of Kazakhstan
人口数量	1833万（2018年）	人口密度	6.7人/平方公里（2018年）
所属洲	亚洲	主要民族	哈萨克族、俄罗斯族
首都	努尔苏丹	主要宗教	伊斯兰教、东正教
主要城市	努尔苏丹、阿拉木图、卡拉干达	国土面积	272.49万平方公里（世界第9）
国庆日	1991年12月16日	官方语言	哈萨克语、俄语
GDP总计	1704.43亿美元（2018年，国际汇率）	人均GDP	9328美元（2018年，国际汇率）
国际电话区号	+7	货币	坚戈（Tenge）
道路通行	靠右行驶	人类发展指数	0.757（2014年）
政治体制	总统制共和制	法律体系	欧陆法系
贫困人口比例	2.9%（2013年）	收入水平	中高等收入国家

4.1.1 简史

公元前 3 世纪 ~ 前 1 世纪，哈萨克斯坦境内出现了社会。

公元前后，今哈萨克斯坦境内出现乌孙、康居、阿兰、悦般等游牧政体。

公元 6 ~ 11 世纪今哈萨克斯坦境内出现了西突厥汗国、突骑施、葛逻禄等游牧部落建立的国家。

11 ~ 12 世纪，西部和西南部、南部和东南部先后成为可萨汗国、乌古斯叶护国、基马克汗国和钦察联盟等国。

13 世纪初，哈萨克斯坦西部、北部被并入蒙古人建立的金帐汗国，东部及东南部成为蒙古人建立的察哈台汗国的领地。

15 世纪今哈萨克斯坦的大部分土地从金帐汗国分离，成为月即别汗国的一部分，随后一些部落脱离月即别汗国的统治，成为“逃亡者”“脱离者”，并逐步形成了哈萨克族。

16 世纪初，哈萨克族分为大玉兹、中玉兹、阿特劳小玉兹三个汗国。17 世纪中亚新兴起一个强大的游牧政权——漠西蒙古建立的准噶尔汗国。在准噶尔汗国的侵略下，小玉兹于 1730 年 9 月派遣使团请求俄国接受加入俄国；1735 年 12 月中玉兹也加入俄国，而大玉兹则被准噶尔汗国并吞。但准噶尔汗国于 1757 年亡于更强大的清帝国，于是大玉兹、中玉兹成为清帝国的藩属，因准噶尔在长期与清朝的战争中，人口锐减，加上疾病的爆发，准噶尔在今天的巴尔喀什湖以东以南消失，哈萨克人因沙俄对中亚的侵略逐步向巴尔喀什湖以东以南水草丰盛、人烟稀少的清帝国版图迁徙。19 世纪清帝国于鸦片战争后国势衰微，于是俄国趁机于 1864 年强占巴尔喀什湖以东以南的清帝国土地，至此今天的哈萨克斯坦的大部都归俄国所有。1917 年 12 月 13 日因俄国革命，今天的哈萨克斯坦大部分土地成为脱离俄国统治暂时独立的阿拉什自治共和国的一部分。

1920 年 11 月 26 日，吉尔吉斯苏维埃社会主义自治共和国成立，属俄罗斯联邦。1925 年 4 月 19 日，中亚各国按民族划界，改称哈萨克苏维埃社会主义自治共和国。1936 年定名为哈萨克苏维埃社会主义共和国，成为苏联加盟共和国。1990 年 10 月 25 日，发表主权宣言。1991 年 12 月 10 日，改称为哈萨克斯坦共和国。

1991 年 12 月 16 日，宣布独立。同年 12 月 21 日加入独联体。近年来，哈萨克斯坦加强了与俄罗斯等东欧各国的经济、政治、军事等方面的一体化，并于 2015 年 1 月 1 日与俄罗斯、白俄罗斯、亚美尼亚等国家成立欧亚经济联盟。

4.1.2 自然环境

4.1.2.1 位置与面积

作为世界最大的内陆国，哈萨克斯坦面积为 272.49 万平方公里，约占地球陆地表面积的 2%，领土横跨亚欧两洲，亚洲部分属于中亚。国境线总长度超过 1.05 万千米。哈萨克斯坦通过里海可以到达阿塞拜疆和伊朗，通过伏尔加河、顿河运河可以到达亚速海和黑海。东南连接中国新疆，北邻俄罗斯，南与乌兹别克斯坦、土库曼斯坦和吉尔吉斯斯坦接壤。

4.1.2.2 地形与地貌

哈萨克斯坦地形复杂，境内多为平原和低地。特点是东南高、西北低，大部分领土为平原和低地。西部和西南部地势最低。里海沿岸低地向南朝里海方向逐渐下降，沿里海地带低于海平面达 28 米；最低点卡拉基耶盆地低于海平面 132 米。向南又逐渐升高，形成海拔 200 ~ 300 米的于斯蒂尔特高原和曼格斯拉克半岛上的卡拉套山、阿克套山（海拔为 555 米）。该国东北部有图兰平原，它从哈萨克斯坦东北部经中部逐渐向哈萨克丘陵过渡，再向东南部的天山山脉延伸。在北部，哈萨克丘陵与西西伯利亚平原南缘连接在一起。

哈萨克斯坦的东部和东南部是有着崇山峻岭和山间盆地的山地，这里矗立着阿尔泰山、塔尔巴哈台山、准噶尔阿拉套山、外伊犁阿拉套山、天山等。阿尔泰山系在哈萨克斯坦境内分为南阿尔泰山和北阿尔泰山，高度在海拔 2300 ~ 2600 米，其最高峰别卢哈峰海拔 4506 米。准噶尔阿拉套山脉总长 450 公里，宽 100 ~ 350 公里，被科克苏河和博拉塔尔河分割成北准噶尔阿拉套山和南准噶尔阿拉套山，其最高峰别斯巴坎峰海拔 4464 米。天山山系位于哈萨克斯坦的东南端，为中国、哈萨克斯坦、吉尔吉斯斯坦三国界山，其雄奇险峻的山峰长年被积雪和冰川所覆盖，最高峰汗腾格里峰海拔 6995 米。哈萨克斯坦共有大小河流 8.5 万多条，国内湖泊众多，多达 4.8 万多个，拥有冰川 2700 余座，主要的水体包括巴尔喀什湖、斋桑泊等。与乌兹别克斯坦共分咸海，西临里海，多数湖泊为咸水湖。境内的河流多数为内流河，主要有锡尔河、乌拉尔河、楚河等。额尔齐斯河以及支流伊希姆河是流向北冰洋的外流河。

4.1.2.3 气候与降水

哈萨克斯坦属大陆性气候，1 月平均气温 −19℃至 −4℃，7 月平均气温 19℃至 26℃。哈萨克斯坦北部的自然条件与俄罗斯中部及英国南部相似，南部的自然条件与外高加索及南欧的地中海沿岸国家相似。这里既有低于海平面几十米的低地，又有巍峨的高山山脉，山顶的积雪和冰川长年不化。降水量，北部 300 ~ 500 毫米，荒漠地带 100 毫米左右，山区 1000 ~ 2000 毫米。西南部属图兰低地和里海沿岸低地。中、东部属哈萨克丘陵，东缘多山地。哈萨克斯坦的半荒漠和荒漠大多都在西南部，北部自然环境类似俄罗斯，较为湿润，北部和里海地区均可接受来自海洋的水汽。

4.1.2.4 资源与禀赋

哈萨克斯坦的自然资源非常丰富，已探明的矿藏有 90 多种。煤、铁、铜、铅、锌产量丰富，被称为“铀库”，此外里海地区的油气资源也十分丰富。钨储量占世界第一位，铬和磷矿石占第二位。铜、铅、锌、钼和磷的储量占亚洲第一位。此外，铁、煤、石油、天然气的储量也较丰富。已探明的石油储量达 100 亿吨，煤储量为 39.4 亿吨，天然气储

量为11700万亿立方米。森林和营造林2170万公顷。地表水资源530亿立方米。耕地大部分种植以春小麦为主的粮食作物，还产棉花、甜菜、烟草等。

4.1.2.5 首都和主要城市

哈萨克斯坦首都为努尔苏丹，人口100万。努尔苏丹位于哈萨克斯坦中心位置而略偏北，处于俄罗斯裔居多数的北部地区和哈萨克人为主的南部地区的分界线上，距原首都阿拉木图约1300公里，伊希姆河绕城而过，四季气候宜人，生态环境良好，正在迅速扩建。它是哈萨克斯坦工农业的主要生产基地、全国铁路交通枢纽。

4.1.2.6 行政区划

全国共分为2个直辖市和14个州，分别为：努尔苏丹市、阿拉木图市、阿拉木图州、阿克莫拉州、阿克托别州、阿特劳州、巴甫洛达尔州、曼格斯套州、卡拉干达州、科斯塔奈州、克孜勒奥尔达州、江布尔州、东哈萨克斯坦州、南哈萨克斯坦州、西哈萨克斯坦州、北哈萨克斯坦州。

4.1.3 政治环境

4.1.3.1 政治体制

哈萨克斯坦为总统制共和国，政治稳定。2006年建立新的政权党“祖国之光”党，总统纳扎尔巴耶夫亲任该党主席。宪法规定哈萨克斯坦是“民主的、非宗教的和统一的国家”,也是推行总统制的共和国国家。总统是国家元首，是决定国家对内对外政策基本方针，并在国际关系中代表哈萨克斯坦的最高国家官员，是体现人民与国家政权统一、宪法的不可动摇性、公民权利和自由的象征与保证。

2007年5月18日，哈萨克斯坦议会通过宪法修正案，授权努尔苏丹·纳扎尔巴耶夫可不受次数限制地连任总统职务。

哈萨克斯坦现行宪法于1995年8月30日经全民公决通过，1998年10月7日修改。国家政权以宪法和法律为基础，根据立法、司法、行政三权既分立又相互作用、相互制约、相互平衡的原则实现。2007年6月中旬，哈议会通过宪法修正案，确定哈政体由总统制向总统－议会制过渡，首任总统为终身制；扩大议会权限，提升政党作用，增加议员数量；议会多数党团获得组阁权并推举总理人选；扩大地方自治权限，地方行政长官任命须经地方议会同意，州议会议员任期由4年延至5年；推动司法改革，明确法、检两院职责，简化司法程序，保障司法体系。

哈萨克斯坦议会是国家最高代表机构，行使立法职能，推行两院制（上下两院分别称为参议院和马利日斯），上院任期6年，下院任期5年。议会的主要职能是：通过共和国宪法和法律并对其进行修改和补充；批准总统对总理、国家安全委员会主席、总检察长、中央银行行长的任命；批准和废除国际条约；批准国家经济和社会发展计划、国家预算计划及其执行情况的报告等。在议会对政府提出不信任案、两次拒绝总统对总理任命、因议会两院之间或议会与国家政权其他部门之间不可克服的分歧而引发政治危机时，总统有权解散议会。

4.1.3.2 政党

哈萨克斯坦于20世纪80年代末和90年代初开始实行政治多元化。独立后，即推行多党制进程。2002年7月出台《政党法》，规定只有党员人数超过5万，在全国14个州和两个直辖市均设有分支机构，且各分支机构成员达到700人以上的政党才可在司法部获准登记。

（1）“祖国之光”人民民主党。该党于2006年12月22日成立并登记，2013年10月18日更名为“祖国之光”党，现有党员77万人，是哈萨克斯坦最大政党。纳扎尔巴耶夫总统亲自出任该党主席，第一副主席为拜别克。该党完全支持纳扎尔巴耶夫总统的政策。主张在社会伙伴关系与和谐等原则基础上建立自由开放的社会；主张加强国家社会职能；在经济方面，主张加强国家对经济的宏观调控能力；在对外关系方面，主张巩固和发展同俄罗斯、中亚邻国和中国等国家的睦邻友好关系。该党全力支持纳扎尔巴耶夫总统提出的“哈萨克斯坦道路”发展纲领，致力于研究落实具体改革措施，并主张维护现行宪法，充分发掘其潜力。该党在哈萨克斯坦议会下院和地方议会拥有绝对多数席位。

（2）哈共产人民党。2004年4月哈共产党分裂后成立，现有党员9万人，党中央书记为阿赫梅特别科夫。该党自称为建设性反对派，党员主要为工人、学生、知识分子、退休人员、企业家等。在2012年1月议会下院选举中获得7.19%选票，进入议会。在议会拥有7个席位。

（3）“光明道路”民主党。成立于2002年4月，党员17.6万人。该党是哈建设性反对派，主席为佩鲁阿舍夫。在2007年8月举行的哈议会下院选举中，该党获得3.27%的选票，未能跨越7%的议会门槛。在2012年1月哈议会下院选举中，该党获得7.43%的选票进入议会。在议会拥有8个席位。该党宗旨是建设独立、繁荣、民主、自由、公正的哈萨克斯坦，是哈政治民主化运动的主要参与者和推动者。

此外，通过司法部登记的合法政党还有国家社会民主党、哈爱国者党、哈共产党、哈“农村”社会民主党、精神复兴党。

4.1.3.3 司法体制

哈萨克斯坦司法机关包括共和国最高司法委员会、司法鉴定委员会、宪法委员会、最高法院和各级地方法院。2001年年初，哈萨克斯坦通过了《司法体系与法官地位法》，规定法官独立司职，只服从宪法和法律。最高司法委员会由总统主持，现任主席为塔·多纳科夫，2012年1月就任，其成员包括宪法委员会主席、最高法院院长、总检察长、司法部长、上院议员等。 最高法院院长别克塔斯·别克纳扎罗夫，2011年4月就任。总检察长阿斯哈特·道尔巴耶夫，2011 年 4 月就任。

4.1.3.4 对外关系

（1）外交政策。哈萨克斯坦实行以巩固独立和主权为中心的务实、平衡的外交政策，在一体化进程和进程中个别国家内产生的许多问题上。纳扎尔巴耶夫总统曾在总统府发表 2018 年度国情咨文时表示，哈萨克斯坦外交政策要求适应性和以实用主义原则促进国家利益。纳扎尔巴耶夫总统说："为保障哈萨克斯坦的有效现代化，要继续推动积极的外交政策举措。我们的和平倡议和在该领域的实际原则充分表现出了自身的能力。"

（2）同中国的关系。1992 年 1 月 3 日，时任外经贸部部长李岚清、外交部副部长田曾佩率中国政府代表团访问哈萨克斯坦，双方签署了两国建交公报。两国关系良好，高层互访频繁。据中国海关统计，2012 年中哈双边贸易额为 256.8 亿美元，同比增长 2.9%。其中，中方向哈方出口总额为 110 亿美元，同比增长 15%；进口总额为 146.8 亿美元，同比下降 4.7%。2018 年 1 ~ 6 月，中哈双边贸易额为 87.6 亿美元。中国与哈萨克斯坦能源方面合作成果提出，共同建设大量管线、炼油厂，并计划再建设更多的油气管道。中亚国家开启了相互合作关系的历史新篇章。哈萨克斯坦与中国之间的全面战略合作伙伴关系不断加强，"一带一路"倡议为两国合作关系的发展带来了新的动力。2018 年，纳扎尔巴耶夫总统对中国进行了国事访问，并使双边政治和经济关系得到不断加深。

（3）同俄罗斯的关系。俄罗斯是哈萨克斯坦外交的首要方向。2012 年，哈俄战略伙伴关系稳步发展。两国领导人继续保持高频率的会晤和对话，在对外政策上保持高度的协调一致。3 月，哈萨克斯坦总统纳扎尔巴耶夫赴俄罗斯出席欧亚经济共同体国家间委员会和欧亚经济最高委员会会议。5 月，纳扎尔巴耶夫访俄并出席集体安全条约组织纪念大会和独联体国家元首委员会非正式会议等活动。5 月，俄总理梅德韦杰夫访哈。11 月，哈总理阿赫梅托夫对俄进行工作访问。12 月，纳扎尔巴耶夫总统访俄并出席欧亚经济最高委员会会议、集体安全条约组织委员会会议、欧亚经济共同体峰会，期间与俄总统普京会见。2012 年 1 月 1 日，俄、白、哈三国统一经济空间启动，在一体化和双边关系框架下，两国经济、能源联系进一步加强，在油气资源开发、外运，原子能及矿产资源开发利用的合作不断深化。哈俄经济合作保持高水平增长，2018 年两国贸易额 176 亿美元，其中哈自俄进口 124 亿美元，对俄出口 52 亿美元。在哈有约 3000 家俄罗斯企业。俄罗斯一些大公司，如卢克石油公司、俄天然气工业公司等都活跃在哈能源和其他行业。俄有近 80 个联邦主体与哈有贸易经济联系。跨地区和边境贸易额占俄哈商品周转额的 70% 以上。目前，哈萨克斯坦和俄罗斯之间的合作关系已成为国家之间关系的典范。作为完整的一体化联盟及世界经济关系的积极成员，欧亚经济联盟得到了有效成果。

（4）同独联体国家的关系。独联体是哈外交的优先方向。2013 年 2 月，哈总统纳扎尔巴耶夫出席在莫斯科举行的独联体元首峰会。3 月，乌克兰总统尤先科访哈，两国决定加强在油气领域的合作。4 ~ 5月，哈分别邀请吉尔吉斯斯坦总统巴基耶夫、乌兹别克斯坦总统卡里莫夫、塔吉克斯坦总统拉赫蒙访哈。7月，哈副总理舒克耶夫访问乌兹别克斯坦。8月，哈吉两国元首在吉伊塞克湖进行非正式会晤。9月，哈下议院议长穆辛访吉，白俄副总理巴比济访哈。同月，集安条约组织元首峰会在莫斯科举行，通过了关于高加索问题的声明。10月，独联体、欧亚经济共同体元首会议在比什凯克举行，会后中亚五国元首专门进行会晤，就水资源、能源等问题达成了短期协议。11月，独联体总理会议在摩尔多瓦首都基希纳乌召开，通过《独联体到2020年经济发展战略》等文件。12月，哈、俄、塔、吉、亚五国元首在哈巴拉沃伊举行峰会，商讨应对国际经济危机，决定建立总额为100亿美元的投资基金。

（5）同伊斯兰国家的关系。哈与伊斯兰国家外交继续保持活跃势头，哈积极参与伊斯兰世界的各种活动，推动伊斯兰和西方国家的文明对话。2018年，纳扎尔巴耶夫总统对吉尔吉斯斯坦、乌兹别克斯坦、土库曼斯坦、土耳其、塔吉克斯坦、鞑靼斯坦等国家和地区进行了访问，并使双边政治和经济关系得到不断加深。

4.1.4 经济环境

4.1.4.1 经济计划及发展状况

哈萨克斯坦独立后实施经济改革，分阶段推行市场经济和私有化。2010年至2018年，随着世界经济的复苏、国际市场需求恢复以及能源和金属等国际价格稳定，哈经济开始强劲反弹，出口开始增长。2014年哈萨克斯坦GDP为2178亿美元，增长率为–6.04%；2018年哈萨克斯坦的GDP为1704.43亿美元，增长率为4.7%，具体见表4–2。此外，主要贸易伙伴国的经济恢复、需求增长一定程度上也促进哈商品出口。关税同盟的深入发展，对哈贸易增长亦有一定贡献。

表4–2　2010 ~ 2018年哈萨克斯坦GDP及其增长率

年份	GDP（单位：亿美元）	增长率
2010	1480	28.39%
2011	1880	27.02%
2012	2035	8.23%
2013	2318	13.93%
2014	2178	–6.04%
2015	1843	–16.72%
2016	1372	–25.55%
2017	1628	18.65%
2018	1704.43	4.7%

数据来源：世界银行。

4.1.4.2 经济结构

哈萨克斯坦经济以石油、天然气、采矿、煤炭和农牧业为主，加工工业和轻工业相对落后。哈萨克斯坦工业基础极为薄弱，发展缓慢。大部分日用消费品依靠进口。哈萨克斯坦地广人稀，全国可耕地面积超过 2000 万公顷，每年农作物播种面积约 1600 万 ~ 1800 万公顷，粮食产量 1800 万吨左右。主要农作物包括小麦、玉米、大麦、燕麦、黑麦。粮食主产区在北部的科斯塔奈州、北哈萨克斯坦州和阿克莫拉州。南方地区可种植水稻、棉花、烟草和水果等。哈萨克斯坦统计署资料表明，2012 年农业产值约为 128.47 亿美元，同比下降 17.8%。2013 年 1 ~ 6 月份，哈萨克斯坦农业生产总值达 5103 亿坚戈，与 2012 年同期相比增长 1.4%。2014 年 1 ~ 7 月份，哈萨克斯坦农业生产总值同比增长了 3.4%，产值达 7325 亿坚戈。其中畜牧业产品产值为 6434 亿坚戈（同比增长 3.5%）；植物栽培业产值为 879 亿坚戈（同比增长 2.8%）。近年来，哈萨克斯坦食品的物价远高于中亚其他国家。2018 年 1 ~ 12 月，哈萨克斯坦农业产值达 4.41 万亿坚戈，同比增长 3.4%。

据哈萨克斯坦国民经济部统计委员会发布的数据，2018 年哈国内总产值增长了 4.1%。工业生产同比增长了 4.1%，其中原油、天然气和金属矿石、食品、烟草品、石油加工、化工品、橡胶和塑料、冶金业、机械制造业生产量实现增长，黑色冶金业生产量减少。其中，石油增长 4.8%，达 9040 万吨；铜矿增长 8.6%；达 1.032 亿吨；汽油增长 29.8%，达 400 万吨；蜡油增长 7.4%，达 470 万吨；钢材减少 10.5%，达 250 万吨；精炼铜增长 2.8%，达 40 万吨；硅酸盐水泥增长 5.5%，达 990 万吨；发电量增长 3.8%，达 1077 亿千瓦 / 小时；麦粉增长 0.7%，达 400 万吨。

2018 年前 11 个月，哈萨克斯坦对外贸易额同比增长了 20.5%，达 843.446 亿美元。其中，出口额同比增长 26.4%，达 546.735 亿美元；进口额同比增长 11.1%，达 296.711 亿美元。对外出口商品价格同比增长 23.5%，进口商品增长 7.2%。

哈萨克斯坦与欧亚经济联盟成员国贸易额同比增长 6.2%，达 170.846 亿美元，其中与俄罗斯贸易额占 91.9%，吉尔吉斯斯坦占 4.4%，白俄罗斯占 3.6%，亚美尼亚占 0.1%。

2018 年，哈萨克斯坦零售业同比增长了 6.5%，达 10.069 万亿坚戈。其中阿拉木图（29.5%），阿斯塔纳（11.6%），东哈州（9.1%），卡拉干达州（8.9%）。

2018 年，哈萨克斯坦对固定资本投资额增长了 17.2%，达 11.130 万亿坚戈。据发布的数据，最具吸引力的领域仍为采矿业（40.4%），交通和仓储（12.7%），不动产交易（12.8%）。投资主要来源为自有资产 273.1%，国家预算 12.5%，银行贷款 6.5%（其中 0.5% 为外国银行贷款），以及其他贷款 7.6%（其中 2.83% 为非哈居民资产）。

2018 年哈萨克斯坦施工工程额达 3.842 万亿坚戈，同比下降 4.1%。建筑安装施工额同比增长 14%，达 3.224 万亿坚戈。

4.1.4.3 经济基础设施

哈萨克斯坦位于欧亚大陆结合部，近年来哈政府积极改善国内交通基础设施，力图把哈萨克斯坦打造成欧亚大陆交通运输枢纽，以提升经济竞争力并获取丰厚过境运输费。

（1）铁路。哈萨克斯坦作为世界上最大的内陆国家，铁路交通在全国交通运输中扮演着重要角色。据“哈萨克斯坦国有铁路公司”(以下简称哈铁)统计，哈铁路技术指标、现代化程度以及运输能力在前苏联地区位居第三位，仅次于俄罗斯和乌克兰。据哈方统计，目前哈境内运营铁路总长度为1.36万公里，其中复线约5000公里(占总长度的37%)，电气化线路3700公里(占总长度的27%)。其铁路货运占全国货运总量的70%，旅客运输占全国总量的50%。

（2）公路。公路是哈萨克斯坦最主要的运输和交通途径。哈萨克斯坦号称拥有仅次于俄罗斯的独联体第二长公路网。目前公路通车总里程为8.8万公里，其中硬面公路总长为8.3万公里，占94%。改善路面(沥青混凝土、粗碎石、土沥青)公路占硬质路面的68.3%。改善路面比重最高的地区是南哈萨克斯坦州(92.8%)、江布尔州(89.9%)、阿拉木图州(88.7%)、阿特劳州(80.7%)，最低的是西哈萨克斯坦州(41.4%)、阿克托别州(56.0%)和阿克莫拉州(57.8%)。哈萨克斯坦现有公路中大部分于20世纪60年代到80年代完成设计施工。独立初期，由于经济滑坡，资金紧张，公路建设和维修一度处于停顿状态。1996年开始，哈萨克斯坦同世界银行、亚洲开发银行、欧洲复兴开发银行、伊斯兰开发银行等国际金融组织签署了一系列贷款协定，获得大笔资金用于公路改造。1999年后，随着国内经济的改善，国家也加大了基础设施建设投资，公路建设也进入加速恢复发展时期。

（3）航空。目前，哈萨克斯坦民航领域的发展状况总体而言适应该国民航运输的需要，每年客运量均呈上升趋势。根据哈萨克斯坦交通部民航委员会统计，目前哈萨克斯坦共有30家航空公司从事国内和国际航线运营，其中8家公司执行固定航线运营，其他公司从事包机服务。

（4）通信。哈萨克斯坦的电信行业发展在中亚地区属于前列，但整体水平仍然比较落后。目前哈全国交换机总容量(模拟和数字)为280万线，实际用户装机容量超过220万线。移动电话用户380万户，固定电话用户为250万户，城市电话普及率为21%，农村为5%。

（5）水运。哈萨克斯坦作为一个内陆国，水运很不发达。全国只有里海岸边的一个港口——阿克套港。2013年该港口的货物吞吐量1680万吨。近年来，哈政府开始组建自己的船队，发展里海船运业务，目前已有4艘货运船，每艘载重量12000吨。

（6）电力。哈萨克斯坦的电力部门是行业的脊柱，是保证国家综合电力系统可靠实施的关键。哈电力资源分配不平衡，北部和东部电力过剩，南部和西部短缺，需要从吉尔吉斯等国家进口。目前哈电力需求量正以每年5% ~ 6%的速度增长。因此哈政府计划和正在实施一系列电力建设项目，包括第二条500千瓦的南北输电线路、阿斯塔纳热电站二期

工程、北哈萨克斯坦至阿克纠宾州输电线路、玛伊纳克水电站项目和装机容量达 720 万千瓦的埃基巴斯图斯热电站项目等。电力工程是哈萨克斯坦经济的基础工业。可靠和有效的操作将电能和热稳定地提供消费者是经济发展和提供文明生活的基础。

4.1.4.4 外资与外债

2012 年哈萨克斯坦共引进外国直接投资 155 亿美元。2018 年 7 月 1 日统计的数据显示，哈萨克斯坦对外债务达 1644 亿美元，外债额同 GDP 的比率为 96.3%。但是，由于按美元计算的 GDP 总量和出口商品及服务减少，长期债务的相对指标仍趋于恶化。在出口商品价格较低和经济增长受到抑制的情况下，这一趋势在本年度仍将继续。

2015 年，由于财政部从外部市场吸引资金以弥补国家财政赤字，因此国家债务额增长近 42 亿美元。同时，截至 2015 年 9 月底约为 340 亿美元的广义上的国家债务似乎没有经历显著的变化，这其中除国家债务外，还包括国有股权超过 50% 或者国家通过其他方式控制的银行和机构的债务以及国家担保和委托保障的债务。由于非国家担保债务减少 81 亿美元，哈对外债务才得以确保积极势头。2015 年，银行外债为 79.7 亿美元，缩减 22 亿美元，而“公司间债务”则在过去一年增加 23.9 亿美元。

截至 2019 年 1 月 1 日，哈萨克斯坦外债总额为 1588 亿美元，相当于当年 GDP 的 93.1%，自 2018 年年初（1675 亿美元）以来累计下降了 5.4%。

从债务结构来看，公司间债务仍占主导地位，占比达到 63.6%。非直接投资类债务占 25%，国家债务（包括哈政府及央行）占 7.8%，银行债务（包括哈二级银行和哈萨克斯坦开发银行）占 3.6%。

2018 年四季度，由于非银行债务减少，哈外债总体减少了 25 亿美元。其中，国家债务增加了 8.99 亿美元，原因是发行了两期总额为 10.5 亿欧元的欧洲债券。银行债务维持不变。其他非投资类债务减少了 16 亿美元，主要包括欧亚资源集团（ERG）对 9.63 亿美元债务进行重组、哈国家油气公司（KMG）提前偿还俄罗斯储蓄银行 3.71 亿美元债务等。公司间债务减少了 18 亿美元，这主要是由于大型采矿和运输企业偿还了其外国母公司或关联公司的贷款。

截至 2019 年 1 月 1 日，国家控股公司或银行的债务为 228 亿美元，较 2018 年年初下降了 5.6%。哈萨克斯坦的净债务总额为 472 亿美元，四季度减少了 5.6 亿美元。

表4-3 哈萨克斯坦对外债务总额年度一览表（单位：百万美元）

年份	2012 年	2013 年	2014 年	2015 年
国家债务	5944.6	6259.4	8702.5	12857.2
占比	4.3	4.2	5.5	8.4
非国家担保债务	130973.7	143773.4	148725.6	140599.0
占比	95.7	95.8	94.5	91.6

续表

年份	2012 年	2013 年	2014 年	2015 年
对外债务总额	136918.2	150032.9	157428.1	153456.3
公司间债务	67608.3	74179.5	79447.8	81839.5
占比	49.4	49.4	50.5	53.3

数据来源：哈萨克斯坦中央银行。

哈长期债务相对指标显著恶化。根据监管部门数据，2015 年，哈外债总额占国内生产总值的 83.0%，占出口商品和服务的 290.8%，而 2014 年该指标分别为 72.4% 和 181.3%；人均外债总额（不含公司间债务）下降至 4053 美元，而 2014 年则为 4477 美元。债务的减少还伴随着其结构的变化。在对外债务结构中，国家债务比例增加，同时，公司间债务份额也有所增长——这是驻哈外资企业对其国外母公司、子公司及联营公司的债务，按照国际惯例，该部分债务可视为违约风险最低的。因此，该部分债务的增加不代表会对国家产生严重的潜在威胁。对外债务占 GDP 的 80%应当被认为是不可逾越的界限。如果尚未达到，那么外债并不具有特别的风险，但是只要债务额超过此临界值，那么国家就会在收支平衡方面出现问题，同时对借款人来说违约概率增加。如果与众多发达国家和发展中国家指标相比，那么仅占 GDP 的 7% 的国家债务看起来更为乐观。但是，与发达国家相比，哈正在从外部市场按照更高的价值引进资金，因此同等数额的外债偿还要比发达国家贵得多。此外，坚戈对美元的贬值正在对债务偿还和清偿成本产生负面影响。外债问题不仅由其规模和结构决定，还有偿还条件和对国民经济的负担决定。债务负担由一系列的指标进行计算，包括外债数额和对 GDP、出口收入及国际储备的支付规模。在对商品和服务出口（国家主要和相对稳定的收入来源）收入比例方面，外债服务指标也就是债务支付（债务清偿和利息支付）同样重要。该指标的世界平均值为 27%，而哈 2014 年是 37%，2015 年上升至 72%，其原因是在价格较低的条件下，商品出口总额急剧减少，而债务偿还则增加。外资正在以高出发达国家借款人数倍的利息进入哈国内，因此，抛开外债结构来看，债务服务和清偿的花费在以每年数百亿美元的速度增加。2012 ~ 2014 年的此部分支出（含公司间债务）稳定保持在 310 亿美元之上，而 2015 年则达到约 379 亿美元。在债务减少的前提下，支付的增加主要是由于债务偿还总量的增加。因此，很长一段时间债务偿还成为该国资本流出的主要原因。近期，外债情况表面看来相当稳定，经济增长，债务相对参数趋于稳定，国家拥有强大的国际储备这一“安全气囊”。在经济运行良好的背景下，对外负债总量短期不会对该国构成严重威胁，但是内外债偿还支出对财政和企业借款人却会成为严重负担。但是，如果遇到大的变动，例如国际油价大幅下跌，那么外债方面可能再次遇到困难，这也正是今天世界商品市场的情况。价格环境恶化、出口收入锐减对出口导向型企业的外债偿还能力产生负面影响。2016 年，在国内市场资金不足的条件下，要对预算赤字和公司间债务融资，那么国家债务仍将保持进一步增长的趋势，但是也可以期待其他经济部门的外债像去年一样继续减少，对国家外债总额产生积极作用。

外部条件恶化，国内经济增长受到抑制都将伴随着以美元计算的 GDP 总量的进一步下降。这样一来，虽然债务绝对值减少，但是极有可能出现对外债务总额超过 GDP 总量的情况。接下来就是，拖累国民经济的外债相对指标急剧恶化，一些企业借款人无法履行还债义务的可能性增加，就像 2009 年各大银行出现的情况。哈政府改善投资环境以吸引外资。为刺激经济，哈政府正推行私有化计划，准备出售大量国有企业。私有化计划既可为政府增收，也可改善企业经营状况。

4.1.4.5 对外贸易

2017 年哈对外贸易总额为 776.47 亿美元，比上年增长 25%，其中出口 483.42 亿美元，同比增长 15.5%。对外贸易指标在连续四年下跌后首次实现正增长。当年哈对外贸易顺差达 190.37 亿美元，同比增长 64%。哈萨克斯坦经济是能源型经济，原油出口占该国出口收入的60%，政府收入的40%多来自石油出口。国际油价持续下跌给哈经济造成不小冲击。哈政府预算以国际油价为基础制定，2015 ~ 2016 年政府预算以每桶 90 美元的油价制定。国际油价跌破每桶80美元后，哈政府对预算进行了修改。哈同期与关税同盟成员国俄罗斯、白俄罗斯双边贸易俄为 246.26 亿美元，同比增长 6.9%。进口对象国前三位分别是：俄罗斯（38.4%）、中国（16.8%）和乌克兰（6.6%）。2018 年前 11 个月，哈萨克斯坦对外贸易额同比增长了 20.5%，达 843.446 亿美元。其中，出口额同比增长 26.4%，达 546.735 亿美元；进口额同比增长 11.1%，达 296.711 亿美元。

从商品结构上看，哈萨克斯坦主要出口商品：矿产品占 75%（包括石油及石油产品），金属及其制品占 13.1%，化学制品塑料和橡胶占 4.2%，动植物产品和成品粮占 3.4%，机械、设备、交通工具、仪器和仪表占 1.4%，其他占 2.9%。主要进口商品：机械、设备、交通工具、仪器和仪表占 40%，化工产品（包括橡胶和塑料）占 12.9%，矿产品占 12.7%，金属及其制品占 12.3%，动植物产品和成品粮占 9.5%，其他占 12.2%。

4.1.4.6 金融货币

哈萨克斯坦国内现行的汇率政策和货币政策是正确的，符合市场变化情况，且考虑了包括石油价格波动、哈与主要贸易伙伴进出口平衡等多重因素。哈萨克斯坦将全力执行自 2015 年以来确定的自由浮动汇率政策。2019 年 1 ~ 4 月，哈通胀率为 4.9%，继续保持在预定区间内。

4.1.5 社会环境

4.1.5.1 家庭与社会生活

哈萨克斯坦居民的主要食物是牛羊肉、奶、面食、蔬菜等，生活习性和欧洲基本相同。最常喝的饮料是奶茶和马奶。哈萨克斯坦的传统食品是羊肉、羊奶及其制品，最流行的菜肴是手抓羊肉。哈萨克语把手抓羊肉叫“别什巴尔马克”，意思是“五指”，即用手来抓着吃，这也是特色美食。在哈萨克斯坦，最诱人的还属马肠肉，在严冬时节，许多住在北方严寒地区的人们都食马肉抗寒。

4.1.5.2 医疗卫生

在哈萨克斯坦，政府拥有 80% 的医疗公司。哈萨克斯坦是苏联的一个加盟共和国，长期以来实行国有的高度集中的医疗卫生体制，特点是低水平、全覆盖、国家主导，强调国家化的免费医疗制度，覆盖全体公民。正因如此，政府在医疗问题方面扮演着非常重要的角色。政府与私人医疗机构合资的情况也很多，如口腔门诊的 70% 是私有的，可是，通常公共卫生服务都是在国家和市政权威机构的控制下开展起来的。在过去的几年间，政府在公共卫生改革与发展上做了大量的管理措施。目前，哈萨克斯坦共和国政府加强了对肺结核、糖尿病、艾滋病、肿瘤疾病和由于缺碘引起的其他疾病的治疗，此项计划已开始并着手实施。

哈萨克斯坦国家居民的人均预期寿命低于独联体国家的平均水平并且在 1991 年之后急剧下降，其人均预期寿命的总体走向和独联体的其他国家相似。伴随着苏联解体，哈居民的人均预期寿命降至历史冰点。从 1990 年的 68.81 岁降至 1996 年的 64.4 岁。2005 年又回升至 65.89 岁（根据世界卫生组织欧洲委员会 2007 年的统计数据）。尽管目前其经济已经复苏，哈居民的人均预期寿命仍然比 1990 年的水平低，同时比欧盟 15 国的平均水平（79.63 岁）低 13.74 岁。与此同时，哈居民的人均预期寿命性别差异很大。统计显示，2005 年哈男性居民人均预期寿命为 60.4 岁，而女性居民为 71.73 岁。自从哈萨克斯坦独立以来，政府就开始着手一系列的健康改革。涉及融资方面，引入新的付款方式，对医疗设施进行合理化改革，拓展基础医疗业务，学习其他国家的医疗陪护制度，寻求结核病 DOTS 的医疗策略，丰富有益于身心的健康活动。1991 年之后，国家面临着空前的挑战。它从苏联继承了一套建立在过时的规范和惯例之上的健康管理体系，利用庞大的公用设施系统，过度强调住院治疗，政府直接控制，而不是通过制定规章制度规范体系，并且缺少奖励机制，不利于效率和服务质量的提升。哈独立以后，最大的挑战就是健康医疗在公共资源领域面临了融资困难。2002 年，针对健康医疗方向的投资仅占到 GDP 的 1.93%。

伴随着近几年的经济繁荣，政府决定将石油收入投入社会，哈萨克斯坦卫生领域的改革也提上议事日程。2004 年，政府通过了国民卫生改革发展的五年计划。该计划很全面，设定了宏伟目标，并且朝着合理的改革道路迈进。2002 年以来，医疗卫生领域的财政支出逐步增加，无论是实际投资额还是所占 GDP 的比重都在大幅度增长。根据这个五年计划的指示，在 2010 年，医疗卫生领域的财政支出要达到国民生产总值的 4%。

但是单纯增加医疗卫生领域的财政支出并不能解决所有问题。在组织、管理以及医疗服务提供方面都得有实质性的改革。住院治疗将继续成为医疗经费支出的重点，但是会更

加关注基层医疗机构的发展。此外，还将持续关注特殊医疗服务，例如孕产妇和儿童的健康治疗。

哈萨克斯坦的医疗卫生体制比较薄弱，公立医院的基础设施较落后，医疗设备陈旧老化，医生水平较低，行业管理不规范。哈独立后实行付费和免费医疗两种体制，已实施医疗保险制度。卫生领域主要包括医疗保险基金、非国家医疗机构、家族医疗、初级医疗卫生求助系统等多种形式。

4.1.5.3 教育

哈萨克斯坦教育基础较好，全国基本无文盲，5 ~ 24 岁人群受教育率近 90%。近年来，哈教育改革力度加大，除中小学义务教育外，国立高校采取奖学金制和收费制两种方式。哈目前中等教育为 11 年制，共有中小学 7839 所，在校学生 253.3 万人，教职人员 27.9 万，中小学哈语学习时间 1 ~ 11 年级达到 57 学时 / 周，其中超过 40 所中小学使用哈、俄、英三语授课。3828 所中小学使用哈语教学，2164 所使用俄、哈双语教学，1578 所使用俄语教学。哈有职业技术学校 894 所，在校学生 60.4 万人，教职人员近 4 万人；哈各类高等教育院校 144 所，其中国家级大学 9 所，国立大学 32 所，国有参股大学 14 所，私立大学 75 所。高校在校学生总人数为 62.04 万人，教职人员 3.9 万人。哈萨克斯坦主要大学有：国立欧亚大学、纳扎尔巴耶夫大学、哈萨克斯坦阿里法拉比国立大学、哈萨克斯坦阿拜国立师范大学、哈萨克斯坦卡拉干达国立技术大学、哈萨克斯坦国立农业大学、哈萨克斯坦国立医科大学。

4.1.5.4 科技

哈萨克斯坦真实开始科学研究工作开始与 20 世纪初，当时只是建立了乌拉尔兽医站（1897 年）和克拉斯沃多帕特育种站（1909 年）。后来又相继建立了乌拉尔农业试验站（1914 年）和阿拉木图细菌防疫研究所（1925 年）。这些最初的科研结构主要研究并解决农业和卫生保健领域的问题。随着生产力的发展，哈萨克斯坦的科研取得不少成就。10 多年来，哈萨克斯坦的科技事业获得了很大的发展，其科研成果具有很高的水平，其中不少科研成果已具有国际先进水平。例如，哈萨克斯坦的科研成果有 877 项获得了专利，研制出了 136 种设备样品。开发并试种了 193 个农作物品种，研制成功了 14 个农畜品种，并且为 36 种高科技含量产品的生产准备了详细的设计方案和技术文件。此外，在利用国内技术的基础上，哈萨克斯坦更新并扩大了国有的化学企业和石化企业的生产，并对中小型石油、天然气和煤炭加工企业进行了改造，使其生产高效化，产品更具竞争力。

在社会科学领域，哈萨克斯坦着重研究哈萨克民族的历史、区域的形式和民族独立的进程，以及哈萨克斯坦文化艺术史。

在数学、物理学领域哈萨克斯坦研制出了城市大气污染自动预测系统；创建了确定性和随机性复杂技术自动控制系统的多功能理论；研制出了新一代多功能材质计算机的结构原理；研制出了高性能静电分析器和用于断裂层表面分析的综合性光谱分析仪；研制出了利用遥感卫星图片和陆地观察结果对粮食作物产量进行预测的方法；根据气候对哈萨克斯坦的土地进行了农业区域化；研究了里海沿岸和咸海沿岸地区生态危机状况和产生的原因。

在地球科学领域，哈萨克斯坦研究出成矿分析的新型基础理论；绘制出了一系列地质经济图；研究并了解了哈萨克斯坦主要矿产资源的现状和发展前景；绘制并出版了哈萨克斯坦油气区的预测地图；研制出先进的地质信息系统；创建了水文地质数据库；研制出了强震震区形成的物理模拟和地震模拟。

在技术理论研究领域，哈萨克斯坦也取得了很大的成就，许多新型科技应用到了哈萨克斯坦和独联体国家有色金属企业的冶金和选矿环节。

在化学研究领域，哈萨克斯坦为石油加工业研制出了多种新型高效催化剂和新的催化工艺；合成了一系列新型单体和聚合物，并在此基础上研制出了具有很强坚固性的复合材料、水溶性聚合药剂；研制出了各种新型药剂。此外，哈萨克斯坦研制出的农业与医学用尼古丁酸技术在20个国家获得了专利。

在生物科学领域，哈萨克斯坦成功地发展起分子生物与细胞生物的研究工作；研究了高等有机物质基因的结构组成；研制出了独一无二的草原地质绘图模式；研究了土壤有效生物再生产的方案。

在农业科学领域，哈萨克斯坦研制出193个农作物新品种；建立了饲料作物的基因库，包括3473种样品和蔬菜作物（156个种类样品）；研制出14个农畜新品种。

哈萨克斯坦的主要科研方向：哈萨克斯坦制定了国家中长期科技发展政策，在实施国家科技发展政策的过程中遇到的问题由哈萨克斯坦教科部负责解决。例如，完善与科技相关的法律法规、组织科研活动、培养科技人才、实施科技信息化工程等。科技发展政策的实施致力于达到下列目标：①保障国家的粮食、物质和能源的供给；②保证国家安全；③提高卫生保健质量；④保护环境；⑤促进居民就业；⑥发展交通和通信事业；⑦在不断应用最新科技成果的基础上提高国家经济的国际竞争力。

另外，根据哈萨克斯坦国家发展战略“哈萨克斯坦–2030”中对社会经济发展的要求，国家教科部负责47个基础研究项目的协调工作，这些研究项目是在20个优先发展项目、6个国家级科技项目和200多个应用型创新项目当中选拔出来的，哈萨克斯坦教科部是项目管理者。

因为资源的有限性，以及科研力量主要集中在那些能在很大程度上提高竞争力的行业，所以哈萨克斯坦不可能在所有的科技方向展开研究工作。就像哈萨克斯坦总统在国家独立10周年的发言中表示的，国家应该集中力量优先发展的产业应该是那些与别的国家相比具有优势的产业，比如，汽油业，矿业，冶金业，农业等。所以，哈萨克斯坦确定的科技研究项目首先是能够保证上述领域的发展，包括石油化学项目、石油天然气项目、矿业冶

金项目、机器制造项目等。

此外，哈萨克斯坦高等科技委员会根据国家的社会经济发展要求以及世界科技发展趋势确定了该国优先发展的基础研究方向，分别是：信息技术、新型材料、分子生物、遗传、生物工程理论基础（主要用来解决医学和农业方面的迫切问题）、矿产资源、社会观念的理论与实践，例如，现代哈萨克斯坦持续发展的理论。

4.1.5.5 文学艺术

在 2007 年 2 月 28 日以“新世界的新哈萨克斯坦”为主题的国情咨文里，哈萨克斯坦总统努尔苏丹·纳扎尔巴耶夫宣布了优先发展文化的国家政策。为了实现这个目标，哈萨克斯坦规划将持续向文化部门投入资金。将采取所有的文化改革举措来促进这一产业的各个部门。这为促进文化服务以及随后加强艺术家知识阶层联盟及其他大众文艺组织的互助合作创造了优惠条件。

哈萨克斯坦人以拥有上千年的历史和融入了世界文明宝库的丰富文化而自豪。至于历史文物的数量和多样性，哈萨克斯坦与印度、中国以及地中海和近东国家大致相当。这实际上是一座别具一格的露天博物馆。大量的建筑文物表明，许多在这片土地上栖息的古代部落，包括塞西亚人、萨卡人、萨尔马提亚人、匈奴人、兀孙人、康里人（公元前 1000 年）、土耳其人、突厥人、奥格乌兹人、钦察人等，他们的农业和游牧文化都相当发达。

哈萨克斯坦的文化遗产融合了世界各地人们的丰富文化财富。有 25000 个永久历史遗址、考古遗迹、建筑纪念碑；有 256 万件文物陈列品或是保存在 89 座国家博物馆中；有 3495 座国立图书馆藏有 6684 万卷古籍、珍贵手稿和出版物。迄今为止，哈萨克斯坦拥有 147 座博物馆和自然保护博物馆以及 3495 座图书馆，这些设施都在积极活跃地传播哈萨克斯坦的文化政策。

努尔苏丹是哈萨克斯坦的首都，哈萨克斯坦总统文化中心就在这座城市。辅助设施包括历史博物馆、公共图书馆、音乐厅、国家黄金和贵金属博物馆、阿斯塔纳现代艺术博物馆以及著名作家萨芬·塞夫林博物馆。为了保护阿拉木图省景观地区塔姆加雷的独特建筑和悬崖岩画，哈萨克斯坦设立了塔姆加雷历史文化和自然保护国家博物馆。 每年，哈萨克斯坦都会举办一系列活动，如欧亚大陆国际电影节和“沙肯之星”国际电影节。

哈萨克斯坦正在大力扩大与世界各国在文化、艺术、信息和档案领域的双边及多边合作。为了促进上述合作，从 1992 ~ 2018 年，哈萨克斯坦已经与其他国家和国际组织签署了不少国际条约、协定和合作方案，打下了坚实的法律基础。一流的哈萨克斯坦艺术工作者正积极地参与到国际文化节日和赛事中。哈萨克斯坦的博物馆还安排了世界著名博物馆的古代文化作品和艺术作品来馆展出。同时，出色的表演团队在海外举行了演出。

博物馆储备指的是位于特定领土内的真实的历史文化价值观的整体与合成，具有特别的历史、科学、艺术或其他文化价值。

博物馆是一种从事自然历史纪念物、物质和精神文化以及教育和流行作品的收集、研究、收藏和经营的机构。博物馆可以是社会的一个精神基础。博物馆收藏品中保留的历史文化遗产对社会理想的形成过程有着积极的影响。这也是当今博物馆的主要功能。博物馆学的优先领域为当前基础设施的保存、在政府支持下的发展和供应以及在博物馆学方法和技术的帮助下详细描述和实施文化发展项目。这个过程中博物馆做出了很大的贡献，它是物质和精神文化纪念物的主要储藏所。哈萨克斯坦拥有154座不同类型的博物馆，都在历史文化遗产保存和普及领域积极地开发公共政策。

为了确保高水平的科学收藏——博物馆的维护和复原，在世界各国博物馆经验、规定和要求的基础上，制定了博物馆贵重物品的储存和保管说明。

哈萨克斯坦的博物馆工作人员在收集、科学处理陈列品以及储藏和复原方面获取到了广泛的经验。博物馆配备了油画、绘画、雕刻、金属和软材料作品复原工作室、资金储藏所和摄影实验室。博物馆还有下属的复原委员会，致力于检查所选陈列品的复原并且在会议上做最后的复原决策。

中央政府博物馆：这是一家历史博物馆，陈列品展示的是哈萨克斯坦的发展历程以及从铜器时代到俄罗斯帝国时代、共产党时期的哈萨克人。博物馆也陈列哈萨克人的手工艺品，纪念品商店销售地毯、珠宝和其他商品。

地质博物馆：收藏了哈萨克斯坦本地的石头，包括宝石和半宝石。

Kasteev 美术博物馆：特点是传统、现代和当代哈萨克斯坦、其他中亚和独联体国家的艺术，拥有19世纪和20世纪法国、意大利艺术展品。纪念品商店出售哈萨克和俄罗斯艺术产品（珠宝、油画等）。博物馆可安排英语导游陪伴游览。

考古学博物馆：藏有第3世纪的许多碎片和陶瓷艺术品以及真人尺寸的金人复制品和阿拉木图附近陵墓中发现的公元前5世纪的萨卡勇士。

书籍博物馆馆：藏有相当多的19世纪以前的很有价值的书籍，包括彩饰真迹写本以及独特的反映曾经在哈萨克斯坦风行过的文化的装订式书籍。

国家乐器博物馆：陈列品包括从古至今的传统哈萨克乐器以及中亚和俄罗斯乐器。

动物学博物馆：馆内展示了哈萨克斯坦的动物群，从恐龙到猛犸象再到现代动物的标本。

塔尔加尔古城：现代的塔尔加尔城位于距离阿拉木图大约35公里处。在城南部，游客能找到塔尔加尔古城的遗迹，在蒙古人席卷中亚之前，那里曾经是丝绸之路上一个繁荣的商业和手工业城市。

露天博物馆（萨卡古墓挖掘）：博物馆的建造是哈萨克斯坦考古学研究院高级研究员 Beken Nurmukhanbetov 提出的计划。Beken 及其他热心人士挖掘了两座萨卡古墓（古墓修建于公元前4 ~ 5世纪），除了冬天，可全年参观。墓的所有层以及在挖掘过程中找到的

物品均展示出来。遗址位于伊塞克城附近，离阿拉木图大约 70 公里。

4.1.5.6 新闻出版与传媒

根据 2006 年第一季度末的数据，哈萨克斯坦有 2466 家常设大众媒体，比 2005 年同期增加了 17%。大众媒体的主题区分是哈萨克斯坦信息市场发展的一个显著积极趋势。除了社会政治特色，还有戴昂信息、广告、科学、妇女、儿童、青年、宗教、专业职业及其他出版物。定期出版的有 2243 家期刊（1593 家报社和 650 家杂志）。信息类大众媒体占所有纸媒的 50%，社会政治类占将近 16%，科学类占 9%，广告类占 10.5%，妇女、儿童、青年和宗教类合并占不到 4%。哈萨克斯坦公共和私营部门大众媒体的相关度，一直没有变化。私有大众媒体在所有常设大众媒体中占了近 80%，信息领域的公共部分代表主要是部门大众媒体。

目前哈萨克斯坦有 212 家电视台和无线电公司。所有在哈萨克斯坦领土上进行传播活动的大众媒体（不包括网络媒体），不论是何所有制形式，都要按照 2001 年 9 月 3 日的哈萨克斯坦文化信息和社会协议部部长令第 175 号文件、大众媒体和通讯社注册说明以及 1999 年 7 月 23 日的哈萨克斯坦大众媒体法第 451–I 号文件，在哈萨克斯坦文化信息部授权机构进行注册。

哈萨克斯坦拥有用俄、哈等多种语言播音的广播电台和电视台，俄语播出时间占 40% 以上。国家级官方电台有 2 家，共 4 套节目，每天播出时间近 80 个小时。3 个国家级官方电视台及 20 多个地方政府和非官方商业电视台每天转播俄罗斯 9 家电视台的节目。“哈萨克斯坦通讯社”是唯一的国家通讯社。哈萨克斯坦主要报刊、通讯社、广播电台见表 4–4 ~ 表 4–6。

表4–4 哈萨克斯坦的主要报刊

报刊名称	语言、刊期
《哈萨克斯坦真理报》	哈文、日报
《主权哈萨克斯坦报》	哈文、日报
《快报》	俄文、日报
《先行者报》	俄文、日报
《埃肯报》	哈文、日报
《商队报》	俄文、周报
《大都市报》	俄文、周报
《全景报》	俄文、周报
《实业周报》	俄文、周报

表4-5 哈萨克斯坦的主要通讯社

通讯社名称	经营性质	备注
“今日–哈萨克斯坦”通讯社	系私营媒体	成立于2000年
“国际文传电讯–哈萨克斯坦”通讯社	俄罗斯国际文传电讯社驻哈分社	

表4-6 哈萨克斯坦的主要广播电台

广播电台名称	所属性质
哈萨克电台	哈萨克斯坦国家广播电视公司（国家控股）下属
“哈巴尔热点调频”电台	“哈巴尔”广播电视公司（国家控股）下属
“俄罗斯–亚洲”电台	俄罗斯电台与哈合办

4.1.5.7 体育设施

哈萨克斯坦的体育设施比较完备，专业化水平较高，各类体育人才齐全，综合发展水平较高，其中拳击、马术等项目具有较强的实力，是目前中亚国家体育发展水平最高的国家。该国的体育体制为政府办体育，职业化和半职业化体育并存，各地政府及部门具有负责体育的机构。学校体育基础比较好，课程设置合理，学生能够广泛地参与其中；经济体育发展迅速，在各类体育运动会上取得了好成绩。根据国家职业体育运动联合会提供的资料，到目前为止，哈萨克斯坦全国共有大约3500个体育中心。阿拉木图市已经拥有大约200家健身俱乐部，健身市场的容量每年估计会超过2亿美元。

4.1.6 文化环境

4.1.6.1 人口与民族

哈萨克斯坦人口有1833万人，由130多个民族组成。哈萨克族占66%，俄罗斯族占21%，还有乌兹别克、乌克兰、白俄罗斯、德意志、鞑靼、维吾尔、朝鲜、塔吉克等民族。居民大多信奉伊斯兰教（逊尼派），还有东正教、天主教、犹太教等。

4.1.6.2 语言

哈萨克语为国语，哈萨克语和俄语同为官方语言。语言结构化的最佳过程是政府活动最重要的社会方面之一，因为它有助于加强民众融合和进一步巩固社会，充分地满足人类文化语言学和文化需要。

语言政策的改革可以按主要事件的年代分为几个阶段。

第一阶段（1992 ~ 1997）：详细描述关于社会中的语言关系的合理国家政策。

第二阶段（1998 ~ 2000）：建立实施国家语言政策的机制，详细描述语言发展的国家、区域和部门计划。语言运用和发展国家计划为实现在最初阶段实施法律“哈萨克斯坦共和国的语言”中设定的主要目标而采取专门措施提供了机会。在通过了许多政府法规（“扩大政府机构使用国语的范围”以及“批准控制和遵守语言法规的程序”）后，创造了进一步在社会生活所有领域扩大和强化语言结构化程序的必要条件。

第三阶段（2001 年以来）：根据哈萨克斯坦宪法规定并且在“哈萨克斯坦共和国语言”法以及在 2001 ~ 2010 年语言运用和发展国家计划中反映的所形成语言领域的使用原则，语言结构化在不同的基础下从 3 个领域实施：国语的社会交流功能的扩大和加强；俄罗斯语言的一般文化功能的保存；哈萨克斯坦人们所使用其他语言的发展。

每一个功能语言群设立的任务不同导致了不同的方法。在公共组织和地方当局，俄罗斯语与哈萨克语将同时作为官方语言使用，满足各个种族的语言需要要求有语言学习和发展的条件、实现每个人使用母语的宪法权利以及自由选择交流、研究和创作语言的权利。

实施哈萨克语的公共地位要求按照世界语言发展的经验根据新的社会、文化和科学事实扩大语言的词汇和语义可达距离。为此，主要任务就是统一适用的新词汇单位，包括创造术语。创造术语的基本原理反映在了 2004 年 4 月 21 日由哈萨克斯坦政府规章通过的第 444 号文件中，即关于哈萨克斯坦共和国术语工作的国家设想。

实施国语教育：哈萨克斯坦共和国的国语是哈萨克语。 国语是在一国领土上的社会关系的所有方面都适用的公共管理、法规、诉讼程序以及办公语言。 每一个哈萨克斯坦市民都有义务掌握国语，国语是巩固团结哈萨克人民的主要因素。 政府、其他公共和当地代表以及执行机构必须用一切办法推动国语发展并为所有的哈萨克斯坦公民自由、毫无障碍地掌握国语创造必要的组织、物质和技术条件。

4.1.6.3 重要节日

元旦：每年 1 月 1 日；

希腊正教圣诞节：1 月 7 日；

宰牲节：朝觐的最后一天；

妇女节：3 月 8 日；

纳吾热孜节：3 月 20 或 21 日（是哈萨克斯坦的新年日，也同样是其他突厥国家和民族的新年）；

主权共和国日：10 月 25 日（1990 年 10 月 25 日通过《主权宣言》）；

武装力量日：5 月 7 日；

反法西斯卫国战争胜利日：5 月 9 日；

首都日：7 月 6 日；

宪法日：8 月 30 日（1995 年 8 月 30 日通过宪法）；

独立日：12 月 16 日。

4.1.7 商业环境

4.1.7.1 市场准入情况

哈萨克斯坦是独联体第二大经济体，综合国力仅次于俄罗斯，属于中高收入国家。拥有丰富的自然资源和比较雄厚的工业基础，是世界主要粮食出口国之一。但哈萨克斯坦的轻工业相对不发达，服装、食品以及日常用品主要依赖进口。哈萨克斯坦向中国出口的产品主要为石油、天然气等。两国产业上的互补性很强，目前，中国已成为哈萨克斯坦最大的贸易伙伴。近年，哈萨克斯坦十分注重吸引外资，很希望和中国有实力的公司合资办企业。合资方式为：哈方提供土地及少量资金，而中国主要提供资金和技术。目前，很多中国公司都在哈萨克斯坦设有分公司。哈萨克斯坦也非常欢迎我国高科技领域的人才为其经济发展提供技术支持。哈萨克斯坦的普通劳动力并不比中国低廉，平均工资水平还要略高于我们国内。

4.1.7.2 政策投资与法规

哈在欧亚地区吸引投资能力排第二，在无出海口国家中吸引投资能力排第一。但自2015年上半年以来，对采矿业、贸易和地质勘查领域的外国直接投资规模均较同期回落。有鉴于此，根据经合组织发布的调查报告，哈政府确定了12个发展主攻方向，努力改善国家投资环境。诸如完善公私合作伙伴关系的相关法律法规，建立知识产权保护，加强国有企业的社会责任，减少企业的国有经济成分等。旨在提高吸引投资能力。另外为吸引投资，哈将建立三层架构体系，即使馆—中心—地区。目前哈拥有稳定的政治环境和经济环境，具有良好的吸引投资能力，在哈注册的外资企业超过500家。但缺乏来自各领域内的国有和私营企业的具体建议和措施，尤其是涉及基础设施开发和土地问题方面。

在哈萨克斯坦投资国有公司的支持下，2018年哈萨克斯坦共实施27个有外资参与的投资项目。相关项目总价值约31亿美元，创造工作岗位6000多个。目前，在哈萨克斯坦投资国有公司的投资项目名录当中，共有157个项目即将实施。这些项目的总投资将超过400亿美元，资金来自26个国家，完全落地后预期可创造工作岗位4.5万多个。吸引投资最多的地区是阿拉木图州，共有21个总额41亿美元的项目青睐在该地区落地。其他具有优势的地区还包括：卡拉干达州（15个项目，总价值21亿美元）、努尔苏丹市（12个项目，价值41亿美元）、库斯塔奈州（12个项目，价值22亿美元）、阿克托别州（10各项目，价值10亿美元）。目前正在制定一个包括180个投资项目的新名录。2019年，计划确保27个投资项目的落实，并吸引100名新的投资者。

对外贸易政策。对外贸易政策的主要目的是：通过同世界贸易体系的一体化，建立推动和保护本国经济利益的有效和灵活制度。宗旨是：增加哈萨克斯坦共和国在多边贸易体系中的参与度；采取海关关税和非关税调节措施，反倾销、反补贴和特别保护措施，支持本国商品生产者和消费者；在欧亚经济联盟的框架下，通过集中有效利用对外贸易调节机制制定和实施对外贸易政策发展战略；完善国家法律，提高研究和采取对外贸易调节措施的灵活性；根据世界贸易组织第四次部长会议上达成的协议简化贸易；在独联体框架下完善和深化自由贸易制度。

继续同欧洲自由贸易联盟成员国（瑞士、列支敦士登、挪威和冰岛）、新西兰和越南开展优惠贸易协议的签署工作。同以色列举行谈判，考虑同印度、埃及、印度尼西亚、土耳其、秘鲁、厄瓜多尔和其他国家签署自由贸易协议的可行性。

4.1.7.3 外国人就业限制

2016 年 12 月 28 日哈萨克斯坦政府在《哈萨克斯坦真理报》刊登政府令，2016 年哈引入外国劳动力数量为不超过哈经济活动人口的 0.7%，决议从第一次正式公布起 10 个自然日期满后生效。哈萨克斯坦人口超过 1760 万人，其中经济活动人口约 860 万人。2015 年吸引外国劳动力配额为经济活动人口的 0.7%，2014 年为 0.7%，2013 年为 1.2%，2012 年为 1%，2011 年为 0.85%，2010 年为 0.75%。哈萨克斯坦国家移民政策的目标是：推动发展内部移民——公民自愿向经济增长点移居；制定吸引、选择和使用外国劳动力的差异化机制；提高移民适应性，在移民和接受社会之间形成建设性的互动；阻止非法移民。

为阻止非法外来移民和对其加强监管，将继续修改法律法规基础，包括加强非法引入外国劳动力的雇主、非法移民组织者和协助非法移民转移和就业的惩处。

哈萨克斯坦对外籍员工申请劳动许可的规定仍然是阻碍外国投资的主要困难之一。哈萨克斯坦建立了外籍员工申请劳动许可的数量限制系统，该系统每年根据全国总劳动力数量限定发放许可的配额。尽管哈萨克斯坦提高了外籍员工劳动许可的配额，但仍然不能满足企业的实际需要。据许多在哈投资经营的企业反映，哈政府经常毫无理由地拒绝给公司经理人员和技术人员发放签证，或者只提供短暂的居留期限。这一规定给外国投资企业的生产经营带来了不利影响。

哈萨克斯坦对使用外国劳务有严格的配额制度，且获取签证较为困难。哈政府为保护本国劳动力市场，从 2001 年开始实施外国劳务配额制度，政府每年规定外国劳务配额数量。在此范围内，向用人单位发放使用外国劳务许可。外国劳务配额按照劳动人口数量百分比予以确定，企业所有员工中哈籍雇员占比的要求：第一类别（机构领导及其副职）和第二类别（分支机构领导）工作人员中不少于 70%；第三类别（专业技术人员）和第四类别（熟练工人）工作人员中不少于 90%。中国公民赴哈难问题已成为中哈经贸合作中最突出问题。主要体现为，企业人员难以及时、足额获取外国劳务许可和签证，审批时间一般需要 5 个月以上，包括各类认证手续在内的办理成本高。商务签邀请函注明停留期在办理签证时被“自动缩水”，审批程序复杂、时间长，商务签入境后在哈连续停留时间和停留地点受限，附加条件要求较高等。

4.1.7.4 资源与土地所有权的限制

哈萨克斯坦规定，在哈萨克斯坦开采石油、天然气及其他地下矿产资源的外资企业必须与哈政府签订地下资源使用合同。哈政府向企业提供的合同有两种，一种是海上石油项目产品分成协议，一种是超额利润税协议。海上石油项目产品分成协议主要适用于海上石

油开采项目，规定外国投资者在哈境内开发海上石油时，在项目投资回收期前哈国家所占的利润份额最低比例为1%；投资回收期后，哈国家所占的利润份额最低比例为4%。其中投资回收期为2.5年或3年。在超额利润税协议下，外国投资者必须缴纳6%～15%不等的超额利润税。

哈萨克斯坦《矿产法》规定，企业在准备转让矿产开发权、直接收购或出卖哈萨克斯坦石油公司股份时，需要到哈能源和矿产资源部审批，而哈能源和矿产资源部在发放许可证时享有很大的自由裁量权。

哈萨克斯坦《土地法》规定，哈萨克斯坦本国公民可以私人拥有和租借农业用地、工业用地、商业用地和住宅用地，但是外国个人和企业只能租用农业用地，并且期限不得超过一年。

4.1.7.5 投资限制

2012年之后，随着世界经济的复苏、国际市场需求恢复以及能源和金属等国际价格稳定，哈经济开始强劲反弹，出口开始增长。此外，主要贸易伙伴国的经济恢复、需求增长一定程度上也促进哈商品出口。关税同盟的深入发展，对哈贸易增长亦有一定贡献。哈萨克斯坦投资主管部门为投资和发展部，负责贸易管理和制定经济发展规划的主管部门是经济与预算规划部。涉及投资和贸易领域的法律主要有《工商登记法》《劳动法典》《税收法典》《外汇调节法》《许可证法》《反倾销法》《知识产权法》《银行和银行业务法》《投资法》《企业经营法典》《海关事务法典》《金融租赁法》《商标、服务标记及原产地名称法》《国家直接投资保护法》等。根据规定，哈萨克斯坦对外资无特殊优惠，实施内外资一致的原则，大部分领域没有限制，特别提倡向优先发展领域、尤其是非资源领域投资；但对涉及哈萨克斯坦国家安全的一些行业，政府有权限制或禁止投资。在银行业、保险业、矿产投资、土地投资等领域，哈萨克斯坦对外资占比有一定限制。哈萨克斯坦已经开放贸易权，所有自然人和法人均可从事对外贸易活动。除武器、药品等产品进口有限制外，其他产品的进口不受配额及许可证的限制，但有时会根据国家需要暂停某些产品的进口，或者临时加征关税。

2016年，哈萨克斯坦对中国出口占全部出口商品的11.5%，是仅次于意大利的第二大出口目的地；从中国进口占全部进口商品的14.6%，是仅次于俄罗斯的第二大进口国。据中国海关统计，2016年中哈贸易额为130.93亿美元，同比下降8.4%；其中中方出口82.89亿美元，同比下降1.8%；进口48.04亿美元，同比下降18%。近5年来，中方出口额最高为127.1亿美元，中方进口额最高为160亿美元。

4.1.7.6 中国与哈萨克斯坦经济合作现状

1. 双方进入全面战略合作伙伴新阶段

中哈两国2015年8月底签署了《关于加强产能与投资合作的框架协议》。2014年中

哈签署了140亿美元合作协议以帮助哈萨克斯坦建立15～20家加工企业。2015年3月签署了涵盖广泛领域的33份产能合作文件，涉及钢铁、有色金属、平板玻璃、炼油、水电、汽车等领域，总金额达到236亿美元。

2. 贸易飞速发展，但结构仍然单一

中哈双边贸易往来几乎从零起步，1992年中哈贸易总额是3.68亿美元，占哈萨克斯坦外贸总额的20%，中国成为哈萨克斯坦第一大贸易伙伴。此后双边贸易飞速发展，年增长率高达25%。

但中哈贸易结构单一。两国经济互补性非常高，产业间贸易是主要贸易方式。中国从哈进口以能源、原材料和初级产品为主，2013年前六种商品占总进口的比重高达97.1%，包括燃料、矿物油、沥青、铜及其制品，无机化学品、贵金属等的化合物，矿砂、矿渣及矿灰，钢铁、锌及其制品；其中燃料、矿物油等产品占总进口的61.8%。中国对哈出口以技术密集型和资本密集型产品为主。2013年中国对哈出口中，机械设备、运输工具和仪器仪表类产品占38.7%，化工及相关产品类占13.1%，金属及制品约占12.7%，能源、矿产类产品占12.4%。2018年，哈萨克斯坦进口的主要商品有：交通工具、仪器设备70.30亿美元（27.9%）；化工产品24.52亿美元（9.7%）；金属及其制品19.52亿美元（7.8%）；动植物产品和食品16.93亿美元（6.7%）；能源及矿产品6.63亿美元（2.6%）。

3. 互联互通不断发展

哈萨克斯坦位于欧亚大陆结合部，近年积极改善国内交通基础设施，力图打造欧亚大陆交通运输枢纽，发展过境运输。中国“丝绸之路经济带”的构想同哈萨克斯坦发展过境运输的国家战略不谋而合，为两国加强互联互通提供了新动力。中国新疆已同哈萨克斯坦实现铁路、公路、航线、油气管道、通信网络的立体对接。新疆的15个对外陆路口岸中，有7个在中哈边界，正在建设中的中哈霍尔果斯国际边境合作中心是我国西部最大的陆路口岸和新型跨境经贸合作区之一。两国在网络通信方面的合作也在积极推进，华为、中兴和中国电信等大型公司均在哈萨克斯坦参与了通信网络建设。从2012～2015年，中国运往哈萨克斯坦的集装箱数量增长了15倍。2014年5月，中哈连云港物流合作基地一期投产运营，开创了欧亚大陆海陆联运合作新模式，哈萨克斯坦历史上第一次获得直通太平洋的出海口。2015年2月，从中哈连云港物流基地出发的定期货运专列抵达阿拉木图，成为中哈合作进展的又一重要标志。穿越中国、哈萨克斯坦和俄罗斯的“中国西部—西欧”交通走廊正在紧锣密鼓的建设中，2017年投入运营后，大大缩短了亚欧大陆间的通行距离。

4. 中哈投资合作不断有新进展

哈萨克斯坦经济门类相对单一，轻工、机电、日用品产业薄弱，所以其迫切希望实现

经济转型，努力改善投资环境以吸引外资。哈萨克斯坦鼓励高科技产业发展，向技术服务型经济转变。“哈萨克斯坦 -2050”战略旨在加速哈萨克斯坦从原料供应国转变为现代化工业国。尤其哈萨克斯坦明确提出，哈萨克斯坦工业要重点发展非资源领域（除矿产开采外的其他领域）。尽管资源开发仍然是哈萨克斯坦的重要产业，但各项政策和财政预算已经开始向非资源领域倾斜。

中国是最早对哈萨克斯坦进行投资的国家之一，哈萨克斯坦也是中国在欧亚地区的第一大投资目的地。中国对哈萨克斯坦投资方式以独资为主，包括中石油、中石化、中国银行、中国工商银行、华为、中兴这些企业已经为当地创造了数万个就业岗位。据商务部统计，中国在哈萨克斯坦各类投资总计达260亿美元，在哈萨克斯坦注册的中资企业有2800多家，中资企业在哈萨克斯坦外资企业总数中居第三位。中国对哈萨克斯坦投资领域主要包括石油勘探开发、石油公司股权并购、加油站网络经营、电力、农副产品加工、电信、皮革加工、食宿餐饮和贸易等。目前中国在哈萨克斯坦投资的大项目有：中哈石油管道项目、中石化FIOC和中亚项目、中哈铀开采项目、鲁特尼奇水电站项目等。哈萨克斯坦对中国也有投资，2013年年末哈萨克斯坦在中国各类投资总额合计23.98亿美元，对中国直接投资存量为1.4亿美元，主要集中在新疆地区，主要投资于皮革、建材、食品、汽车维修等领域。目前中哈两国就依托“一带一路”开展产能合作已达成战略共识，产能合作已经成为两国经济合作的一个重要抓手，互联互通、高科技、新能源、交通、加工业、电力、农业等领域都将成为投资的重要领域。

5. 金融合作在加强

2014年12月14日，中国人民银行与哈萨克斯坦国家银行续签了双边本币互换协议，同时签订了新的双边本币结算与支付协议。双边本币互换规模为70亿元人民币/2000亿坚戈。双边本币结算与支付协议签订后，中哈本币结算从边境贸易扩大到一般贸易，两国经济活动主体可自行决定用自由兑换货币、人民币或坚戈进行商品和服务的结算与支付。上述举措有利于深化中哈两国货币金融合作，便利双边贸易和投资，维护区域金融稳定，也标志着中哈金融合作进入新阶段。

2018年6月，丝路基金与哈萨克斯坦阿斯塔纳国际金融中心签署战略合作伙伴备忘录，并与阿斯塔纳国际交易所签署框架协议，拟通过下设的中哈产能合作基金认购阿斯塔纳国际交易所部分股权。双方此次合作，有助于推动“一带一路”建设与哈萨克斯坦“光明之路”新经济政策有效对接，深化中哈在双边重点领域的合作，助力哈资本市场发展和金融改革，支持哈经济社会发展，并有助于发挥丝路基金自身优势，以金融合作为抓手推动中哈产能合作，充分体现了“一带一路”建设所倡导的互利共赢理念。

4.2 乌兹别克斯坦

乌兹别克斯坦，全称乌兹别克斯坦共和国，是一个位于中亚的内陆国家，1991年独立，国土面积447400平方公里（世界第56名），乌兹别克斯坦的国家基本信息见表4-7。

表4-7 乌兹别克斯坦的国家基本信息

中文名称	乌兹别克斯坦共和国	英文名称	The Republic of Uzbekistan
人口数量	3236万（2018年）	人口密度	7.2人/平方公里(2011年)
所属洲	亚洲	主要民族	乌兹别克族
首都	塔什干	主要宗教	伊斯兰教（逊尼派）
主要城市	撒马尔罕，布哈拉等	国庆日	1991年9月1日
GDP总计	503亿美元（2014年）	人均GDP	1532美元（2018年GNI）
货币	苏姆	官方语言	乌兹别克语
政治体制	总统制共和制	宪法实施日	1992年12月8日
道路通行	靠右行驶	国际电话区号	+998
收入水平	中低等收入国家	贫困人口比例	16%（2011年）
人类发展指数	0.661（2014年）		

4.2.1 简史

4.2.1.1 早期

最早占有中亚地区的是伊朗游牧民族，他们在公元前1000年左右由今属哈萨克的北部草原地带向南迁徙。这些游牧民族操伊朗方言，在中亚定居下来，并且在河流附近地区建立了灌溉系统。在这时期，布哈拉、撒马尔罕等城市逐渐形成，成为统治与文化中心。到了公元前5世纪，巴克特里亚、粟特、吐火罗等国家控制此地区。当中国人开始与西方进行丝绸贸易之际，这些伊朗人城市占有地利之便而成为贸易中心。粟特人利用位于今乌兹别克斯坦境内河中省份，甚至沿伸至中国新疆维吾尔自治区的一些城市与聚居地网络，很快成为这些伊朗商人中最富有的一群。因为这些后来称为丝绸之路的贸易，布哈拉与撒马尔罕终于成为极为富裕的城市，而河中也成为古代最有影响力与权力的波斯省份之一。

许多地区性的战争在粟特与其他河中地区国家之间展开，而波斯与中国也经常在此地区发生冲突。公元前328年，亚历山大大帝将此地纳入他的马其顿帝国管辖之内。

4.2.1.2 初期

公元7世纪中期以后，阿拉伯人开始征讨河中地区，直到8世纪中期才完成。他们带来新的宗教，而且兴盛至今。

最初阿拉伯人只是在征讨波斯时，偶而侵扰河中地区而已。公元704年，阿拉伯著名将领屈底波·伊本·穆斯林被瓦立德一世任命为呼罗珊总督，进军河中地区。他以木鹿为

基地，在中亚征战初期颇为顺利，先后攻占吐火罗、花剌子模和昭武九姓中的安国（布哈拉）、康国（撒马尔罕）、石国（塔什干）等地。但是不久后东突厥汗国默啜可汗遣军西进，夺取了阿姆河外的几乎所有河间地区，穆斯林仅保有撒马尔罕。

714 年，穆斯林再度起兵东征，据传说一直到达了今日的喀什，但在途中得知瓦立德一世逝世的消息而回师。穆斯林以在中亚地区强力推行伊斯兰教信仰而闻名，对中亚地区文化发展影响甚巨。

4.2.1.3 波突时期

公元 9 世纪，以河中地区为中心的波斯萨曼帝国逐渐强大，并建立起一个囊括乌兹别克斯坦、土库曼斯坦、塔吉克斯坦、吉尔吉斯斯坦、哈萨克斯坦、伊朗、阿富汗等地的强大帝国。萨曼王朝由奉行波斯文化的东伊朗人建立，他们将传统的波斯文化与伊斯兰教加以结合，对锡尔河以北的突厥游牧民产生深刻的影响，萨曼王朝通过战争、贸易、通商、传教等手段使突厥各部落接受了波斯文化与伊斯兰教，并强行将一部分突厥战俘奴隶纳入自己的行政管理体系，这一措施使得突厥游牧部落与波斯城市文明的关系进一步加进，同时，许多农牧民纷纷移居繁荣的城市，转入定居，同波斯人、东伊朗人一起生活。公元 9 世纪到 11 世纪，突厥王朝取代了波斯王朝，主要是伽色尼王朝，喀喇汗王朝，以及塞尔柱帝国等统治，这些王朝继承了萨曼王朝的军事、制度、文化以及版图。12 ~ 13 世纪，由西辽监督下的西喀喇汗王朝统治。以乌兹别克斯坦玉龙杰赤为发源地的花剌子模在 1210 年开始管理河中。

4.2.1.4 蒙古时期

13 世纪被蒙古人征服。1219 年年底至 1221 年，河中地区被蒙古帝国征服并彻底屠杀和摧毁，后土地被钦察汗国与察合台汗国瓜分。

4.2.1.5 乌汗国时期

在中文史书上，乌兹别克族的记载最早出自《元史》，当时名月祖伯。在阿布海儿汗时代，15 世纪中期以前时期，建立“乌兹别克汗国”。后来术赤系的克烈汗和贾尼别克与阿布海尔汗闹翻逃亡蒙兀儿斯坦，另建哈萨克汗国，而今天的乌孜别克斯坦却是帖木儿帝国的领土。乌兹别克汗国解体后一部分人随穆罕默德·昔班尼汗南下，前往河中农业区定居下来，征服了当地的撒尔塔人并与他们融合，形成了今天的乌兹别克族。16 ~ 17 世纪，他们来到南疆塔里木盆地通商，称为布哈拉人、浩罕人或安集延人，主要从事商业活动，乌兹别克的意思是“自己的领袖”。

乌兹别克族是由粟特人和突厥人融合而成。乌兹别克人有七十二部落，在锡尔河以北的哈萨克南部城市，他们是人口中的多数，在塔吉克占人口中的 1/4，在吉尔吉斯有 13.8% 人口，是中亚最大的民族，也是全世界第二大突厥语民族。哈萨克与乌兹别克没分裂时，钦察草原有 92 部落，后来有 70 部落到哈萨克汗国，有时部落如克烈、乃蛮、弘吉剌，两国也有。希瓦汗国的乌兹别克人分四部：基雅特(乞颜)– 弘吉剌，畏兀儿 – 乃蛮，弘吉剌 – 钦察，努库兹 – 曼吉特。乌兹别克人其实是由粟特与公元前后进入中亚的突厥语民族构成，黑汗王朝与葛逻禄有特别重要性，随昔班尼南下的钦察草原乌兹别克部落是最后构成阶段。

16 世纪中叶的乌兹别克人还没有完全定居，与哈萨克人一样吃肉喝奶(不种田地、不吃面包)，16 世纪末定居化加快，17 世纪河中只有他们与塔吉克人。

1867 年，中亚人阿古柏建立的“哲德沙尔汗国”改称“洪福汗国”，攻占库车、库尔勒，占领天山以南的南疆。随着阿古柏的扩张，大批乌兹别克族人进入新疆，成为今天新疆一个重要的少数民族乌兹别克族。有些乌兹别克人是在明代前住费尔干纳盆地与河中的维吾尔族后人，有些是受阿古柏裹挟至浩罕汗国。1785 后乌兹别克术赤家族绝后由诺盖人控制，改称埃米尔国。

4.2.1.6 俄统时期

1873 年，布哈拉汗国的曼吉特王朝被沙俄征服，成为附庸国 。1918 年，划归突厥斯坦苏维埃社会主义共和国。1920 年苏俄红军侵入希瓦汗国，推翻阿布德·阿拉汗(1918 ~ 1920 年在位)的统治，希瓦汗国灭亡。苏俄随后在其领土上建立花剌子模苏维埃人民共和国，1924 年花剌子模苏维埃人民共和国解散，其领土并入乌兹别克和土库曼两个加盟共和国。同年 10 月，原布哈拉汗国的一部分和希瓦汗国的一部分合并，成立乌兹别克苏维埃社会主义共和国，并加入苏联。

4.2.1.7 独立时期

1991 年 8 月 31 日宣告独立，改称乌兹别克斯坦共和国，同年 12 月 21 日加入独立国家联合体。

4.2.2 自然环境

4.2.2.1 位置与面积

乌兹别克斯坦位于北纬 41° 16’，东经 69° 13’，是中亚中部的内陆国家，西北濒临咸海，与哈萨克斯坦、吉尔吉斯斯坦、塔吉克斯坦、土库曼斯坦和阿富汗毗邻。乌兹别克斯坦位于中亚中部，有中亚珍珠的美誉，是著名的“丝绸之路”古国，历史上与中国的“丝绸之路”有着悠久的联系。

4.2.2.2 地形与地貌

乌兹别克斯坦全境地势东高西低。平原低地占全部面积的 80%，大部分位于西北部的克孜勒库姆沙漠。东部和南部属天山山系和吉萨尔—阿赖山系的西缘，内有著名的费尔干纳盆地和泽拉夫尚盆地。境内有自然资源极其丰富的肥沃谷地。主要河流有阿姆河、锡尔河和泽拉夫尚河。

4.2.2.3 气候与降水

乌兹别克斯坦属严重干旱的大陆性气候。夏季漫长、炎热，7月平均气温为26 ~ 32℃，南部白天气温经常高达40℃；冬季短促、寒冷，1月平均气温为 –6 ~ –3℃，北部绝对最低气温为 –38℃。年均降水量平原低地为80 ~ 200毫米，山区为1000毫米，大部分集中在冬春两季。

4.2.2.4 自然资源

乌兹别克斯坦资源丰富，矿产资源储量总价值约为3.5万亿美元。截至2014年，探明有近100种矿产品。其中，黄金探明储量3350吨（世界第4），石油探明储量为5.84亿吨，凝析油已探明储量为1.9亿吨，已探明的天然气储量为2.055万亿立方米，煤储量为18.3亿吨，铀储量为18.58万吨（世界第7），铜、钨等矿藏也较为丰富。截至2014年，乌兹别克天然气开采量居世界第11位，黄金开采量居第9位，铀矿开采量居第5位。

非金属矿产资源有钾盐、岩盐、硫酸盐、矿物颜料、硫、萤石、滑石、高岭土、明矾石、磷钙土以及建筑用石料等。

动物资源包括97种哺乳动物，379种鸟类，58种爬行类动物和69种鱼；植物资源有3700种野生植物。森林总面积为860多万公顷，森林覆盖率为12%。

4.2.2.5 人口

2018年乌兹别克斯坦人口为3236万人，高于2013年统计的2955.91万人和2011年统计的2912.34万人。2018年该国每天出生1779人，每天死亡人数517人，每天的净迁移人数为 –24人，每日净变化人口为1238人。2012年共有16.9万人移民乌兹别克斯坦，20.9万乌兹别克斯坦公民移民他国，移民逆差4万人（2011年为逆差4.8万人）。

4.2.2.6 首都和主要城市

（1）塔什干市。塔什干是乌兹别克斯坦共和国首都和塔什干州首府，也是中亚地区第一大城市。塔什干位于乌东北部，地处锡尔河右岸支流奇尔奇克河谷绿洲的中心，海拔440 ~ 480米。市区面积260平方公里，人口约230万，是中亚地区人口最多的城市。塔什干是乌政治、经济、文化和交通中心，按城市规模来说，是独联体内仅次于莫斯科、圣彼得堡和基辅的第四大城市。

塔什干科教文化设施齐全，有15所高等院校，最著名的是建于1920年的塔什干国立大学。

（2）撒马尔罕市。撒马尔罕是乌兹别克斯坦共和国第二大城市，撒马尔罕州首府，是乌总统卡里莫夫的故乡，也是著名的旅游城市。该城位于首都塔什干西南270公里的泽拉夫尚河谷地，面积51.9平方公里，人口50多万，其中塔吉克族占多数，市内通用的不是乌兹别克语，而是塔吉克语。撒马尔罕是中亚地区最古老的城市之一，处于中国通往印度的交通要道，是古丝绸之路上的重镇。

撒马尔罕市也是乌文化中心之一，设有多所高等院校及科研机构。独联体国家唯一的一所大卡拉库尔羔羊养殖研究所设在撒马尔罕。

（3）布哈拉市。布哈拉州的首府。位于乌兹别克斯坦西南部，泽拉夫尚河三角洲上的沙赫库德运河河畔，布哈拉绿洲的中部。人口 24 万，80% 为塔吉克族。它是布哈拉州的行政、经济和文化中心。布哈拉地处欧亚交通要道，是古丝绸之路上的名城，有“中亚麦加”之称，自古以来是中亚地区商业、建筑技术、科学、文学艺术比较发达的城市。

（4）希瓦市。位于乌兹别克斯坦西南与土库曼斯坦交界的地方。希瓦是童话般的中亚古城。它犹如独一无二的历史纪念碑，保存着奇妙的古迹，有鲜明的特点。希瓦的独特性在于它保存有完好的古代建筑群、美丽的宫殿、军事设施以及具有民族特色的住宅。伊茜—卡拉古城和迪珊—卡拉古城把城市分成两部分。城市中心耸立的朱玛清真寺是中亚最古老的建筑物之一，寺内有很多形态各异的木柱，造型独特。

4.2.2.7 行政区划

全国分为 1 个自治共和国（卡拉卡尔帕克斯坦自治共和国）、1 个直辖市（塔什干）和 12 个州：安集延州、布哈拉州、吉扎克州、卡什卡达里亚州、纳沃伊州、纳曼干州、撒马尔罕州、苏尔汉河州、锡尔河州、塔什干州、费尔干纳州、花拉子模州。

4.2.3 政治环境

4.2.3.1 政治体制

议会称最高会议，是行使立法权的国家最高代表机关。乌兹别克斯坦是民主的主权国家，国家政权体制建立在立法、行政和司法三权分立的原则基础上。乌最高会议为两院制议会，由参议院和立法院组成。参议院为上院，由 100 名议员组成。其中 84 名参议员以不记名方式在卡拉卡尔帕克斯坦自治共和国、12 个州和塔什干市（每地 6 名）选出。其他 16 名参议员由乌总统在科学、艺术、文学、生产等领域有杰出贡献的乌公民中选任。参议院议员须满 25 周岁，在乌生活不少于 5 年。参议院议员为兼职，不能同时担任立法院议员。每届参议院任期为5年。参议院工作的主要组织形式为召开会议，每年不少于3次。

参议院设主席 1 人、副主席 2 人（其中一位是卡拉卡尔帕克斯坦自治共和国的代表），下设办公厅，预算和经济改革委员会，立法和司法问题委员会，国防安全委员会，对外政策委员会，科教文体委员会，农业、水利及生态委员会。

立法院为下院，由 120 名议员组成，在多党制基础上由各选区选举产生。每届立法院任期为 5 年。立法院议员不能从事除科学和教育之外的营利性职业。立法院主要从事立法工作，有权解决涉及立法院工作有关问题及其他乌内政、外交问题，并按照乌总检察长的建议剥夺立法院议员豁免权。

立法院设主席 1 人、副主席 4 人（分别由 4 个议员团领导人担任），下设办公厅、预算和经济改革委员会、立法和司法问题委员会、劳动和社会问题委员会、国防安全委员会、国际事务与议会间交往委员会、工业建筑和贸易委员会、农业水利及生态委员会、科教文体委员会、民主体制、非政府组织和公民自治机构委员会、信息与通信技术委员会。

政府机构称内阁。内阁由乌兹别克斯坦共和国总理、副总理、各部部长及各国家委员会主席组成。

4.2.3.2 政党

（1）人民民主党：1991 年 11 月 1 日成立，创始人为卡里莫夫总统。现有党员 34 万人，在议会立法院中占 32 个席位。1996 年 6 月卡里莫夫辞去该党主席职务。该党宗旨：建立公正社会，巩固国家政治体制、经济独立，维护族际间和睦，改善劳动者的物质和文化生活状况，保护人权。《乌兹别克斯坦之声报》为该党党报。

（2）自由民主党：2003 年 11 月 15 日成立。约有 14.2 万名党员，主要为乌企业家和实业界人士。在议会中占 39 个席位。党的宗旨和任务是：积极参与乌国家、社会体制的改革与发展进程，促进乌政治、经济、社会和精神生活自由民主化，在民主基础上进一步完善国家和社会体制，深化经济改革，切实保护公民、企业家和商人的自由及合法权益。现任党主席为穆哈马尤素夫·穆塔利布扎诺维奇·捷沙巴耶夫，机关报为《二十一世纪》。

（3）“民族复兴”民主党：由“民族复兴”民主党和“自我牺牲者”民族民主党于 2008 年 6 月合并而成，在议会中占 30 个席位。党的宗旨：提高全民民族意识，培养民众特别是青年一代的民族自豪感和爱国主义精神，团结所有爱国人士提高乌国际威望，不惜一切代价捍卫国家独立和价值观，反对任何损害乌利益的企图。《民族复兴报》为该党党报。

（4）“公正”社会民主党：1995 年 2 月 18 日成立。现有党员 3 万多人，在议会中占 10 个席位。党的宗旨：建立符合各民族利益的法制国家，巩固社会公正原则，保护人权。

4.2.3.3 司法体制

乌兹别克斯坦司法机关由宪法法院、最高法院、最高经济法院、军事法院和检察院组成。法律基于民法体系；尚不接受国际法院的强制管辖。

4.2.3.4 对外关系

乌兹别克斯坦方对外方针是巩固国家独立、维护国家安全与稳定、发展经贸和交通合作、提高在地区和国际上的地位。奉行大国平衡外交。2012 年 8 月 30 日，乌《外交政策构想》正式生效，规定乌不参加任何军事政治集团，不允许在本国领土上设立外国军事基地和设施。目前，共有 131 个国家同乌建交，在塔什干有 45 个外国使馆、9 个名誉领事、3 个商务代表机构、8 个国际组织代表处、5 个国际金融机构代表处、50 个非政府人道主义组织代表处。乌在海外设有 33 个使馆、10 个总领事馆，在 3 个国际组织设有常驻代表。乌是联合国、欧洲安全与合作组织、伊斯兰会议组织、不结盟运动、独联体、上海合作组织等国际和地区组织成员，已加入国际货币基金组织、世界银行、欧洲复兴开发银行、亚洲开发银行等国际金融组织。

中乌于1992年1月2日建交以来，双方在经贸、投资、交通、通信、能源和非资源领域合作成果丰硕。据乌方统计，中国是乌第三大贸易伙伴、第一大投资国、第一大棉花买家、第一大电信设备和土壤改良设备供应国。在乌中资企业数量已增至近400家，涵盖能源、交通、通信、机械、化工、建筑、农业、金融等各个领域。两国铀矿合资企业已成立，并成功启动勘探开发项目。此外，昆格拉特碱厂、德赫汉纳巴德钾肥厂以及在建的锡尔河州合资企业“鹏盛工业园区”等大型项目都是中乌务实合作的典范。与此同时，中国企业还成功升级改造了阿汉格朗水电站、安集延2号水电站和土库马奇–安格连铁路等。

乌兹别克斯坦作为上海合作组织重要成员，双方在政治、经济、反恐等领域的合作成果显著。2013年9月，习近平主席成功访问乌兹别克斯坦，两国元首共同签署了《中乌关于进一步发展和深化战略伙伴关系的联合宣言》和《中乌友好合作条约》。2013年11月，李克强总理出席上海合作组织成员国政府首脑（总理）第12次会议并发表讲话。2014年8月，应国家主席习近平邀请，乌兹别克斯坦总统卡里莫夫对 中国进行国事访问。两国元首决定，继续相互坚定支持，深化合作，携手 共建平等互利、安危与共、合作共赢的中乌战略伙伴关系。

4.2.4 经济环境

4.2.4.1 经济计划及发展状况

2018年，乌兹别克斯坦GDP为407.5万亿苏姆（约503亿美元），同比增长5.1%，GDP平减指数28.1%。人均GDP约1236.6万苏姆（1526.6美元），增长3.3%；人均工资182.22万苏姆（232美元），增长25%。2010 ~ 2018年乌兹别克斯坦GDP及其增长率，具体见图表4–8。

表4–8 2010 ~ 2018年乌兹别克斯坦GDP及其增长率

年限	GDP（单位：亿美元）	增长率
2010	393	19.86%
2011	453	15.23%
2012	511	12.93%
2013	567	10.96%
2014	626	10.3%
2015	669	6.08%
2016	674	0.81%
2017	496	–26.34%
2018	503	5.1%

数据来源：世界银行。

乌兹别克斯坦经济发展总的思路是：加强基础设施建设，保障国家经济较快发展；利用国内资源发展本地化生产；调整经济结构，降低对外部市场的依赖度；引进外资及先进工艺，提高产品的质量和科技含量，增强整体竞争力。

乌兹别克斯坦中长期经济发展规划是：优化经济结构，逐步加大工业在国民经济中的比重，由传统的农业国向工农并重的国家转变；改善投资环境，吸引国内外投资对各经济领域进行技术、设备的更新改造，提高产品的市场竞争力，扩大出口；扩大私营经济成分，营造良好的经营环境；保障就业，提高人民生活水平；进一步改善农村环境和生活质量，加速发展农村地区社会和生产基础设施建设。

乌兹别克斯坦经济发展的主要特点有：

1. 三大产业比重均衡，工业比重继续上升

产业结构方面，三大产业比重均衡，其中，工业产值约 130.4 万亿苏姆（160.96 亿美元），占 GDP 的 32%，比重同比上升 4.1%；服务业产值约 145.1 万亿苏姆（179.1 亿美元），占比 35.6%，比重下降 2.5%；农业产值 132 万亿苏姆（162.94 亿美元），占比 32.4%，比重下降 1.6%。未来，随着乌工业化进程的推动，工业产值比重将进一步提升，农业和服务业比重将继续呈下降趋势。

乌农业生产以种植和养殖业为主，分别占乌农业产值的 51.4% 和 45.2%，其他领域产值占比分别为：林业 2.4%，渔业 0.5%，狩猎和农业服务 0.5%。

种植业方面，谷物产量 637.5 万吨（小麦约 548.9 万吨，玉米 37.6 万吨，大米 22.3 万吨，豆类约 21.7 万吨，其他谷物 7 万吨），同比下降 12.5%；土豆产量 275 万吨，下降 1.6%；蔬菜 963.5 万吨，下降 5.7%；瓜果约 190.5 万吨，下降 6.2%；水果约 259 万吨，下降 1%；葡萄约 156.5 万吨，下降 3.8%；籽棉 230 万吨，下降 19.7%。

养殖业方面，肉产量 241.7 万吨，下降 5.7%；产奶约 1048 万吨，增长 4.3%；产蛋 73.6 亿枚，增长 16.2%；羊毛 3.5 万吨，下降 3.7%；蚕茧 1.79 万吨，增长 43.5%。牛存栏数约 1272.7 万头，增长 2%，其中，奶牛 452.2 万头，增长 4.3%；羊 2128.7 万只，增长 3.1%；禽类约 8153.9 万只，增长 8.9%。

2. 固定资产投资和利用外资继续保持增长

2018 年，乌固定资产总投资约 107.3 万亿苏姆（约 132.5 亿美元），同比增长 18.1%，主要集中在加工业（22%）、住房建设（16.5%）、市政供电和供水基础设施（14.2%）、采矿业（11.4%）、仓储和运输（7.4%）等领域。

其中，国内投资占固定资产投资的 70.8%，具体为：中央预算、国家信托基金、复兴发展基金等（中央财政）投资约 17.8 万亿苏姆（21.9 亿美元），占固定资产投资的 16.6%；居民投资约 12.1 万亿苏姆（14.9 亿美元），占固定资产投资的 11.3%；企业投资 30 万亿苏姆（37.1 亿美元），占固定资产投资的 28%，商业银行融资投资 16 万亿苏姆（约 19.8 亿美元），占固定资产投资的 14.9%。

外资（包括外国投资和贷款）投资 31.35 万亿苏姆（38.7 亿美元），占固定资产投资

的29.2%。其中，外国直接投资14.7万亿苏姆（约18.1亿美元），下降5%；国家担保的外国贷款约16.7万亿苏姆（20.6亿美元），增长1.8倍，大幅增长的原因是乌政府2018年大量使用国家主权担保的贷款实施油气、电力和化工等领域项目。

乌各行政主体中，纳沃伊州利用外资增长最快，同比增长84.6%，主要原因是贵金属开采投资大幅增加；纳曼干州利用外资增长71.2%、吉扎克州利用外资增长55.9%。

3. 小企业快速发展，居民收入持续增长

2018年，乌政府继续大力鼓励小企业和私企发展。当年乌新增小企业4.89万家，同比增长28.2%，小企业总数26.29万家，增长14.5%，产值占乌GDP的59.4%，同比下降4.2个百分点，每千人拥有小企业13.2家。

新增小企业中，23.9%从事贸易，23%从事工业生产，13%从事建筑业，11.4%从事农业生产，8%从事餐饮和住宿业，4.3%从事运输和仓储业，16.4%为其他。

乌经济增长和小企业的快速发展也带动了居民收入的增长。2018年，乌人均GDP为1236.6万苏姆（1526.6美元），同比增长3.3%；月均工资182.22万苏姆（232美元），增长25%。月均工资较高的地区有：塔什干市，257万苏姆（317美元）；纳沃伊州，237.1万苏姆（约293美元）；塔什干州，206.3万苏姆（约255美元）。

4. 黄金外汇储备有所回升，苏姆汇率基本稳定

截至2019年1月1日，乌黄金外汇储备总额270.8亿美元，环比增加11亿美元，增长幅度4.23%。

外债方面，截至2018年三季度末，乌外债总额164.4亿美元，比二季度末增加6.34亿美元，与年初相比增加19.34亿美元，涨幅13.3%。其中，国家债务87.3亿美元，占比53%，非国家债务77.1亿美元，占比47%。

汇率方面，苏姆汇率由年初的1美元=8115苏姆升至8月末的1美元=7750苏姆，12月末又回落至1美元=8300苏姆，全年汇率浮动在7%以内，基本保持稳定。

4.2.4.2 经济结构

国民经济支柱产业是“四金”：黄金、“白金”（棉花）、“黑金”（石油）、“蓝金”（天然气）。但经济结构单一，加工工业较为落后。农业、畜牧业和采矿业发达，轻工业不发达，62%的日用品依靠其他共和国提供。矿产资源丰富，矿产资源储量总价值约3.5万亿美元。乌兹别克斯坦工业在中亚地区举足轻重，天然气、机械制造、有色金属、黑色金属、轻纺和丝绸等工业都比较发达。

1. 工业

工业在乌兹别克斯坦国家经济中所占的比重逐年提高。近年来，乌兹别克斯坦政府在稳定农业生产的同时，着力加快工业发展速度，正在从传统的农业国向工农业并重的国家转变。乌工业以低端和中低端制造业为主，2018年低端制造业占比从2017年的49.4%减

少至 38.9%；中低端制造业和中高端制造业比重上升，其中，中低端制造业比重由 2017 年的 27% 上升至 29.8%，中高端制造业比重由 21.7% 上升至 29.7%；高端制造业比重同比也略有降低，由 1.9% 降至 1.6%。

（1）汽车工业。乌兹别克斯坦是中亚国家中最早生产汽车的国家。

2012 年，“通用乌兹别克斯坦”合资企业共生产汽车 23.6 万辆，同比增长 6.4%。从 2012 年 3 月开始组装的 Malibu 型号 2663 辆；从 2012 年 9 月开始组 装的 Cobalt 型号 5562 辆。2018 年乌主要工业产品中，轿车产量约 21.33 万辆，同比增长 57.4%；客车 949 辆，下降 10.2%；卡车产量 4230 辆，增长 12%；轿车发动机生产约 15.88 万台，增长 73.3%，汽车产业的多数产品主要在乌国内销售，出口有限。拖拉机产量 3393 辆，增长 2.4 倍；汽油 114.69 万吨，增长 3.7%；柴油 108 万吨，增长 12.2%。

“通用乌兹别克斯坦”合资企业位于乌安集延州阿萨卡市，2008 年 3 月由美国通用汽车公司和乌兹别克汽车工业公司在”乌兹别克斯坦大宇汽车”公司基础上建立，注册资本 2.7 亿美元。美国通用汽车公司拥有合资企业 25% 加一股股权，乌兹别克汽车工业公司持 75% 股权。除满足本国市场需求外，还大量出口俄罗斯、哈萨克斯坦及其他邻国。此外，乌兹别克斯坦还与日本五十铃合作在撒马尔罕市组装生产货车及大客车，年产量分别达 1300 多辆和 700 多辆。

乌兹别克斯坦—德国合资企业 MAN 汽车公司于 2011 年 4 月开始建设新的大载重汽车生产和服务线，目标为年产 1 万辆大载重汽车。

（2）飞机制造业。塔什干契卡洛夫飞机制造厂是乌兹别克斯坦最有名的制造业大企业，该厂主要与俄罗斯合作组装生产伊尔系列飞机。

（3）采矿业。乌兹别克斯坦石油和天然气的储量和产量均居中亚第二位。石油全部供应国内市场，天然气每年有 100 多亿立方米供出口。随着开采力度的加大，乌兹别克斯坦天然气有进一步扩大出口的潜力。采矿业中，2018 年煤炭开采 417.4 万吨，增长 3.4%；石油 74.46 万吨，下降 9.2%；天然气 598.4 亿立方米，增长 6.1%；天然气凝析油约 214.4 万吨，增长 9.9%。天然气和黄金等大宗商品是乌主要出口创汇商品，2018 年，天然气出口额约 26.65 亿美元，同比增长 65.8%，占出口总额的 18.7%；黄金出口约 29.1 亿美元，下降 10.7%，占出口总额的 20.4%。

2. 农业

乌兹别克斯坦是传统的农业国，粮食可自给自足，年产粮食 680 万吨左右，其中 90% 为小麦。棉花种植业为支柱产业，是世界第五大产棉国，第二大棉花出口国，年产籽棉约 360 万吨，皮棉 100 万 ~ 120 万吨，出口 70 万 ~ 100 万吨。乌兹别克斯坦还是中亚重要的水果和蔬菜产地，年产瓜果 220 万吨左右，各类蔬菜 350 万吨左右。每年有大量的瓜果蔬菜出口到哈萨克斯坦、俄罗斯等邻国。乌兹别克斯坦依靠灌溉土壤改良基金采取一系列农

业生产现代化措施，改造和新建供排水系统等。2018 年，乌农业生产以种植和养殖业为主，分别占乌农业产值的 51.4% 和 45.2%，其他领域产值占比分别为：林业 2.4%，渔业 0.5%，狩猎和农业服务 0.5%。

乌兹别克斯坦依靠灌溉土壤改良基金采取一系列农业生产现代化措施，改造和新建供排水系统等。

3. 大型企业

乌兹别克斯坦进入世界 500 强企业中主要产业大型企业如下：

（1）油气业：乌兹别克斯坦石油天然气国家控股公司。

（2）煤炭业：乌兹别克斯坦煤炭股份公司。

（3）电力工业：乌兹别克斯坦电力国家股份公司。

（4）矿山冶金：阿尔马雷克冶金联合体、纳沃伊矿山冶金联合体。

（5）机械工业：乌兹别克斯坦汽车工业股份公司；塔什干契卡洛夫飞机制造厂。

（6）建材工业：乌兹别克斯坦建材股份公司。

（7）制药业：乌兹别克斯坦医药工业国家股份公司。

（8）棉花和棉短绒出口公司：乌兹别克斯坦国际进出口公司，乌兹别克斯坦进出口中心，乌兹别克斯坦工业机械进出口，乌兹别克斯 坦工业出口中心。

（9）交通业：乌兹别克斯坦公路建设和运营国家股份公司，乌兹别克斯坦铁路国家股份公司，乌兹别克斯坦航空公司。

（10）电信业：乌兹别克斯坦电信（UZBEKTELECOM），“BEELINE”，“Ucell”。

银行业：乌兹别克斯坦国家外经银行，乌兹别克斯坦工业建设银行，阿萨卡银行，抵押银行。

（11）保险业：乌兹别克斯坦保险国家股份公司。

（12）旅游业：乌兹别克斯坦国家旅游公司。

4.2.4.3 经济基础设施

对安置和实施重大投资项目来说，乌兹别克斯坦具有非常发达的基础设施网。共和国已经建立了有分支线的运输系统，它能保证国内外货物和旅客的运输和运送，保证同独联体国家和非独联体国家的经济联系。

乌兹别克斯坦铁路运输公司的铁路线全长 3655 公里，其中 1 线 680 公里，电气化铁路线 498 公里。 铁路运输货运量约占全部运输（包括煤气管道）货运量的 54%。同其他运输方式相比，铁路运输费最低，运输成本大大低于汽车和空运的运输费用。

目前乌兹别克斯坦铁路运输公司能保证伊斯坦布尔—塔什干—上海（新线是捷詹—谢拉赫斯—马什哈德）方向的全部追加的货运量和客运量的过境运输和运送。塔什干—阿什哈巴德—图尔克缅巴希—巴库—第比利斯—波季（港口）的新的运输走廊，将乌兹别克斯坦和中亚其他国家运向海港的货物路程缩短 1/3。

为了综合开发自然资源和荒地，为了加快卡什卡达里亚州、苏尔汉河州、布哈拉州和卡拉卡尔帕克斯坦共和国的经济与社会发展，正在建设纳沃伊—乌奇库杜克—苏丹努伊兹达加—努库斯 (341 公里) 和古扎尔—拜孙—库姆库尔干 (223 公里) 新的铁路线，这将完成建设统一独立的铁路网，确保共和国全部自然资源得到运输。

乌兹别克斯坦公用公路网的主要指标在独联体国家中居先。其地理政治位置决定，运向吉尔吉斯斯坦、土库曼斯坦、塔吉克斯坦、阿富汗的货物和旅客的过境运输要通过其境内，而乌兹别克斯坦则以公路经这些国家通向巴斯斯坦、印度、伊朗和东南亚国家。乌兹别克斯坦同哈萨克斯坦也有可靠的运输联系，经哈萨克斯坦由公路通向俄联邦、中国和其他亚太地区国家。

乌兹别克斯坦国家航空公司有开往美国、英国、德国、荷兰、中国、韩国、马来西亚等世界 20 多个国家的定期航班。飞机航线把塔什干同独联体国家的工业中心、文化中心和疗养地联系在一起。航空公司拥有飞行国际航线的一流飞引员，拥有现代化大型快速旅客班机。此外，还有许多地方航线的飞机和直升机。乌兹别克斯坦是国际民用航空组织和国际航空运输组织成员，享有与其他成员一样的权利。塔什干航空港是国际民用航空组织的一类航空港，可以接待世界各国的飞机。

乌兹别克斯坦电力系统是中亚联合电力系统的组成部分。乌兹别克电力系统位于中亚中心，约占中亚各电站整个装机容量的 50%。

乌兹别克电力系统可完全满足自己对电力的需要，还可把部分电力输送到相邻的独联体国家。在无须建设新的发电生产设备的情况下，乌兹别克斯坦现有电站的生产设备就可保证本国计划实施的投资项目的电力需要。

乌兹别克斯坦天然气输送系统有 9 条天然气管道干线，全长 1.2 万公里，与独联体国家的统一的天然气管道系统相通，在技术上既可向中亚国家、俄罗斯和乌克兰输送天然气，又可向欧洲国家输送天然气。乌兹别克斯坦天然气系统的突出特点是：位于中亚中心，不仅对这一地区具有跨国意义，而且对独联体国家的欧洲部分和外高加索都有跨国意义。

乌兹别克斯坦建立了许多大型地区管道供水系统，全长 1400 公里，装机容量一昼夜 160 万立方米水，这就保证了国内各地区生产生活用水的需要。

乌兹别克斯坦具有发达的远距离通信网。使用电话网服务的用户有 150 万户，电话网为他们提供地方、长途和国际电话等通信服务。 塔什干长途电话站是中亚最大的一座电话站，它是土库曼斯坦、塔吉克斯坦、吉尔吉斯斯坦和哈萨克斯坦通向独联体国家和非独联体国家的中转站。通过卫星系统，乌兹别克斯坦同世界许多国家进行直接数字通信电路。共和国有综合电话交换网，它已并入世界数据传输网络——国际互联网。综合电话交换网用户可以使用邮件电子传送系统服务。综合电话交换网包括全国各区的主要城市。

乌兹别克斯坦建筑业综合体具有巨大潜力，一年内可完成1000亿～1100亿苏姆(27～30亿美元)数额的建筑安装工程。乌兹别克斯坦每年生产水泥500多万吨、钢筋混泥土制品450万立方米、砖30亿块、金属构件36万吨。亚麻油毡、玻璃、镶面制品、石膏、石灰、细木工制品等生产设备可提供许多产品品种。

目前，乌兹别克斯坦承包单位正在顺利建设许多特大型项目和国民经济部门的许多其他项目。例如，布哈拉石油加工厂、库瓦赛建筑玻璃生产厂、扬吉尤利、浩罕和安集延3个酒精厂、新的铁路干线、昆格勒制碱厂、克孜勒库姆磷钙土联合企业。阿萨金汽车制造厂已经开工投产。

在建筑业综合体中有许多有实力的承包单位，如乌兹别克斯坦工业民用建筑公司、乌兹别克斯坦农业建筑公司、乌兹别克斯坦集体农庄建筑公司、乌兹别克斯坦运输专业建筑公司、乌兹别克斯坦水利建筑公司等。

4.2.4.4 外资与外债

乌兹别克斯坦政府对本国债务情况不对外公布。2013年，乌兹别克斯坦总统卡里莫夫表示，乌兹别克斯坦外债占GOP的17%(据此估算债务为96.4亿美元)。在2013年4月28日举行的第六届金融投资论坛上，乌兹别克斯坦经济部长萨伊多娃表示，乌兹别克斯坦没有内债，外债保持在GOP的11%～16%，是世界上外债最少的国家之一。贷款主要来自中国国家开发银行、中国进出口银行、亚洲开发银行、伊斯兰开发银行及其他欧美金融机构。乌兹别克斯坦举借外债的规模和条件受IMF等国际组织限制。

2018年，乌固定资产总投资约107.3万亿苏姆（约132.5亿美元），同比增长18.1%，主要集中在加工业（22%）、住房建设（16.5%）、市政供电和供水基础设施（14.2%）、采矿业（11.4%）、仓储和运输（7.4%）等领域。

其中，国内投资占固定资产投资的70.8%，具体为：中央预算、国家信托基金、复兴发展基金等（中央财政）投资约17.8万亿苏姆（21.9亿美元），占固定资产投资的16.6%；居民投资约12.1万亿苏姆（14.9亿美元），占固定资产投资的11.3%；企业投资30万亿苏姆（37.1亿美元），占固定资产投资的28%；商业银行融资投资16万亿苏姆（约19.8亿美元），占固定资产投资的14.9%。

外资（包括外国投资和贷款）投资31.35万亿苏姆（38.7亿美元），占固定资产投资的29.2%。其中，外国直接投资14.7万亿苏姆（约18.1亿美元），下降5%；国家担保的外国贷款约16.7万亿苏姆（20.6亿美元），增长1.8倍，大幅增长的原因是乌政府2018年大量使用国家主权担保的贷款实施油气、电力和化工等领域项目。乌各行政主体中，纳沃伊州利用外资增长最快，同比增长84.6%，主要原因是贵金属开采投资大幅增加；纳曼干州利用外资增长71.2%、吉扎克州利用外资增长55.9%。

4.2.4.5 对外贸易

1. 对华贸易比重进一步提升

2018 年，乌中贸易额约 64.28 亿美元，同比增长 35.2%，占乌外贸总额的 19%，比重增加 0.6%。其中，中方出口 35.59 亿美元，增长 30.4%，占乌进口总额的 18.2%，中方进口 28.69 亿美元，增长 41.6%，占乌出口额的 20.1%，中国为乌第一大贸易伙伴和第一大出口目的地国，并且首次超越俄罗斯，成为乌第一大进口来源国。近 5 年对华贸易占乌外贸比重见表 4–9：

表4–9　2014～2018年对华贸易占乌外贸比重情况

年份	2014 年	2015 年	2016 年	2017 年	2018 年
占比	16.1%	16.2%	17.5%	18.4%	19.0%

对华贸易中，乌主要向中国出口天然气、服务、化工产品、黑色和有色金属，从中国进口机械设备、电机和电气设备、化学产品及其制品，主要进出口商品种类无明显变化。

机械设备依然是我国对乌第一大出口商品，2018 年对乌出口额 21.73 亿美元，同比增长 37.9%，占乌机械设备进口总额的 26.1%，排名第一。此外，我国还是乌第一大化工产品及其制品供应国，2018 年对乌出口额约 6.42 亿美元，增长 20.1%，占乌化工产品进口的 25.1%。

乌对我国出口方面，天然气出口增长较快，出口额约 12.87 亿美元，同比增长 1.2 倍，是我国从乌进口最多的商品。此外，乌化工产品和食品对华出口亦出现较快增长。其中，食品对华出口额 6930 万美元，增长 60.8%，主要得益于乌产樱桃和绿豆获准输华，2018 年乌果蔬产品对华出口额 4620 万美元，增长 1.66 倍，占乌果蔬出口总额的 5.4%，为乌第五大果蔬出口市场。

2. 与独联体成员国贸易比重进一步上升

与独联体成员国贸易额 124.44 亿美元，增长 36.9%，占乌外贸总额的 36.8%，上升 2.6%，与独联体国家贸易联系密切程度进一步增加。独联体国家中，俄罗斯、哈萨克斯坦、吉尔吉斯斯坦和乌克兰分列乌第二、第三、第九和第十大贸易伙伴。2018 年，乌与上述四国贸易额均呈两位数增长，涨幅分别为 21.2%、47%、89.6% 和 48.4%，与上述四国贸易分别占乌外贸总额的 16.9%、47%、1.4% 和 1.3%。与白俄罗斯、塔吉克斯坦、土库曼斯坦贸易增长较快，贸易额分别为约 4.2 亿美元、3.89 亿美元和 3.02 亿美元，涨幅为 2.3 倍、63.7% 和 69.9%。

3. 与日、美贸易发展较快

2018 年，乌日贸易额 7 亿多美元，同比增长 3.2 倍，涨幅居首位，日本跃升为乌第七大贸易伙伴，占乌外贸总额的 2.1%；乌美贸易额约 4.09 亿美元，增长 90%，占乌外贸总

额的 1.2%，为乌第十三大贸易伙伴。

4. 出口贸易结构

2018 年，服务超越能源跃居乌第一大出口领域，乌服务出口以交通运输和旅游业为主，其中，旅游服务出口额 10.42 亿美元，同比增长 90.5%，当年接待外国游客 440 万人次，增长近 1 倍，成为服务出口的主要增长点。这主要得益于乌政府在 2018 年大幅简化签证申请手续，推出电子签证，并单方面对部分国家实施免签政策。根据乌政府计划，2019 年乌将再对 22 个国家公民实行免签，并与哈推出“丝路签证”，持一国签证的游客可无障碍进入对方国家旅游。上述举措将进一步激发乌旅游业潜力，吸引更多外国游客赴乌旅游。

2018 年，乌继续调整农业种植结构，减少棉花种植面积，增加果蔬等经济作物种植。当年，乌籽棉产量 230 万吨，下降 19.7%，皮棉生产 81.84 万吨，下降 14.1%，皮棉出口额仅 2.22 亿美元，同比下降 53.5%，多数用于国内加工。取而代之的是，乌棉纺织品出口大幅增加，出口额 16.03 亿美元，增长 41.4%，产品主要出口至俄罗斯、中国、哈萨克斯坦、吉尔吉斯斯坦和土耳其等国。

2018 年，乌机械设备类产品出口受阻，出口额仅 2.19 亿美元，下降 38.3%，其中，轿车出口仅 2930 万美元，下降 77.5%，面包车出口 370 万美元，增长 34.6%，货车出口 870 万美元，增长 10.5%。2018 年，乌汽车产量约 22 万辆，轿车占比 97.6%，因出口受阻，绝大多数在国内销售。

5. 进口贸易结构

机械设备类产品依然是乌第一大进口商品，2018 年进口额 82.24 亿美元，同比增长 64.6%，占乌进口总额的 42.1%，比重上升 6 个百分点。乌机械设备类商品进口主要来自中国、韩国、俄罗斯等国，其中，中国是乌机械设备类产品第一大进口来源国，2018 年对乌出口机械设备 21.73 亿美元，增长 37.9%，占乌机械设备类商品进口比重的 26.1%；韩国排名第二，15.03 亿美元，增长 64.4%，占比 18.1%；俄罗斯排名第三，6.85 亿美元，增长 57.9%，占比 8.2%。

除机械设备类商品外，中国还是乌化工产品第一大进口来源国，2018 年对乌出口上述商品约 6.42 亿美元，同比增长近 20.1%，占乌化工产品进口比重的 25.1%。俄罗斯和土耳其分列乌化工产品第二和第三大进口来源国，进口额分别为 3.66 亿美元和 2.02 亿美元，同比增长 29.8% 和 28.9%，占比 14.3% 和 7.9%。

2018 年，乌服务进口额 22.43 亿美元，同比增长 13.4%，进口来源国主要为中国（占服务进口比重的 18.2%）、俄罗斯（18.1%）、韩国（10.5%）、哈萨克斯坦（8%）和土耳其（6.3%）。服务进口主要种类包括：旅游，15.07 亿美元，占服务进口总额的 67.2%，同比增长 10.9%；运输，3.79 亿美元，占比 16.9%，增长 25.1%；建筑，1.39 亿美元，占比 6.2%，增长 35%。

6. 乌兹别克斯坦主要贸易伙伴国

乌兹别克斯坦主要贸易伙伴中，中国继续保持乌第一大贸易伙伴国地位，仅次于俄罗斯为乌第二大进口来源国和乌第一大出口目的地国。乌第二至第十大贸易伙伴分别为：俄罗斯排名第二，45.69 亿美元，同比增长 16.5%，占乌外贸总额的 17.7%；哈萨克斯坦排名第三，23.65 亿美元，增长 41.1%，占比 9.2%；土耳其排名第四，17.47 亿美元，增长 41.5%，占比 6.8%；韩国排名第五，约 15.38 亿美元，增长 39.6%，占比 6%；德国排名第六，5.79 亿美元，增长 11.9%，占比 2.2%；阿富汗排名第七，5.14 亿美元，增长 7.9%，占比 2%；日本排名第八，约 4.26 亿美元，增长 210%，占比 1.7%；拉脱维亚排名第九，约 3.69 亿美元，增长 57%，占比 1.43%；乌克兰排名第十，约 3.64 亿美元，增长 65.7%，占比 1.41%。

4.2.4.6 金融货币

在国际货币基金组织的施压下，乌兹别克斯坦最终满足了该组织的要求，承担了国际货币基金组织宪章第 8 条规定的责任。从 2003 年 10 月 15 日起乌兹别克斯坦本国货币苏姆正式在全国实现国际日常业务项下的自由兑换。 国际货币基金组织和其他国际金融机构一直批评乌兹别克斯坦政府对于涉及本国货币的业务限制过多。西方专家认为，这些限制妨碍了乌兹别克斯坦的经济改革，造成了外汇“黑市”的出现，也不利于吸引外国投资。

近年来，适度从紧的财政货币政策有效地抑制了通货膨胀，2013 年全年通胀率为 6.8%。2013 年标准普尔对乌兹别克斯坦人民银行长期信用评级为 B^+，短期信用评级为 B，评级展望为“稳定”。惠誉评级 2013 年最新行业报告称，依托于国内存款，乌兹别克斯坦银行业表现出稳定增长态势。乌兹别克银行业长期外币发行人违约评级仍维持在 B^- 水平，长期本币发行人违约评级为 B。

截至 2019 年 1 月 1 日，乌黄金外汇储备总额 270.8 亿美元，环比增加 11 亿美元，增长幅度 4.23%。外债方面，截至 2018 年第三季度末，乌外债总额 164.4 亿美元，比第二季度末增加 6.34 亿美元，与年初相比增加 19.34 亿美元，涨幅 13.3%。其中，国家债务 87.3 亿美元，占比 53%，非国家债务 77.1 亿美元，占比 47%。汇率方面，苏姆汇率由年初的 1 美元比 8115 苏姆升至 8 月末的 1 美元比 7750 苏姆，12 月末又回落至 1 美元比 8300 苏姆，全年汇率浮动在 7% 以内，基本保持稳定。

4.2.5 社会环境

4.2.5.1 社会组织

马哈拉是乌兹别克斯坦的基层社会组织，具有悠久的历史和传统。独立以来，乌兹别克斯坦政府非常重视马哈拉的社会作用，不断改良和完善其组织形式、产生方式、工作职能等，将它逐渐打造成继承传统文化、维护社会稳定的重要基层自治组织。乌兹别克斯坦的马哈拉历史悠久、分布广泛、保存完整、作用突出、影响较大，乌兹别克斯坦全国

共有约 1 万个马哈拉，遍布城市和农村。马哈拉大小不一，城市马哈拉相对较大，人数从 1000 ~ 3000 人不等；农村马哈拉则较小，人数大多为 450 ~ 800 人。人们的生活同马哈拉息息相关，乌兹别克人称“没有人不受马哈拉的影响，即使总统也不例外”。2016 年 9 月 2 日，乌兹别克斯坦首任总统卡里莫夫病逝，结束了其长达 26 年的执政生涯。12 月 4 日，乌顺利举行新总统大选，选民投票率高达 87%，最终前总理米尔济约耶夫以超过 88% 的支持率高票当选新总统。在整个权力交接的过程中，乌兹别克斯坦国内政治氛围和民众情绪十分稳定，没有出现任何恐慌和骚乱，这与马哈拉的社会稳定作用密不可分。可以说，传统社会组织马哈拉在乌兹别克斯坦的社会转型和政权交接中发挥了重要作用。

4.2.5.2 家庭与社会生活

乌兹别克斯坦人有两大专长和两大特点。两大专长是能歌善舞和刺绣工艺。每逢节假日人民都要跳舞唱歌，有大型的、集体的，有个人的、家庭的。他们用的床单、枕套、帽子、衣服等都有绣花，一般都很精美，还有最具盛名的绣花盘，工艺精巧。

两大特点是：一是取暖的坑炉特别，又叫火塘，即在屋中央挖一大坑，里面放炉生火，既做饭，又取暖。取暖不是一般取暖，而是在坑沿上搭上木板，人可以睡在木板上，像是木头的炕一样，十分别致。第二个特点：孩子多。由于没有计划生育政策，人们的观念是多子多福。所以家家放开生育，孩子都很多，少则几个，多则十几个，所以乌兹别克斯坦是世界上年轻人占比例很高的国家。

4.2.5.3 医疗卫生

乌兹别克斯坦有 8322 个医疗与预防疾病组织，其中包括 1018 家医院，3825 个医疗门诊和农村医疗组织。如今超过 4500 种制剂已经在乌兹别克斯坦注册。其中超过 2000 种药品是由国外医药公司生产，大约 1300 种由独联体国家生产，有 250 种物质和诊断方法、300 多种药品在乌兹别克斯坦本国注册和生产。目前超过 80 家的海外医药公司的代表处在乌兹别克斯坦运营，其中最大的医药产品公司主要来自俄罗斯、乌克兰、德国、波兰、法国和美国。乌兹别克斯坦只有 92 家医疗设备及医药的生产商。乌兹别克斯坦独立后，发展了 18 家制药厂，其中 6 家为本国药厂，另外 12 家为与英国、德国、印度、捷克、瑞士和土耳其等国建立的合资制药厂。生产常用药品约 300 种，但远不能满足国内市场需求。乌国内需求的常用药约 800 种，需求空缺需全部进口，此外，药品生产原料的 60% 也依赖进口。目前，国家制药工业企业正在实施现代化改装及技术工艺设备完善计划，计划通过更加完善生产设备、原料资源、科技潜力，建立新的现代化的制药生产基地，降低国家进口药品依赖。近年来，乌兹别克斯坦制药专家开发研制了多种独创药品。目前，有 40 多种国内专家研制药剂获得了国家专利。注册国产药品总量为 873 种。

4.2.5.4 教育

乌兹别克斯坦实行 11 年义务教育制，教育经费约占国家预算的 10%。本国现有 60 多所大学，在校生近 20 万人，大学教师近 2 万多人；有 450 多所中等专业学校，在校生近 30 万人；有 1 万多所中小学，在校生 560 万人。全国各类学校教师总数 46 万人。有来自 20 多个国家的留学生就读于乌各大高校。乌著名高校有：世界经济与外交大学、国立塔什干大学、塔什干综合技术大学、塔什干医科大学、东方学院等。

4.2.5.5 科技

乌兹别克斯坦十分重视科技创新，并把其作为经济改革的一部分。乌兹别克斯坦科技创新的首要任务是对经济基础行业的技术和工艺设备进行更新，加快相关领域的现代化进程。随着生产潜力和生产规模的不断扩大，乌兹别克斯坦的创新科技产业也在日益发展，在机械制造、机床制造及其他工业领域的科技创新水平不断提高。尽管全球遭受金融危机的冲击，乌兹别克斯坦经济仍保持良好的发展势头。2009 年，乌国内生产总值增长 8.1%，工业生产增长 9%，投资总额增长约 26%（其中包括 68% 的外国投资）。乌兹别克斯坦建立了一些大型企业，如塔什干和纳沃伊热电站、乌斯秋尔特天然气化学综合体、穆巴雷克天然气加工厂、舒尔丹石油天然气厂等。这些大企业对乌兹别克斯坦的经济发展具有重要的意义。

创新是所有领域包括各经济领域发展的主要条件之一。乌兹别克斯坦拥有巨大的科学和技术创新潜力。乌兹别克斯坦的中长期发展战略目标不仅追求单纯的经济增长，而且还要确保增长质量。为实现这一目标，乌确定了科学和技术优先发展的七个方向：研究民主国家发展和公民社会形成的法律、经济和社会基础，完善并深化乌兹别克斯坦的经济改革；研究社会精神道德和历史文化发展，在历史、民族和全人类的价值观基础上教育年轻一代；创新知识密集型工艺，研究矿物资源勘探、开采，矿物原料深加工和开发二次资源的高新技术；研究生物技术和农业技术，研发高性能的 农作物品种；推动医学发展，保障居民健康，改善生态环境；发展高新技术和信息技术，研发新型机器、设备和材料，保障能源供给和节约资源；推动信息化发展，创建智能型管理系统。

创新工程执行机制的有效因素之一是份额资助原则，即通过对预算资金、行业和地区资金以及为解决自身问题对研究结果感兴趣的企业组织资金的灵活组合使用来完成这些创新工程。这种机制为科研人员提供了合理的保障，并使新科技尽快地运用到生产中。

乌兹别克斯坦还大量引进国外高科技设备、产品生产线以及农产品和原料加工线。这使乌兹别克斯坦增加了以出口为导向和替代进口商品的产品出口规模。

随着经济的增长和社会经济发展的加快，引进国外技术工艺的比例应当逐渐向有利于本国技术的方向转变。不应长期依赖国外技术工艺并将其作为国家经济发展的方针，而需要大力挖掘国家的科技潜力。因此，“以知识为本”是乌兹别克斯坦长期经济发展战略的

主旨。为此，须强调以下问题：发展和保障必要的人力资源；制定整体计划，向国家创新体系拨款和投资；深化教育改革，重点是要保证各级教育的创新方向；发展信息基础设施。

发展创新的重要条件是职业教育、科学和生产一体化。在所有这些领域中，掌握相应知识、技能和能力的人是创新的主体，人发挥着最重要的作用。因此，人既是创新活动的目标，也是创新活动的手段。在人力资本上投入、开发其创造潜力是创新发展的必要条件。

没有科技作为生产的基础将无法进行集约型经济改革。只有加快科技发展、进行有效的组织管理和激励劳动与创新，才能实现全面的集约型改革。当今社会面临的问题是，如何合理运用人才和专家来进行明确的、合理的和有创造性的活动。如果不重视人的因素，单纯的经济发展将不具备持续性。

4.2.5.6 文学艺术

乌兹别克斯坦文化是东方最原始和耀眼的文化。乌兹别克斯坦文化有着独特的民间传统、民间传说、民族音乐和舞蹈、民间艺术和民族手工艺以及独一无二的传统饮食和传统服饰。乌兹别克斯坦的民间艺术经过世世代代传承延续，并在现在得到蓬勃发展民间古老的墙壁装饰技艺、木雕根雕、刺绣。费尔干纳山谷的工匠采用传统的、古老的方法在明亮多彩丝上编织几何图像，称为汗阿特拉斯（“阿特拉斯国王”），利用当地红黏土和天然色素制造出明亮的蓝色和绿色的陶瓷。

民族绘画在许多世纪以前就开始在布哈拉和其他一些在城市中心出现。16 ~ 17 世纪艺术手稿和书籍装订取得重大成就。艺术手稿包括书法和水彩画的艺术手稿在撒马尔罕，尤其是布哈拉的小型中亚学校蓬勃发展。它体现了乌兹别克斯坦人民的习俗和信仰，与相关的艺术形式有着紧密联系，如音乐、诗歌、舞蹈、戏剧、马戏杂技、建筑和艺术。现今，民间艺术的各种形式和流派都在国家的支持和专家们的努力下很好的保护和发展着。民间艺术反映了在乌兹别克斯坦境内劳作的不同民族的人民的思维方式和精神文化。在不同历史时期的文物和中亚地区及其他国家的历史学家和学者的著作和作品中都反映了民间艺术的发展。

实用艺术是乌兹别克斯坦的一个真实的文化和历史现象。它因为乌兹别克斯坦的传统而广为人知。在布撒马尔罕、希瓦、塔什干和费尔干纳，一些美丽建筑组合以它们各个部位的实用艺术而著称。那些吸引人们的建筑部件由技艺精湛的艺术家创造，包含了木雕、雕镂、绘画、刺绣、珠宝以及乌兹别克斯坦的各种艺术形式。

现在，实用艺术不仅仅是通过博物馆向人们介绍的古老艺术。当代的人们也非常推崇20 世纪的高超艺术品，许多房屋的墙上都被装饰了刺绣品、地毯、陶制品和雕刻物。

对于木雕品而言，塔什干和费尔干纳峡谷的工匠们，其产品非常受欢迎，他们制作餐桌、椅子、盒子、门和各种纪念品。因此，在乌兹别克斯坦，你不仅可以选择购买这里的纪念品作为礼物，还可以尽情地欣赏乌兹别克斯坦令人惊叹的文化和历史遗产。

乌兹别克斯坦民间艺术的起源深入地隐藏到它的历史当中。众多通过考古挖掘出来的出土文物，展示了这块古老土地以及它的文明的崭新一面。乌兹别克斯坦的实用艺术在风格、材料和装饰上有着广阔的多样性。陶制品、丝绸和棉纺织品、石木雕刻、金属雕刻、皮革印花、书法和缩微绘画都是从古代流传下来的几种艺术形式。过去，每个宗教都有它自己的文化和民族传统；这些特色为当地的工匠所建立，他们通过自己的艺术巩固了这些特征。

4.2.5.7 新闻出版与传媒

全国出版515种报纸、167种杂志。《人民论坛报》，最高会议和内阁机关报;《东方真理报》,内阁机关报。乌兹别克斯坦通讯社是国家通讯社,始建于1924年,前身为“塔斯社”分社。驻外记者主要在独联体国家。乌兹别克斯坦电视台是国家电视台，始建于1956年，以乌兹别克语、俄语播出节目。塔什干广播电台是国家广播电台，建于1921年，1992年1月开始对外广播，广播用语有乌兹别克语、英语、汉语、俄语、阿拉伯语、维吾尔语等。

4.2.5.8 体育设施

独立后乌兹别克斯坦的体育事业得到了迅速发展，在全国有150多个大型体育场，近5000个体育馆、100多个游泳池、20000多个各类运动场所。独立后竞技体育获得了飞速发展，仅在各类国际比赛中就获得2400多块奖牌。曾在广岛亚运会上获得金牌总数第五的好成绩。与此同时，除了承办一些国际性和地区性的体育比赛外，会在本国周期性地举办各个比赛，如每年都举办“总统杯”国际网球赛，每两年都会举办一次乌兹别克式摔跤国际比赛。1993年,乌兹别克斯坦奥林匹克委员会被正式接纳为国际奥林匹克委员会成员,这在该国体育发展史上具有里程碑意义。

4.2.6 文化环境

热情好客是乌兹别克斯坦文化的基本特征。他们居住在古代丝绸之路的十字路口，生活上主要依靠与往来东西方国外客商的贸易交往，这些客商携带的有丝绸、瓷器及其他的商品。任何人，无论国籍，都会受到款待。此外，乌兹别克斯坦还是一个充满好奇心的民族，他们喜欢跟人打交道，特别是与那些来自不同国家的客人。

（1）乌兹别克斯坦的茶馆非常有名，在那里男人们围着一杯茶谈天、开玩笑、消磨时间。在乌兹别克斯坦的文化里，女人们要整理房间，包括做饭。而男人们的烹调手艺也很不错，茶馆就是他们聚在一起，制作手抓饭（一种米饭里加肉和蔬菜的食物）或kazan烤肉（烤肉和马铃薯）的地方。

（2）集市 。集市除了它最初的买卖目的外，还是一个人们之间相互交流的地方。来集市里最主要的一部分就是讨价还价。如果来乌兹别克斯坦旅游，你当然应该去一个集市上试试自己去讨价还价。它的吵闹、商品种类多样、明亮的色彩和熙熙攘攘的场景将会给你留下难忘的回忆。

（3）烹饪 。乌兹别克斯坦的菜式是最为缤纷的。你会很惊奇地发现乌兹别克斯坦的一些菜式已有数百年的历史。它们甚至有不同的传统礼节和烹调方式。乌兹别克斯坦有1000多种菜式，其中也包括民族饮料、糕点和糖果产品。乌兹别克斯坦的“抓饭”是一种非常庄严的食物，被认为是一天当中的主食，而且也被认为是在一些十分隆重和重大场合里的主菜，比如：婚礼、宴会和各种节日。大米是制作抓饭的最主要成分，一些特殊的调味品、葡萄干或豌豆也会被添加进去，增加抓饭的独特风味。然而，当地人认为最好的抓饭通常应是一个男人准备的！色拉也是抓饭的必要调味品之一。

面包对乌兹别克斯坦具有很神圣的意义。这个传统的信仰始于一个传奇故事。据说，每个新上任的总督都会制造属于他自己的钱币，但他给当地为他制造新钱币的人们的报酬，不是钱币，而是面包！

根据传统，乌兹别克斯坦的面包是在里面由黏土制成的炉子里烘烤而成的，它被叫作“Tandyr”。这些香甜的面包以它的爽脆和可口而著称。

乌兹别克斯坦汤的制作也很特别和重要，它富含蔬菜和调味品，并有大量的胡萝卜、芜箐、洋葱和绿叶蔬菜。两种广为流行的汤为 Mastava 和 Shurpa。

4.2.6.1 民族

乌兹别克斯坦是一个由130个民族组成的多民族国家。其中，乌兹别克族占80%，俄罗斯族占5.5%，塔吉克族占4%，哈萨克族占3%，卡拉卡尔帕克族占2.5%，鞑靼族占1.5%，吉尔吉斯族占1%，朝鲜族占0.7%。此外，还有土库曼族、乌克兰族、维吾尔族、亚美尼亚族、土耳其族、白俄罗斯族等。

4.2.6.2 语言

乌兹别克语为官方语言，俄语为通用语。

4.2.6.3 重要节日

新年：1月1日；

纳乌鲁斯节（波斯语和突厥语国家的“春节”）：3月21日；

纪念和荣誉日（原胜利日）：5月9日；

独立日：9月1日（1991年）；

宪法日：12月8日。

乌兹别克斯坦每年的宗教节日主要有肉孜节、古尔邦节、圣纪节，届时张灯结彩，讲经、赞扬穆罕默德的功绩，特别是清真寺里热闹非凡，有的清真寺里炸油香、宰羊、宰牛，有的聚餐。有的分成等份，来者每人一份，或每家一份。因此地盛产棉花，所以每年还有棉花节、歌咏节。此外，还有庆祝独立日，是政府组织的官方纪念性活动。还有一个特别的仪式叫苏麦克莱仪式，家家都要做甜粥分送各家，人们视为上品。

4.2.7 商业环境

4.2.7.1 市场准入情况

乌兹别克斯坦对外国投资的市场准入的规定如下。

1. 投资主管部门

乌兹别克斯坦主管投资及外国投资的机构主要为外经贸部、经济部和财政部。

外经贸部在全国范围内对国际集团公司、组织、外资企业及其分支机构进行登记；经济部与国际金融机构、国外金融及保险机构、出资国进行合作，目的是积极吸引这些机构参与实施对本国具有重大意义的投资项目；财政部对外国投资者在乌兹别克斯坦境内的投资活动进行金融及税务调节，研究建立良好金融环境来吸引外资注入本国经济；参与拟定文件，对本国政府吸引外国贷款进行必需的鉴定，对本国政府获得的外国贷款进账情况进行核算及监督。大型引资项目经上述 3 个部门审核后，均需要报乌兹别克斯坦内阁批准。而私人一般性外国投资项目则全权由乌兹别克斯坦外经贸部办理。

2. 投资行业的规定

目前，乌兹别克斯坦吸引投资的主要法律有:《外国投资法》《投资活动法》《关于保护外国投资者权益条款及措施法》《保护私有财产和保证所有者权益法》《保证企业经营自由法》（新版）及《关于促进吸引外国直接投资补充措施》的总统令等。 乌兹别克斯坦没有出台禁止、限制外国投资的法律法规。

（1）限制行业：对国家垄断行业，诸如能源及重点矿产品（如铀）开发等领域有股权限制，外资所占股份一般不超过 50%；对航空、铁路等领域则完全由国家垄断。

（2）鼓励支持行业：对无线电电子、电脑配件、轻工业、丝绸制品、建材、禽肉及蛋类生产、食品工业、肉乳业、渔产品加工、化学工业、石化、医疗、兽医检疫、制药、包装材料、可再生能源利用、煤炭工业、五金制品、机械制造、金属加工、机床制造、玻璃陶瓷业、微生物产业、玩具制造等行业持鼓励支持态度并给予免除法人利润税、财产税、社会基础设施营建税、共和国道路基金强制扣款及小微企业统一税等优惠政策。

3. 投资方式的规定

（1）股权规定：根据乌兹别克斯坦现行法律，外国投资者可以设立合资企业、100%外资企业、获取私有化企业部分或全部股份。符合以下条件的外国投资企业可视为在投资：企业注册资本不少于 15 万美元或等价物；企业参与者之一为外国法人；外资份额不少于企业注册资本的 30%。

（2）出资方式：外国直接投资的方式可以是物质及非物质财富及其权益，包括知识产权，外雇投资者向企业经营及其他经营方式的投人外资的任何收入。

（3）投资形式：外国投资在乌兹别克斯坦境内可以各种不同的形式实现，其中包括：在与乌兹别克斯坦的法人或自然人共同设立的经营公司、合伙公司、银行、保险机构及其他企业持有法定资本或其他财产一定的份额；设立并发展外国投资者全资经营公司、合伙公司、银行、保险架构及其他企业；获得财产、股份及其他有价证券，包括乌兹别克斯坦居民发行的债券；投入知识产权，包括著作权、专利、商标、外观设计专利权、工业品外观设计权、商品及新技术、商业信誉；获得自然资源的租赁合同，包括勘探、开采、采掘或利用；获得贸易标的、服务领域、居所连同宅基地的所有权，以及土地（包括租赁的）及自然资源的支配和使用权。乌兹别克斯坦鼓励外国人“自然人”投资合作，通常在所在区政府注册，需到外交部、社会保障备案，备案后方可为来乌兹别克斯坦人员办理签证邀请和劳务注册等手续。

（4）外资并购：按照乌兹别克斯坦国有资产交易国家委员会的相关法规，外国投资者主要通过以下 3 种方式并购乌兹别克斯坦企业或国有资产：通过竞标方式获得企业的部分或全部股份；通过塔什干交易所购买企业股票；通过建立合资企业持有企业股份。 一般来说，外国投资者在出资购得乌兹别克斯坦企业资产（股份）的同时，还必须做出投资承诺，即在一定的期限内保证投入承诺的资金或先进的工艺设备。有时乌方会将破产或停产的企业以零价格出售给外国投资者，但投资者必须做出相应的投资承诺。

4.2.7.2 政策投资与法规

乌兹别克斯坦在早期实行严格的外汇管制，所有外汇用项须经乌兹别克斯坦中央银行及货币信贷委员会批准，并且只有调汇权的单位才能在调汇额度内调剂外汇，如数额较大，则由乌兹别克斯坦内阁批准。入境均须填写海关申报单，否则离境时随身携带外汇将予没收，乌兹别克斯坦严格规定，每人每次可携入外汇现钞 10000 美元，超过 10000 美元，超出部分应缴纳 1% 的海关手续费。在非关税政策方面乌兹别克斯坦是逐步的放开管制，为自由贸易打开格局。但目前新型的贸易保护主义仍在继续，贸易自由化趋向区域化，各种非关税壁垒层出不穷。这些非关税政策都将不同程度地影响贸易发展。

乌兹别克斯坦政府为鼓励和扩大出口，其出口政策是一步步宽松的。在税收政策上给予出口商一定优惠，根据出口量的大小，给予企业不同比例的利润税优惠。当出口量为生产总量的 5% ~ 10% 时，利润税降低 20%；当出口量为生产总量的 10% ~ 20% 时，利润税降低 30%；当出口额为生产总额的 20% ~ 30% 时，利润税降低 40%；当出口额为生产总额的 30% 以上时，利润税降低 50%。在技术卫生安全标准方面，乌兹别克斯坦在延用原苏联的国家标准的同时，正在逐渐向国际标准靠拢，部分企业及产品已通过了 ISO 9000 认证。在商品的原产地规则方面，乌兹别克斯坦规定：某个国家成为某种商品的原产地时，此种商品必须完全在该国家生产或经过相当程度的加工。

4.2.7.3 土地所有权的限制

在土地所有权方面，乌兹别克斯坦是少数几个在法律上明令禁止土地私人所有的国家之一。乌兹别克斯坦的宪法对农业土地的国家所有权有着明确规定，同时其后的许多法律进一步加强了这种国家所有权。禁止土地私有是为了防止土地投机和土地所有权过度集中，也是由于长期存在的水资源问题。乌兹别克斯坦的自然条件不适合农业发展，几乎所有的农场都需要灌溉。因为主要的灌溉水源是即将干涸的咸海，所以乌兹别克斯坦出现水资源供给短缺不足为奇。因此，支持国家控制农业的观点认为对水资源的精确管理需要政府发挥主要作用。

4.2.7.4 投资限制

为了进一步扩大引进外国资金和先进技术的规模，改善投资经营环境，促进经济稳定快速发展，乌兹别克斯坦总统最近签署法令，对现行外资企业政策加以修改，适当放宽对外国投资者的限制。据悉，乌兹别克斯坦主要优惠政策有以下几个方面：

（1）放宽签证限制。目前在乌外资企业一般只发给 3 个月一次往返签证，这给外资企业的经营活动造成了很大的不便和限制。按照新的法令，在乌的外国投资企业，如果其注册资金达到 15 万美元以上，而且外资在该企业的资金比重不少于 30%，就可以享受 1 年多次往返签证的待遇。

（2）放宽对企业资金的限制。乌实行严格的外汇管理政策，在乌外资企业经常遇到资金结汇难的问题，所得合法收入难以汇回国内。新的法律规定，外国投资企业在交纳了税收和其他应交款项后，可以自由地支配本企业通过投资所获得的收入，包括自由地将其收入汇回国内。

（3）缩短外资企业注册时间。在乌外资企业注册难、时间长是多年来存在的问题，乌方调查表明，目前在乌外资企业注册时间长达 55 天。新的法令规定，外国投资企业在乌司法部办理注册不得拖延，在提交所需文件后最多 7 天内必须得到注册。为了加快外资企业注册速度，将实行“一站式服务”，以使目前外资企业注册时间太长的问题得到改善。

乌兹别克斯坦共和国非常重视外国投资，认为能否广泛吸引、卓有成效地利用外国的资金、技术、物质、智力资源，是否善于引进、借鉴国外的现代管理经验，直接关系到乌经济的发展及与国际经济体系接轨的大问题。

早在乌兹别克斯坦独立之前，即 1991 年 6 月 4 日乌最高苏维埃就通过了《乌兹别克斯坦共和国外国投资法》。乌兹别克斯坦独立后，1992 年 7 月 2 日乌通过了对《乌兹别克斯坦共和国外国投资法修改和补充的规定》。1994 年 5 月 5 日，乌又通过《外国投资及保障外国投资法》。上述法律基本确立了乌兹别克斯坦关于外国投资者的权利、义务，为乌兹别克斯坦吸引、利用外资的法律依据和基础。这些法律在乌兹别克斯坦国家政治、经济生活中，在乌兹别克斯坦与其他国家的政治交往方面具有重要意义。

1. 关于外国投资者和外国投资

乌兹别克斯坦的外国投资者包括：外国国家；外国法人代表；国际组织；外国公民、公民协会及无国籍人士；乌兹别克斯坦共和国常住国外公民。外国投资是指外国投资者为获取利润(收入)，对企业活动和其他各类活动项目投入的各种资产、产权以及知识产权。无论投资者的投资形式怎样改变，均不改变其投资地位。

2.关于外国投资的形式及规定

外国投资者在乌兹别克斯坦境内投资的形式包括：与乌兹别克斯坦共和国的法人、自然人一起，部分参与兴办经济社团、商会、银行、保险组织及其他企业；外国投资者独资兴办经济社团、商会、银行、保险组织及其他企业；购买财产、股票及其他有价证券；独立或在拥有财产权的法人、自然人参与下获得土地和自然资源，其中包括拥有及在租赁基础上的使用。

外国投资者在乌兹别克斯坦共和国兴办企业，投资者的资本不得少于10%的股份(份额、股金)或法定基金。外资可以任何组织—法律形式运作，但其组织—法律形式不得与乌法律相抵触。外资企业可以在其创建时组建，也可以在私有化过程中，外国投资者通过购买非外资企业的股份而成为外资企业。外国投资者也可全部购买这种企业。

外国投资在乌兹别克斯坦共和国受国家法律保护。外国投资在乌所受到的法律优惠不得少于给以乌兹别克斯坦共和国类似法人、自然人的优惠。对于那些把资金投入优先经济领域和地区的投资者，乌兹别克斯坦共和国将以立法形式附加优惠。外国投资者及外资企业在乌兹别克斯坦共和国法令许可范围内，并在符合这种企业章程所规定的情况下，可以从事一切形式的活动。外国投资者为此还需要按乌兹别克斯坦内阁规定的程序得到许可证。

3.关于外国投资者的权利和义务

外国投资者的权利包括：自主决定投资的项目、种类和方向，以及为实施投资自己酌定选择法人、自然人。外国投资者有权拥有使用投资的项目及其结果，以及根据国际法准则和乌兹别克斯坦法律在乌兹别克斯坦境外从事投资和贸易活动。

根据外国投资者的决定，外国投资的拥有、使用、支配权及其结果可按乌兹别克斯坦法律规定的程序转给另外的法人和自然人。外国投资者的义务有以下几个方面：遵守乌兹别克斯坦共和国境内的现行法律；交付税金及乌兹别克斯坦共和国依法规定的其他税款；得到国家对投资方案的鉴定，其中包括遵守卫生防疫、生态及乌兹别克斯坦共和国的其他法律规定要求。

4.关于对外国投资者和外国投资的保障

乌兹别克斯坦共和国根据普遍承认的国际法准则对在其领土上从事投资活动的外国投资者的权利加以保障。如果乌兹别克斯坦共和国后来通过的法律使投资环境恶化，那么原来的外国投资活动，在10年内仍可沿用实现投资时的法律。如果乌兹别克斯坦共和国国家机关通过的规范性文件，限制了外国投资者的权利，这些机关要按照司法程序对投资者受到的损失加以赔偿。国家机关及其负责人无权干涉外国投资者依照乌兹别克斯坦共和国法律进行的经营活动。

在乌兹别克斯坦共和国的外国投资不得被国有化。除发生天灾、事故、流行病、兽疫情况之外，外国投资不得被征用。关于征用的决定由乌兹别克斯坦共和国内阁做出。在此情况下应根据相应的损失付给外国投资者赔偿费。保障外国投资者依法活动得到的利润及其他资金无任何限制地兑换成外币汇往境外。外国投资者在乌兹别克斯坦共和国所得的利润可以在共和国内再投资，也可以根据所有者的酌定另行使用。外国投资者可以在乌兹别克斯坦共和国银行无限制地开设任何货币账户。外国投资者可以使用其账户上的乌兹别克斯坦货币，在乌兹别克斯坦共和国内货币市场上购得外币。

在自愿的基础上，对外国投资者的投资和风险实施保险。在乌兹别克斯坦共和国外国投资的保险由保险系统保障。保险系统包括乌兹别克斯坦共和国国家保险公司，它是国家官方保险的代理人；还有外国保险组织参与的合作保险公司。对外资保险的保险组织对乌兹别克斯坦共和国不负有责任。乌兹别克斯坦共和国对此类保险组织也不负有责任，双方在协议中商定的责任除外。外资保险系统应保证外国投资者避免：财产被剥夺；任何导致财产被没收的法律、行政措施；失去对财产及由财产所得收入的管理。普遍采用的非歧视性措施及国家旨在其境内调整经济活动措施除外。外资性保险系统还应保护外国投资者避免：战争和国内骚动；国家机关干涉保险机构与投资者的合同关系；国家权力机关限制兑换成其他外币并汇往国外；推行新的对某些外国投资者歧视性的法律以及其他风险。

外国投资者的活动保险由保险机构的资产保证，这些保险机构的部分资产可以在外国银行，并对外国投资者的投资给予全方位保障。

5. 关于外资企业的收支、税收及发明

外资企业所有外汇支出应由自己的外汇进款及乌兹别克斯坦共和国法律许可的其他外汇收入加以保证。它们的外汇自负盈亏同样可以在其组建的联合公司、企业、财团及其他组织机构内给予保证。外资企业有权在没有许可证的情况下出口自己生产的产品，依照乌兹别克斯坦法律进口企业自己所需要的产品。自己出口的产品、用于企业自己需要进口产品的清单由乌兹别克斯坦内阁规定。外资企业因出口本企业产品所得外汇收入除支付税收及其他税金外均留在本企业。外资企业进口旨在用于企业自身及其外关税。外资企业、外国投资者根据乌兹别克斯坦法律支付税金及其他税款。

税收部门及国家其他专职机构在其职能范围内对外资企业实施检查。企业需向这些部门提供用于检查的有关自己企业的必要信息。检查机关应保证商业秘密。泄露商业秘密要依法追究责任。外资企业依照乌兹别克斯坦共和国现行法律规定的条款实施结算。外资企业的财产可以为其各种形式的债务担保，其中包括它所借的资金。房屋、建筑、设备及其他财产权可作为担保，但对土地及其他自然资源的拥有、使用权除外。外资企业就企业决定所兴办的知识产权项目要与其员工签定合同。外资企业的专利发明及推出的工业样品按乌兹别克斯坦共和国法律规定的程序办理。外资企业员工的工作关系由乌兹别克斯坦共和国法律调整。

6. 关于外资企业的员工及其社会保障

外资企业中的工人、职员、管理人员、监督委员会成员可以吸收外国公民参加。关于这些人的劳动酬金、假期、退休金，外资企业应在与他们每个人的个人劳动合同中解决。这些员工的工资及其他合法收入应无任何限制地汇往其他国家。外资企业员工的社会保险、社会保障(外籍劳动者的退休金除外)由乌兹别克斯坦共和国法律调整。外资企业可以用外币将外籍员工的退休金转汇到他们永久居住国家的相应基金会。依据现行法律，外资企业应为乌兹别克斯坦共和国员工及外籍员工办理国家社会保险提成，为乌兹别克斯坦共和国员工办理退休金提成。

7. 关于外资企业的改组、停办、转让及出租

外资企业自主确定建立企业基金的目录、方法及使用。外资企业依照乌兹别克斯坦共和国的法律程序,可以自主地改组和停办。外资企业资产在其停办时应按其实际价值征税。如果初创文件没有另行规定，其余部分就按外资企业参与者在企业资产的份额进行分配。外资企业改组和停办时，停职员工的权利和利益根据法律应予保障。外国投资者退出外资企业或停办企业时，有权根据市场价值，以资金或商品的形式得到企业财富中属于自己的份额。同时，退出外资企业的其他外国参与者也有权得到自己的份额。

根据合同规定的期限，可以向外国投资者及外资企业出租土地。建设和建造的所有权及其项目的转让、土地使用权应置于乌兹别克斯坦共和国法律规定的程序内和条件下。出租者把财产租给外国投资者应建立在合同基础上、并与法律相适应。

自然资源的勘探、加工、使用、租赁给外国投资者，以及外资企业在与乌兹别克斯坦共和国国家管理全权机构所签定的租赁条约基础上从事的其他经济活动，均应在法律规定的程序内进行。在不违反乌兹别克斯坦共和国法律符合租赁条约所签定的目的情况下，允许在各个领域和以各种活动形式租赁。

8. 关于外资企业的争议及审理

如果乌兹别克斯坦共和国没有签署其他国际条约和协议，若外国投资者与乌兹别克斯坦共和国国家机关之间发生争议，应由乌兹别克斯坦共和国宪法法院进行审理。外国投资者及外资企业与乌兹别克斯坦共和国的企业、社会团体及其他法人、自然人发生争议，外国投资者和外资企业之间就其活动问题发生争议，均应由乌兹别克斯坦共和国经济法院审理，也可根据各方协议，按照程序在国外仲裁审理。

如果乌兹别克斯坦共和国签署的国际条约和协定有别于乌兹别克斯坦共和国关于外资的法律规定，则以国际条约和协议为准。

4.2.7.5 汇率、再投资

2009 年 2 月 12 日，乌兹别克斯坦中央银行管委会通过了第 467–3 号决议，对外汇市场业务办理规则进行了修改。决议规定，为了对在国内外汇市场购买的外汇进行统计，根

据商业银行账户清点计划，为外汇储户在指定的银行开立专有账户。自储户所购买的外汇进入专有账户之日起，这些外汇如果在7个工作日内未被使用将被无条件强制出售给指定银行。这些外汇由指定的授权银行按当天的汇率售出，无须认可程序（不需要储户的书面同意）。那些此前由专有账户划出但因未被使用又重新进入户头的外汇也属于这种反向出售业务的范围。

决议还规定，外汇交易所的会员在承接外汇业务时应对客户的权利能力进行审查。根据乌兹别克斯坦外汇交易所外汇交易业务规则，那些被指定的授权银行都不是外汇交易所会员，他们只能通过交易所会员进行外汇的买卖。

如果对客户外汇业务实施监察的部门未能履行职责，违反了有关规定，将被追究法律责任。

应该指出的是，乌兹别克斯坦中央银行确定的美元官方汇率与美元黑市价格相差20%，也就是说，美元的黑市价格要比正规的外汇兑换点的价格高出20%。但是，由于外汇供应的不足，想在正规的外汇兑换点买到便宜的美元是不可能的。

4.3 吉尔吉斯斯坦

吉尔吉斯共和国，通称“吉尔吉斯斯坦”，是中亚东北部的一个内陆国，面积为19.85万平方公里，1991年从苏联独立，首都为比什凯克。吉尔吉斯斯坦位于欧亚大陆的腹心地带，不仅是连接欧亚大陆和中东的要冲，还是大国势力东进西出、南下北上的必经之地。吉尔吉斯斯坦农产品加工是工业化经济的重要部分，有丰富的矿藏，但缺乏石油。吉尔吉斯人均水资源居全球前列。吉尔吉斯斯坦的最大援助和投资国是哈萨克斯坦和俄罗斯。2015年10月28日，第70届联合国大会改选联合国人权理事会成员，吉尔吉斯斯坦成功获选。

吉尔吉斯斯坦的国家基本信息具体见表4–10。

表4–10 吉尔吉斯斯坦的国家基本信息

中文名称	吉尔吉斯共和国	外文名称	The Kyrgyz Republic
人口数量	613万（2018年）	人口密度	31人/平方公里（2018年）
所属洲	亚洲	首都	比什凯克
国土面积	199900平方公里	主要城市	巴特肯，贾拉拉巴德
主要宗教	伊斯兰教	国庆日	1991年8月31日
官方语言	吉尔吉斯语	国际电话区号	+996
货币	吉尔吉斯索姆	政治体制	议会制共和制

4.3.1 简史

从中国西汉汉武帝时，吉尔吉斯大部分首次纳入中国版图。汉武帝又命李广利于公元前 104 年（太初元年）三年两伐大宛（在今中亚费尔干纳盆地），使西域的许多城国相继臣服于汉。公元前 102 年（太初三年）战胜大宛后，西汉朝廷在轮台（今新疆轮台东）、渠犁（今新疆库尔勒西南）置使者、校尉，这是西汉在西域设置行政机构之始。后又设置伊循都尉、护鄯善以西使者。

公元前 59 年（神爵三年），因匈奴内争，其主管西域的日逐王先贤掸率万余众降汉，汉使护鄯善以西使者郑吉迎之，匈奴在西域的统治力量随之瓦解。于是汉廷使护鄯善以西南道诸地的郑吉“并护（车师以西）北道，故号曰都护”。西域都护是西汉政府在西域设置的最高军政机构，治乌垒城（今新疆轮台东北），“镇抚诸国，诛伐怀集之”，并“督察乌孙（在今新疆伊犁河流域）、康居（在今哈萨克斯坦境内巴尔喀什湖与咸海之间）诸外国动静，有变以闻 ，可安辑安辑之，可击击之”。起初负责“护西域三十六国”，后来扩大统治范围，“最凡国五十”，西至今巴尔喀什湖以东、以南的乌孙，今铂尔河上游的大宛，今帕米尔地区的无雷，今阿赖谷地的休循等国，都受其管辖。“汉之号令班西域矣”，西域正式纳入了西汉王朝的版图。

今天吉尔吉斯大部分从西汉一直到西晋都是中国版图，唐朝再次纳入中国版图，640 年（唐朝贞观十四年）置治所西（今新疆吐鲁番东高昌故城），统安西四镇，龟兹、疏勒、于阗、碎叶（今吉尔吉斯斯坦的托克马克），辖境相当今新疆及哈萨克东部、吉尔吉斯北部楚河流域。自 656 年（显庆元年）至 664 年（麟德元年），是武则天为皇后辅佐高宗到垂帘听政阶段。657 年，唐高宗发大军分南北两道进攻西突厥，一举灭掉了西突厥，西突厥领土全部为唐所有。661 ~ 663 年（显庆、龙朔年间），唐军平定西突厥，辖区扩大至今阿尔泰山西至咸海及葱岭的东西各部直至阿姆河两岸城的诸城邦国，包括今吉尔吉斯斯坦大部分。670 年（唐朝咸亨元年），安西都护府治所移至碎叶城。唐朝前中期，在中亚的领土一直延伸到中亚的咸海。设立安西都护府管辖，都护府下面设都督府，都督府下面设州。安西都护府管辖地域包括哈萨克斯坦东部、塔吉克斯坦大部、吉尔吉斯斯坦全部、阿富汗斯坦、伊朗等国的部分地区。

元朝时为蒙古族察合台汗国地，15 世纪后半叶吉尔吉斯民族基本形成。16 世纪受沙俄压迫，自中亚的叶尼塞河上游迁居至此。清朝时再次纳入中国版图，东部和南部大部分地区属于中国新疆，西部属于中国清朝藩属国浩罕汗国。

1864 年 10 月 7 日，俄国强迫清政府签订《中俄勘分西北边记》强行割让新疆西部 44 万平方公里领土，其中就包括现今吉尔吉斯斯坦的大部分土地，1876 年被沙俄强占；1876 年清朝藩属国浩罕汗国被沙俄吞并，至此，原来的中国领土吉尔吉斯全部土地被沙皇俄国吞并。

1917 年 11 月 ~ 1918 年 6 月建立苏维埃政权。根据中亚民族国家的划分，1924 年 10

月 14 日成为俄罗斯联邦的一个自治州，名为卡拉－吉尔吉斯自治州。1925 年 5 月 25 日称吉尔吉斯自治州。1926 年 2 月 1 日改为吉尔吉斯苏维埃社会主义自治共和国。1936 年 12 月 5 日成立吉尔吉斯苏维埃社会主义共和国，加入苏联。1991 年 8 月 31 日通过国家独立宣言，宣布独立，改国名为吉尔吉斯共和国，并于同年 12 月 21 日加入独联体。

2015 年 8 月 12 日，吉尔吉斯斯坦正式加入欧亚经济联盟。

4.3.2 自然环境

4.3.2.1 位置与面积

吉尔吉斯斯坦位于欧亚大陆的腹心地带，东南和东面与中国相接。北与哈萨克斯坦相连，西接乌兹别克斯坦，南同塔吉克斯坦接壤。

4.3.2.2 地形与地貌

境内多山，全境海拔在 500 米以上，其中 1/3 的地区在海拔 3000 ~ 4000 米之间。天山山脉和帕米尔—阿赖山脉绵亘于中吉边境。其中天山山脉西段盘踞境内东北部，西南部为帕米尔—阿赖山脉。高山长年积雪，多冰川。山地之间有伊塞克湖盆地、楚河谷地等。低地仅占土地面积的 15%，主要分布在西南部的费尔干纳盆地和北部塔拉斯河谷地一带。牧场占总面积的 43%。境内主要拥有纳伦河、恰特卡尔问河、萨雷查斯河、楚河、塔拉斯河、卡拉达里亚河、克孜勒苏河等。伊塞克湖是主要湖泊，也是吉尔吉斯坦重要的旅游地，其长 178000 米，宽 60000 米，平均深度 278 米，是世界第四大深水湖。锡尔河上游纳伦河横贯吉尔吉斯斯坦全境。

4.3.2.3 气候与降水

吉尔吉斯斯坦属于大陆性气候。年降水量 200 ~ 800 毫米，高山降水量为 1000 毫米以上。

4.3.2.4 资源与禀赋

吉尔吉斯斯坦矿产资源较丰富，如煤、汞、锑矿储藏较丰富。就其总量而言，虽不及邻国哈萨克斯坦和乌兹别克斯坦，但仍具有一定的优势。吉境内共发现各类矿产地 2000 多处，拥有化学元素周期表大多数元素。得到工业开发的仅是部分矿产资源，许多资源的储量和分布情况有待进一步勘探研究，以确定开发前景。截至 2014 年 9 月探明储量的优势矿产有金、钨、锡、汞、锑、铁等。吉尔吉斯斯坦水力资源丰富。吉境内间流湖泊众多，水资源丰富，蕴藏量在独联体国家中居第三位，仅次于俄罗斯、塔吉克斯坦，潜在的水力发电能力为 1450 亿千瓦时，仅开发利用了 10% 左右。建有托克托古尔水电站（120 万千瓦）。

吉境内生长着 3786 种植物，其中草本植物 3175 种，约 1600 种具有经济价值，包括具有药用价值的甘草、麻黄、沙棘等，并拥有世界上最大的野生核桃林和野苹果林。

4.3.2.5 人口

2018 年，吉尔吉斯斯坦人口为 613 万，居世界第 111 位。吉尔吉斯斯坦人口每平方公里人口密度仅为 31 人。吉尔吉斯斯坦最大的城市是首都比什凯克，人口估计为 875000 人。第二大城市是奥什，人口估计为 246000 人。

4.3.2.6 首都和主要城市

首都为比什凯克（建于1878年，当时称“比什凯克”，1926年改名为“伏龙芝”，1991年2月7日恢复现名），1月平均气温-6℃，7月平均气温27℃。是全国经济、政治、文化中心，主要的交通枢纽。面积130平方公里。

4.3.2.7 行政区划

吉尔吉斯斯坦划分为7州（省）2市：楚河州、塔拉斯州、奥什州、贾拉拉巴德州、纳伦州、伊塞克湖州、巴特肯州和比什凯克市、奥什市。州、市下设区，区行政公署为基层政府机构。

4.3.3 政治环境

4.3.3.1 政治体制

吉尔吉斯斯坦属政教分离的世俗国家，政治上推行民主改革并实行多党制。1993 年 5 月 5 日，吉议会通过独立后第一部宪法，规定吉是建立在法制、世俗国家基础上的主权、单一制民主共和国，实行立法、司法、行政三权分立，总统为国家元首。1996 年 2 月初，吉举行全民公决，对宪法进行修改，扩大了总统权限，规定总统任期 5 年，并对各权力部门的职权进行了更为明确的划分。1998 年 10 月，吉再次就修宪举行全民公决，修宪内容包括调整议会两院议席，限制议会及议员权利，实行土地私有制，严禁通过限制新闻自由的法律等。2003 年 2 月，吉举行全民公决，通过了宪法修改草案。根据新宪法，吉议会由两院制改为一院制，取消党派选举制，议员将全部由单一选区选举制选举产生。2006 年 11 月 9 日，总统巴基耶夫签署了旨在重新界定议会与总统权力的宪法修正案。新宪法使议会权力得以扩大。根据新宪法，吉尔吉斯斯坦将组建由 90 名议员组成的新议会，议席过半的党派有权任命总理，如果没有任何党派拥有半数以上议席，则由总统决定由哪个党派组阁，议会在四分之三议员的支持下可弹劾总统。

2010 年 6 月，吉新宪法草案获得通过。新宪法草案的核心内容是吉政体由总统制过渡到议会制。新宪法草案明确规定，吉尔吉斯斯坦将建立议会制政治体制，总统权力将大幅削减，议会权力将实质性扩大。7 月 2 日，新宪法正式生效。

4.3.3.2 政党

截至 2014 年，在吉尔吉斯司法部正式登记注册并开展活动的政党有 140 余个。其中，故乡党、社会民主党、尊严党、共和国党和祖国党为吉尔吉斯主要政党，也是议会中的五大党派。2014 年 3 月，社会民主党、尊严党和祖国党宣布组成新的执政联盟，共和国党和故乡党成为议会反对党。

4.3.3.3 司法体制

吉尔吉斯斯坦的司法机构在2010年“4·7”革命前有宪法法院、最高法院和地方各级法院等。自2010年“4·7”革命后，宪法法院解散。6月，根据新宪法，宪法法院被废除。目前最高法院代理院长为费·贾玛舍娃，总检察长为阿·萨良诺娃。

4.3.3.4 对外关系

吉尔吉斯斯坦奉行平衡、务实的外交政策，以邻国、周边国家为重点。其优先方向是维护和保障国家主权和领土完整；为经济发展创造良好外部条件；保护公民的权利、自由和利益。

吉尔吉斯斯坦支持独联体一体化进程，同时赞成对独联体进行必要改革；把俄罗斯看作自己重要的战略伙伴和安全依托；视发展同中亚邻国关系为保障领土完整、国家安全、促进经济发展的必要条件；重视发展同美国的关系，在反恐等国际问题上与美国保持合作关系；与伊斯兰国家在相互尊重各自发展道路、互不干涉内政基础上保持友好关系；高度重视吉中关系发展，视对华关系为吉对外政策优先方向之一。

吉反对国际恐怖主义、极端主义及分裂主义。呼吁国际社会履行在反恐行动中的义务，防止国际恐怖主义行动升级。

中吉1992年1月5日建交以来，双边关系健康顺利发展，彻底解决了历史遗留的边界问题，2002年签署《中吉睦邻友好合作条约》，各领域合作不断扩大，在联合国和上海合作组织等多边领域互相支持，密切配合，维护了两国共同利益。

国家主席习近平2018年6月6日在人民大会堂同吉尔吉斯斯坦总统热恩别科夫举行会谈。两国元首一致同意建立中吉全面战略伙伴关系，翻开两国友好合作新篇章。

习近平欢迎热恩别科夫对中国进行国事访问并出席上海合作组织青岛峰会。习近平强调，中吉两国建立全面战略伙伴关系，是两国关系史上又一件具有里程碑意义的大事，为两国关系发展注入了新的动力。站在新的历史起点上，中方愿同吉方一道，弘扬两国世代友好精神，致力于发展全方位友好合作，共同奋斗实现发展振兴，更好造福两国人民。

习近平指出，吉尔吉斯斯坦是最早支持和参与“一带一路”建设的国家之一。中方愿同吉方开拓思路，挖掘潜力，推动双方合作不断迈上新台阶。要加强发展战略对接和政策协调，寻找更多利益交汇点和增长点，共同规划好两国合作重点领域和项目，要扩大经贸投资，加快推动大项目合作；要扩大人文和地方合作，增进睦邻友好；要提升安全合作水平，打击“三股势力”和跨国有组织犯罪。

习近平高度评价吉尔吉斯斯坦对中国担任上海合作组织主席国工作给予的大力支持，表示中方愿与吉方共同努力，推动上海合作组织沿着健康稳定轨道向前发展。

热恩别科夫表示，吉方钦佩中国经济社会发展成就，感谢中方长期以来给予的宝贵帮

助。今天吉中建立全面战略伙伴关系，使两国关系掀开崭新的一页。吉尔吉斯斯坦把对华关系置于优先方向，过去、现在和将来都是中国的最可靠的邻居、伙伴和朋友。吉方将坚定奉行一个中国政策，愿同中方加强经贸、人文等领域务实合作，协力打击“三股势力”，共同维护本地区和平、稳定与安全。吉方支持“一带一路”伟大倡议，相信它一定会有力推动本地区共同发展。吉方将保持两国各项合作协议的延续性。吉尔吉斯斯坦坚信，在中国领导下，上海合作组织青岛峰会一定会圆满成功。会谈后，两国元首共同签署了《中华人民共和国和吉尔吉斯共和国关于建立全面战略伙伴关系联合声明》，并见证了双边各项合作文件的签署。

据中国海关总署统计，2012 年中吉贸易额为 51.62 亿美元，同比增长 3.7%，其中中方出口 50.73 亿美元，增长 4.0%，进口 8896 万美元，减少 9.4%。2018 年中国和吉尔吉斯斯坦贸易额为 20.03 亿美元，同比增长 25%（2017 年中吉贸易额为 15.98 亿美元）。其中，吉从中国进口额为 19.42 亿美元，同比增长 30%，吉向中国出口额为 0.61 亿美元，同比下降 38%。吉从中国进口主要商品为鞋类、服装、化纤、食品，向中国出口主要商品为矿石、精矿、贵金属。此外，吉开始向中国出口蜂蜜。

4.3.4 经济环境

4.3.4.1 经济计划及发展状况

为了扭转经济下滑局面，促进经济发展，吉尔吉斯斯坦在制定的《2013–2017 年稳定发展战略》提出了一系列经济发展目标：到 2017 年，国内生产总值提高至 135 亿美元，平均每年增长 7%；人均国内生产总值提高至 2500 美元；贫困率从 37% 降低到 25%，平均工资从 193 美元提高至 553 美元。2013 年吉尔吉斯斯坦的 GDP 为 733502 万美元，同比增长 11.05%；2014 年吉尔吉斯斯坦的 GDP 为 740441 万美元，同比增长 0.95%，2018 年吉尔吉斯斯坦的 GDP 为 81.15 亿美元，同比增长率为 3.5%，具体见表 4–11。

表4–11 2010–2018年吉尔吉斯斯坦 GDP及其增长率

年限	GDP（单位：亿美元）	增长率
2010	47.9435	2.22%
2011	61.9776	29.27%
2012	66.0513	6.57%
2013	73.3502	11.05%
2014	74.04	0.95%
2015	66.7817	–10.58%
2016	68.1309	2.02%
2017	75.6473	11.03%
2018	81.15	3.5%

数据来源：世界银行。

这份规划还提出，将优先发展交通、电力、采矿、农业、轻工业、服务业等领域。在交通运输方面，计划每年新建和修复超过 450 公里的沥青混凝土路面公路，不仅连通国家南部和北部的交通，而且要解决矿区的矿产品运出问题。同时，计划还强调发展航空和铁路运输，以期成为区域运输枢纽。在电力方面，将增加向周边国家的售电量，以提高在中亚区域的电力出口大国地位，同时促进本国中小企业的发展。在农业方面，吉尔吉斯斯坦政府通过预算拨款以及外国贷款来修复多个地区的灌溉系统。在保障本国粮食安全的同时，大力发展绿色农产品的出口。在采矿和轻工业方面，将通过吸引外国投资建设一批以本国矿产资源为原材料的、符合国际水标准的加工厂，从而增加出口商品的附加值。在服务业方面，将建设符合现代化要求的区域性旅游与休闲中心，并且努力建立区域性的金融中心、现代艺术中心、创新经济中心等。

该规划还提出了改善投资环境的任务。吉尔吉斯斯坦政府表示，为国内外投资者营造最便利的投资环境，包括确立稳定的经济规则，建立严格的法律制度，保障自由的融资方式。具体措施包括减免税收、简化许可证制度、统一技术标准；缩短资金的流动性，取消多余“中间”环节费用；打击经济犯罪，保障投资者合法权益等。

4.3.4.2 经济结构

（1）工业。主要工业有采矿、电力、燃料、化工、有色金属、机器制造、木材加工、建材、轻工、食品等。2018 年 1 ~ 10 月，吉工业总产值 1904.45 亿索姆，同比下降 1.4%。建筑业产值 1009.57 亿索姆，同比增长 8.3%。

（2）农业。吉农业人口占 64.8%。2018 年 1 ~ 10 月，农业总产值 1836.8 亿索姆，同比增长 2.5%。

（3）服务业。旅游和服务行业是今后一段时间吉经济的重点发展方向。

（4）进出口贸易。2018 年 1 ~ 9 月，吉对外贸易进出口总额 48.14 亿美元，同比增长 7.3%。其中出口额为 11.77 亿美元，同比下降 3.1%；进口额为 36. 37 亿美元，同比增长 11.2%。

4.3.4.3 经济基础设施

2007 年，吉对基本建设投资 7 亿美元，同比减少 5.4%，国家财政收入 26 亿美元，同比增加 28%。通货膨胀率为 20%，平均汇率为 41 索姆 / 美元，同比增长 34%，失业率达 11%。2010 年，吉外国直接投资为 32.28 亿美元，同比下降 18%。主要投资领域为加工工业、能源、交通、采矿业等。

4.3.4.4 外资与外债

吉尔吉斯斯坦积极通过私有化吸引外资。截至目前，吉尔吉斯斯坦将近 71% 的国有资产实现了私有化，许多行业取消了国家专营权，为建立金融市场和吸引外国直接投资奠定了基础。目前，流入吉尔吉斯斯坦的资金还不多，无法保障吉尔吉斯斯坦经济的稳定发展，但从俄罗斯、哈萨克斯坦和中国引进的外资呈明显上升趋势。

截至 2013 年 12 月底，吉尔吉斯外汇储备为 22.38 亿美元。根据吉尔吉斯财政部资料，截至 2013 年年底，吉尔吉斯国家外债余额为 31.59 亿美元，约占国内生产总值的 43.75%。其中双边优惠贷款 15.17 亿美元，双边非优惠贷款 0.11 亿美元，多边优惠贷款 15.9 亿美元，多边非优惠贷款 0.4 亿美元。吉方最大的三个债权方为：中国进出口银行（7.58 亿美 元）、世界银行（6.97 亿美元）和亚洲开发银行（6.07 亿美元）。吉尔吉斯外债占 GOP 的比重约为 43.75%。吉尔吉斯外债规模受 IMF 限制，限制额度约为其 GOP 的 60%。根据吉国家银行（中央银行）公布的数据，截至 2018 年 12 月 31 日，吉外汇储备为 21.55 亿美元，与 2018 年年初相比减少 2100 万美元，同比下降 1%。

（1）吉直接外资主要来源国及流出国。2013 年第一季度，受“库姆托尔”金矿遭遇整顿减产，如今逐渐恢复生产的影响，拥有该金矿矿权的加拿大对吉投资快速增长了 14 倍；中国为吉第二大投资来源国，投资额 4125 万美元，占其吸引直接外资总额的 23%。对吉投资前十名国家及投资额详见表 4–12。

表4–12 对吉尔吉斯斯坦投资前十名国家及投资额

排名	国别	金额（万美元）	同比
1	加拿大	5466	↑ 14.1 倍
2	中国	4125	↑ 22.4 倍
3	塞浦路斯	1644	↑ 99 倍
4	哈萨克斯坦	1354	↓ 3.8 倍
5	英国	1008	↓ 21.9%
6	美国	608	↑ 4 倍
7	俄罗斯	562	↓ 80%
8	拉脱维亚	498	↑ 2.7%
9	巴基斯坦	471	↑ 15.8%
10	土耳其	288	↑ 13.4%

（2）2013 年第一季度，吉直接外资流出量为 8883 万美元，流出资金最多的为中国，金额达 7195 万美元，占总额的 81%。吉直接外资流出对象国前十名及流出资金金额详见表 4–13。

表4–13 吉尔吉斯斯坦直接外资流出对象国前十名及流出资金金额

排名	国别	金额（万美元）	同比
1	中国	7195	↑ 50%
2	美国	546	–
3	俄罗斯	249	↓ 70.2%
4	澳大利亚	235	↑ 259.7 倍
5	哈萨克斯坦	204	↓ 4.2%
6	土耳其	184	↑ 2.9 倍
7	英国	74	↑ 146.4 倍
8	阿联酋	67	↓ 63.8%
9	德国	58	↓ 62.3%
10	塞舌尔	38	↑ 29.8%

（3）吉引资及投资的资金结构。2013年1季度，吉吸引外国直接投资的最主要种类为外资利润的再投资，占总额的52%；流出的直接外资最主要为吉当地合资企业中外国股东贷款和注资，占总额的78%。详见表4-14。

表4-14　吉尔吉斯斯坦引资及投资的资金结构

投资种类 金额（万美元）		外资流入		外资流出	
		金额（万美元）	同比	金额（万美元）	同比
1. 股本资金		1232	↓ 7.8%	660	↑ 195倍
2. 融资租赁		–	–	–	–
3. 利润再投资		9374	↑ 1.2倍	–	–
4. 其他投资		7379	↑ 26.9%	8224	↑ 18.6%
包括	4.1 合资企业中外国股东贷款	6519	↑ 1.7倍	6940	↑ 22.1%
	4.2 贸易货款	860	↓ 74.5%	1284	↑ 2.9%
合计		17985	↑ 60%	8883	↑ 27.7%

（4）吉直接外资流入与流出的主要领域。2013年1～3月，吉尔吉斯吸引外国直接投资总额1.7985亿美元，最主要领域为不动产、加工业和金融业，分别占总额的36%、32%和24%；吉直接外资流出总额8883万美元，最主要领域为加工业，占总额的78%。详见表4-15。

表4-15　吉尔吉斯斯坦直接外资流入与流出的主要领域

领域	FDI流入		FDI流出	
	金额（万美元）	同比	金额（万美元）	同比
农业、畜牧业和林业	26	↑ 4.1倍	30	–
采矿业	626	↑ 1.4倍	137	↑ 13.9倍
加工业	5837	↑ 1倍	6933	↑ 50%
建筑业	5	↓ 73.8%	148	↑ 21.3倍
贸易及汽车、生活用品等维修	492	↓ 60.7%	392	↑ 60%
宾馆饭店	14	↓ 64.3%	–	–
交通、通信	120	↓ 60.8%	7	↓ 95.6%
金融业	4294	↑ 46.6%	609	↑ 124.6倍
不动产	6570	↑ 70%	626	↓ 68.2%
服务业	0.3	↓ 87.6%	0.01	–
合计	17985	↑ 60%	8883	↑ 27.7%

（5）吉直接外资流入与流出的区域结构。2013年第一季度，在吉尔吉斯斯坦的7州2市中，比什凯克市吸引外国直接投资额最高，约1.6亿美元，占全国引资额的59%；楚河州的外资流出额最高，为6860万美元，占全国的77%。详见表4-16。

表4-16 吉尔吉斯斯坦的直接外资流入与流出的区域结构

地域	FDL 流入		FDL 流出	
	金额（万美元）	同比	金额（万美元）	同比
比什凯克市	10590	↑ 37.1%	1411	↓ 26.2%
伊塞克湖州	5321	↑ 36.1 倍	128	↑ 283.5 倍
楚河州	169	↓ 91.6%	6860	↑ 60%
贾拉拉巴德州	1779	↑ 132.1 倍	–	–
塔拉斯州	169	↓ 79.5%	37	–
奥什市	46	↑ 17.8 倍	2	↓ 98.3%
巴特肯州	21	↑ 80%	442	↓ 28.5%
纳伦州	–	–	–	–
奥什州	2	↓ 70.5%	3	–
合计	17985	↑ 60%	8883	↑ 27%

根据吉尔吉斯斯坦国家统计委员会提供的数据显示，2018 年上半年吉尔吉斯斯坦吸引外商直接投资总额 2.47 亿美元，同比下降 33.2%。其中个人资本 5440 万美元，再投资利润 8490 万美元，其他投资 1.077 亿美元（外商贷款 3290 万美元，贸易贷款 7470 万美元）。2018 年上半年，吉吸引外商直接投资主要分布在矿山开采、加工制造业、地质勘探、金融中介和保险、信息通信等领域。2018 年上半年，吉吸引外商直接投资中，独联体以外国家的直接投资额同比下降 70%。其中中国同比下降 40%，加拿大同比下降 2500%，英国同比下降 30%。独联体国家的直接投资额同比增长 90%。其中俄罗斯同比增长 230%，哈萨克斯坦同比增长 12.7%，乌兹别克斯坦同比下降 4.6%。2018 年上半年，中国投资占外商直接投资总额的 39.1%。

4.3.4.5 对外贸易

自独立之初，吉尔吉斯斯坦就主张对外贸易自由化。任何个人、企业和组织都有权从事进出口贸易业务。2009 年，受国际金融危机和国内经济增速放缓影响，吉尔吉斯斯坦对外贸易出现大幅度下降。2010 年，贸易额有所回升。

2018 年，吉外贸总额达 66.72 亿美元，同比增长 6.6%。其中出口 17.65 亿美元，与上年持平，进口 49.07 亿美元，同比增长 9.2%。

4.3.4.6 金融货币

吉尔吉斯斯坦货币名称为索姆，2019 年 1 月，1 元人民币可兑换 10.1209 索姆。

2008 年，吉国家财政收入 465.96 亿索姆，比 2007 年增加 29.5%。财政支出为 450.3 亿索姆。同比增长 25.6%。

主要银行：吉尔吉斯斯坦国家银行，1997 年 7 月 29 日成立，现有资产 5000 万索姆。

杰米尔银行：吉首家国际商业银行，为土耳其独资银行。成立于 1997 年 5 月 2 日，现有资产 5400 万索姆。

4.3.5 社会环境

4.3.5.1 家庭与社会生活

虽然该国六百多万人口，但是分散在几个不同的地区。比什凯克较国际化，因此常用商品购物什么的都很方便。到了西部城市，那里保留着传统游牧民族的生活习惯。老百姓们在雪山山脉周边放牧，开车经常可以看到这样的风景。牧民普遍带头巾或帽子；日常喝马奶，迁徙在周边的地区。东部城市比较现代。有一些工厂，能看到俄罗斯血统的居民居住在此。这里的中国人有些是从东北来的、新疆来的，在伏龙芝经商；还有一些是劳务输出，在周边发电站工作。吉尔吉斯斯坦乡村风景很优美，驾车在这里就像穿梭在阿尔卑斯山脉一样。这里有完全无污染的水质，超一流的羊肉品质，而且没有膻味。

吉尔吉斯人的传统服装则是其整个民族文化的重要组成部分。男子的传统服装一般上身是长袍，罩羊皮袄；下身是布料长裤，冬天则穿皮裤。脚穿皮靴或毡靴。头戴皮帽或绣花小帽，更多的则是戴一顶名叫卡尔帕克的帽子。这种帽的帽檐用白毡做成；帽里的下檐儿镶一道黑绒，向上翻过来，并在左右两边各开一个口儿；帽顶呈四方形，缀有珠子和缨穗。这种卡尔帕克毡帽是吉尔吉斯人的一大标志。男子腰系皮带，上挂小刀。妇女一般穿色彩鲜艳的宽大连衣裙，外罩针织丝绒或长绒的长袍或小坎肩，下配灯笼裤，长袍外面束一条开襟的绣花围裙。脚穿软皮鞋，外套胶皮套鞋。青年妇女一般喜欢红、绿色头巾，老年妇女多用白色头巾。吉尔吉斯人现已普遍穿着现代服装，只有老年人及一部分中年人仍喜欢穿传统的民族服装。并且，吉尔吉斯人十分重视衣帽，他们认为，随便抛掷帽子、拿错帽子或者走路不戴帽子都是很不礼貌的。人们不能从衣服上跳过。

吉尔吉斯人性格开朗，在消费上注重饮食和衣着，如有积蓄，农民一般购买牲畜，而城市居民大多购屋置地或购金银来保值。在社交场合与客人相见时，一般多施握手礼。在与亲友间相见时，常以右手按胸并鞠躬为礼，同时要说句祝愿的吉言。在公共场所中，吉尔吉斯人十分讲究举止行为必须文明大方。在他们看来，在众人面前剔牙、挖鼻孔、吐痰或是掏耳朵都是不雅之举。

4.3.5.2 医疗卫生

苏联解体后，吉尔吉斯斯坦医疗体系基本沿袭了苏联模式。因经济发展较慢，财政紧张，国有医院医疗设施已严重老化，继续进行改造更新。2006 ~ 2013 年间，平均每万人拥有医生 20 人、护理和助产人员 62 人、牙医 2 人、药师 1 人；2006 ~ 2012 年间，平均每万人拥有医院床位 48 张。近年来，吉尔吉斯斯坦的医疗质量有所提升拥有更多的医疗资料，供应的医生数量不断增长，能够满足更多患者的医疗需求。

4.3.5.3 教育

全国共有各类学校近 2200 所，在校生共计约 108 万，教师约 7.2 万人。其中中等专业学校 80 多所，在校生约 4.3 万人。高等院校 49 所，在校生约 25 万人。著名高校有吉

尔吉斯斯坦国立大学、吉美中亚大学、比什凯克人文大学、吉俄斯拉夫大学、奥什大学等。

4.3.5.4 科技

吉将社会经济发展的国家战略目标之一确定为有效地调动科技领域极大的人力物力潜力，发展现代科技。国家制定了《科学与国家科技政策基础法》，为科技和工艺领域的活动提供了必要的法律、经济和社会条件。吉科技机构由5部分组成，包括：国家科学院科研所;各部委，如卫生保健部、农业部、财政部、国家统计委员会、教科文部、建筑建设部、水利部和工贸部的科研机构；高等院校科研机构；科学生产中心；临时性科学创新团体。

吉尔吉斯共和国国家科学院，设在比什凯克市，建于1954年，是吉最高、最重要的科研机构，在发展基础科学方面发挥着主导作用。它由4个学部组成，负责协调26个科研单位。

（1）技术物理、数学和矿山地质科学部：下设机械所、地震所、水利与水电所、自动化所、物理所、数学所、岩石力学与物理所等7个研究所。

（2）化工、生物医学和农业科学部：下设化学与化工所、土壤生物所、生化与生理所、高山生理与反应实验所、森林与坚果栽培和植物园等6个科研机构。

（3）人文科学和经济科学部：下设东干人文历史所、政治经济学所、法学哲学所、语言文学所等4个研究所和玛纳斯学与文化艺术中心、社会学研究中心等2个中心。

（4）南方(奥什)地区部下设6个研究所：自然资源综合利用研究所、新工艺研究所、社会科学研究所、医学研究所、动力学和微电子学研究所、生物圈研究所。

吉政府部委和高等院校拥有33个科研机构，分属：卫生部（8个），农业食品部(5个)，教科文部（10个)，工业和贸易部（4个)，水利部（2个)，财政部、司法部、建设部、国家统计委员会（各1个）。在部门科研机构工作的科研人员共计1670人，其中院士、通讯院士各3人，博士66人。此外，在其他科研、设计单位的科技人员有2501人。

国际学术界公认，吉尔吉斯科学领域的传统优势和强项是：

（1）自然科学方面：采矿、矿山机械、自动化控制、信息学、流体力学、等离子体和固体力学、核物理学和矿床学、地震科学、水力资源开发、高山地区人类活动保障问题等。

（2）人文科学方面：吉尔吉斯人的文化起源、玛纳斯学、吉尔吉斯斯坦政治经济社会发展史、道德与民族关系的研究、吉尔吉斯社会政治思维和精神、吉尔吉斯共和国社会经济战略与经济稳定性的研究、劳动力和自然资源的有效利用等。

吉尔吉斯斯坦科技发展的优先方向有：共和国矿产资源的综合研究与开发；山区自然与自然生态过程技术成因的综合研究和灾害预报；共和国生物资源的合理使用、保护与再生及人类生存保障问题；提高农畜、禽防病能力及其产品的研究；开发节约包括农产品在内的生物与非生物资源加工工艺；共和国国民经济优先领域信息化及管理与生产过程的自动化，以及设备与工艺过程基础理论的研究；动力学的技术物理问题和天然动力资源的合理利用问题；信息技术、微电子和光电学问题；吉尔吉斯共和国过渡时期政治、经济、社会发展问题的研究；人民精神、文化的复兴与发展，与文明民主世界现代社会价值观的融合问题。

近年来，吉在数学、物理学、生物学、生态学、矿山地质学、医学、经济学、人文科学、技术科学、工艺学等研究领域获得了显著成果。

为实现科技改革，吉出台并实施了 13 部科研新法规，如吉尔吉斯共和国创新活动法、科技领域中实行非国有活动和私有化规定、关于创新项目规定、共和国创新基金规定、国家预算扶持创新项目的优惠办法等。

4.3.5.5 文学艺术

吉尔吉斯斯坦的文学经历了一个由口承文学到书面文学的漫长发展过程。大约在旧石器时期，在远古吉尔吉斯人的居住地区就出现了民间口头创作。以后世代相传，不断完善，逐渐形成口承文学。吉尔吉斯斯坦的口承文学体裁广泛，包括神话、传说、故事、谜语、成语、谚语、俗语、绕口令、民间歌谣、名言锦句和民族史诗等。其中，诞生于公元 10 世纪的长篇史诗《玛纳斯》是吉尔吉斯口承文学的杰出代表。这是一部歌颂吉尔吉斯 (中国称柯尔克孜) 人传说中的民族英雄玛纳斯及其子孙后代反抗侵略、保卫家乡的丰功伟绩的史诗。该史诗气势恢宏，语言优美，民族特色浓郁。它涵盖了吉尔吉斯人的生活的各个方面，是研究这个民族古代历史、政治、经济、军事、哲学、文化、语言、宗教、道德和习俗的百科全书。

4.3.5.6 新闻出版与传媒

吉尔吉斯斯坦主要报刊有《吉尔吉斯斯坦言论报》《吉尔吉斯旗帜报》《楚河消息报》《比什凯克晚报》《比什凯克晨报》《法制报》《共和国报》《阿萨巴报》等。主要通讯社是“卡巴尔”国家通讯社，创建于 1937 年。主要广播电台有吉尔吉斯斯坦国家广播电台，于 1931 年建台，用 7 种语言（吉、俄、英、东干、德、乌兹别克和维吾尔语）广播。主要电视台有吉尔吉斯斯坦国家电视台，于 1958 年建台，节目用吉语、俄语和英语播出。此外，还有“金字塔”等几家私营电视台。

4.3.5.7 体育设施

独立后吉尔吉斯斯坦共和国体育事业取得了长足的发展，制定了大力发展群众性体育运动、优先发展某些运动项目和民族传统体育项目加强体育运动的物质技术基础和对体育运动的科学指导的体育运动发展规划。政府首脑高度重视体育发展。由于吉尔吉斯人在广袤的草原上过着逐水草而居的生活，所以其民族传统体育发展比较迅速，有着广泛的群众基础。吉尔吉斯人的民间游戏和传统体育项目赛马、叼羊、摔跤、马上拾银元、马上射元宝等在节庆日和举行宴会时举行。

4.3.6 文化环境

4.3.6.1 民族

吉尔吉斯斯坦人口为 613 万（2018 年，居世界第 11 位），其中吉尔吉斯族人口为 419.3 万人；乌兹别克族人口为 83.6 万人；俄罗斯族人口为 36.9 万人。乌克兰族 2.2905 万人、塔塔尔族 3.3848 万人、东干族 6.1170 万人、维吾尔族 5.1899 万人、哈萨克族 3.8603 万人、塔吉克族 4.8502 万人、土耳其族 3.6724 万人、阿塞拜疆族 1.6745 人、朝鲜族 1.857 万人、德意志族 1.1128 万人。除上述民族外，吉尔吉斯斯坦还居住着白俄罗斯族、土库曼族、摩尔多瓦族和格鲁吉亚族等。吉尔吉斯斯坦人口中男性占 49.4%，女性占 50.6%。

4.3.6.2 语言

吉尔吉斯斯坦国语为柯尔克孜语。2001 年 12 月，吉尔吉斯斯坦总统签署修宪法令，确定俄语为国家官方语言。

4.3.6.3 重要节日

新年：1 月 1 日；

纳乌鲁斯节：3 月 21 日；

纪念和荣誉日：5 月 9 日，原胜利日；

独立日：9 月 1 日；

宪法日：12 月 8 日。

4.3.7 商业环境

4.3.7.1 市场准入情况

吉尔吉斯斯坦经济自由度较高，市场准入较宽松，过境运输优势明显，但同时法制建设仍处于完善过程之中，执法不严、腐败现象，以及议会中党派之争带来的政治动荡、反对派时常组织游行示威等情况仍对吉尔吉斯斯坦投资环境有较大影响。《2012–2013 年全球竞争力报告》显示，吉尔吉斯斯坦在全球最具竞争力的 144 个国家和地区中排名第 127 位；《2014 年营商环境报告》显示，吉尔吉斯斯坦在 189 个国家和地区中排名第 68 位。

4.3.7.2 政策投资与法规

吉尔吉斯斯坦经济调节部是吉尔吉斯斯坦实行投资政策的授权机构。与其他各部、国家管委会与行政机构共同确立吸引国外直接投资的方针与优先方向，判定相关政策。

4.3.7.3 外国人就业限制

吉尔吉斯斯坦代总理签署了《关于对在吉从事批发、零售贸易的外国公民和无国籍人士实行配额限制》的政府令，对外国公民及无国籍人员在吉从事批发、零售贸易加以限制。专家认为，吉国的禁商令对中国商人影响最大，该政府令规定，自 2007 年起在商贸中心、超市等固定商贸场所中的外国经营者比例也不得超过 10%。

4.3.7.4 土地所有权的限制

外国人有权在吉尔吉斯斯坦购置不动产，但无权取得土地所有权（可以取得土地使用权）。外国自然人无权在吉尔吉斯斯坦购置住宅，但在吉尔吉斯斯坦注册的外国法人可以按规定程序购买住宅。

4.3.7.5 汇率、再投资

2015 年独联体国家对吉直接投资较 2014 年增长一倍，其中，俄罗斯对吉投资增长 1 倍，白俄罗斯对吉投资增长 448.5 倍，哈萨克斯坦则相反，对吉投资减少 15.8%。2015 年独联体以外国家对吉直接投资较 2014 年减少 0.3%，其中中国对吉投资减少 51%，加拿大减少 29%，而英国和土耳其对吉投资增加数倍。总体来看，2015 年国外对吉直接投资 8.188 亿美元，同比增长 12.6% 了近 100%。吉国家统计委公布的数据显示，2017 年 1 ~ 9 月吉国吸收的外国直接投资额为 5.03 亿美元，与 2016 年同比降低了 6%。外国对吉直接投资主要流向制造业、采矿业、地质勘探领域、金融中介和保险业。2017 年 1 ~ 9 月来自非独联体国家的外国对吉直接投资额与去年同比增长 1.7 倍，主要因为加拿大的投资增长了 50.9%，英国增长 44.2%，中国增长了 8.5%。中国、加拿大和英国是吉国投资的主要来源国（三国共占据外国总投资的 76.4%）。2017 年 1 ~ 9 月中国对吉投资额在外国对吉投资额中占据第一，为 2.27 亿美元，2016 年同期为 2.10 亿美元。中国主要投资于制造类企业（油产品、橡胶、塑料以及其他非金属矿产的生产）、地质勘探类和矿产品开采类企业。加拿大以 1.30 亿美元位居外国投资第二名，主要投资金属产品制造业和矿产开采业。英国投资 2760 万美元，位居第三，主要投资地质勘探类企业。哈萨克斯坦投资 2550 万美元，位居第四，主要投资金融中介、批发零售业、地质勘探以及矿产开采业。荷兰位居第五，投资 1820 万美元。

4.4 土库曼斯坦

土库曼斯坦，是苏联加盟共和国之一，苏联时期的名称为土库曼苏维埃社会主义共和国，1991 年独立。土库曼斯坦位于伊朗以北，东南面和阿富汗接壤、东北面与乌兹别克斯坦为邻、西北面是哈萨克斯坦，西邻里海，属于内陆国家。自苏联解体后，由于俄罗斯在当地影响力减弱，国家也开始大力提倡伊斯兰文化。虽然土库曼斯坦是世界上最干旱的地区之一，但它石油天然气资源丰富，天然气储备列世界第五。石油天然气工业为该国的支柱产业。而农业方面则以种植棉花和小麦为主，亦有畜牧业（阿哈尔捷金马等）。该国因地处地中海地震带上，所以时常受地震威胁。在外交方面，联合国在 1995 年 12 月 12 日承认土库曼斯坦为一个永久中立国。土库曼斯坦国家的基本信息具体见表 4–17。

表4-17 土库曼斯坦的国家基本信息

中文名称	土库曼斯坦	外文名称	Turkmenistan
国土面积	491200 平方公里	国庆日	1991 年 10 月 27 日
人口数量	585 万（2018 年）	人口密度	10.5 人 / 平方公里（2018 年）
所属洲	亚洲	首都	阿什哈巴德
主要城市	巴尔坎纳巴德、达沙古兹	主要民族	土库曼族、乌兹别克族、俄罗斯族
官方语言	土库曼语为官方语言，通用俄语	主要宗教	伊斯兰教
货币	马纳特	国际电话区号	993
道路通行	靠右行驶	政治体制	总统制共和制
GDP 总计	2863.11 亿元（人民币，2018 年）	人均 GDP	7522.07 美元（2018 年）
其他	世界上最干旱的地区之一，石油天然气储备列世界第五		

4.4.1 简史

4.4.1.1 古代历史

公元前 1000 年，土库曼境内出现阶级社会。公元前 6 世纪后，一直连续不断被外族人入侵和统治。历史上曾被波斯人、马其顿人、突厥人、阿拉伯人、蒙古人征服。公元 9 到 10 世纪受塔赫里王朝、萨曼王朝统治。11 ~ 15 世纪受蒙古人统治。15 世纪左右，土库曼族基本形成。16 ~ 17 世纪隶属于希瓦汗国和布哈拉汗国。

4.4.1.2 近现代历史

近代至独立前部分领土并入俄国。土库曼人民参加了 1917 年的二月革命和十月社会主义革命。1917 年 12 月建立苏维埃政权，其领土并入土耳其斯坦苏维埃社会主义自治共和国、花拉子模和布哈拉苏维埃人民共和国。在划定民族管理区后，于 1924 年 10 月 27 日建立土库曼苏维埃社会主义共和国，并加入苏联。

4.4.1.3 独立以后

1990 年 8 月 23 日，土库曼斯坦最高苏维埃通过了国家主权宣言，1991 年 10 月 27 日宣布独立，改国名为土库曼斯坦，同年 12 月 21 日加入独立国家联合体。1992 年 3 月 2 日加入联合国。1995 年 12 月 12 日，第 50 届联大通过决议，承认土库曼斯坦为永久中立国。

1992 年 5 月 18 日，通过第一部宪法，规定土库曼斯坦为民主、法制和世俗的国家，实行三权分立的总统共和制，立法、行政、司法相互独立又相互平衡和制约。总统为国家元首和最高行政首脑。人民委员会为国家最高权力代表机关，立法权和司法权分属国民议会和法院。土始终将捍卫独立、主权和领土完整、发展经济、保持社会稳定作为基本国策；积极探寻适合本国国情的发展道路；提倡复兴民族精神，重视民族团结与和睦；奉行积极中立、和平友好的外交政策，致力于同其他国家发展建设性合作关系；主张宗教信仰自由，禁止宗教干预国家政治生活。

1995 年 12 月 27 日，人民委员会对宪法进行了修改和补充，将土库曼斯坦中立国地位写入宪法，又在国歌和国旗中加以体现。

1999 年 12 月，土库曼斯坦人民委员会和议会联合通过决议，授权尼亚佐夫“无限期行使总统权力”。

2005 年 8 月 26 日，在喀山会议上土库曼斯坦宣布退出独立国家联合体。2006 年 12 月 21 日，总统萨帕尔穆拉特·尼亚佐夫因心脏骤停而逝世。古尔班古雷·别尔德穆罕默多夫成为代总统。2007 年 2 月 11 日，举行总统选举，别尔德穆罕默多夫当选。

4.4.2 自然环境

4.4.2.1 位置与面积

土库曼斯坦面积 49.12 万平方公里，是仅次于哈萨克斯坦的第二大中亚国家，在全世界排名第 52。土库曼斯坦是位于中亚西南部的内陆国，西濒里海，北邻欧亚国哈萨克斯坦，东北部与内陆国乌兹别克斯坦接壤，东界阿富汗，南部是伊朗。属强烈大陆性气候，是世界上最干旱的地区之一。土库曼斯坦靠近里海的海岸线有 1768 公里长，货物经水路出口须经过俄罗斯的伏尔加河和顿河。

4.4.2.2 地形与地貌

土库曼斯坦全境大部是低地，平原多在海拔 200 米以下，80% 的领土被卡拉库姆沙漠覆盖。南部和西部为科佩特山脉和帕罗特米兹山脉。主要河流有阿姆河、捷詹河、穆尔加布河及阿特列克河等，主要分布在东部。横贯东南部的卡拉库姆大运河长达 1450 公里，灌溉面积约 30 万公顷，是世界上最大灌溉及通航运河之一。

4.4.2.3 气候与降水

土库曼斯坦位处亚洲大陆的中心处，因此属于典型的温带大陆性气候，这里是世界上最干旱的地区之一。年度平均温度为 14 ~ 16℃，日夜和冬夏的温差很大，夏季气温长期高达 35℃以上，冬季在接近阿富汗的山区，气温也可以低至 –33℃。年降水量则由西北面沙漠的 80 毫米，递增至东南山区的 240 毫米，雨季主要在春季（1 月至 5 月）。科佩特山脉是全国降雨量最高的地区。

4.4.2.4 资源与禀赋

土库曼斯坦矿产资源丰富，主要有石油、天然气、芒硝、碘、有色金属及稀有金属等。据土库曼斯坦官方公布的资料，石油和天然气的远景储量为208亿吨和24.6万亿立方米，居世界前列。石油和天然气工业为土库曼斯坦的支柱产业。主要农作物包括棉花、小麦和稻米等。土库曼斯坦人善于编织地毯，以细羊毛编织的地毯闻名于世。

4.4.2.5 人口

土库曼斯坦人口585万（截至2018年底，居世界人口排名第113位）。主要民族有土库曼族（94%，和中国的撒拉族为同一民族）、乌兹别克族2%、俄罗斯族1%，此外，还有哈萨克族、亚美尼亚族、塔尔族、阿塞拜疆族等120多个民族。

4.4.2.6 首都和主要城市

土库曼斯坦首都是阿什哈巴德。阿什哈巴德位于科佩特山脉北麓阿哈尔绿洲和卡拉库姆沙漠边缘、土库曼巴希—塔什干铁路线上，它是全国的政治、经济、文化和科学中心，属大陆性干旱气候。这座城市保持着一项吉尼斯世界记录——拥有世界上最大的城市汉白玉建筑。在阿什哈巴德新建的543栋建筑，全部使用了汉白玉材料，一共有450万平方米。阿什哈巴德也是土乃至于中亚地区的重要交通枢纽。与独联体各国、伊朗、巴基斯坦、印度、德国、土耳其、英国、阿联酋和泰国等40多个国家和地区直接通航，与中国的乌鲁木齐通包机。

土库曼斯坦主要城市：阿什哈巴德、土库曼纳巴特(查尔朱)、达绍古兹等。

4.4.2.7 行政区划

除首都阿什哈巴德为直辖市外，全国划分为5个州（省），16个市，46个区，具体见表4–18。

表4–18 土库曼斯坦的行政区划

行政区	首府	面积（平方千米）
阿什哈巴德市	阿什哈巴德	470
阿哈尔州	阿瑙	95000
巴尔坎州	巴尔坎纳巴德	138000
达沙古兹州	达沙古兹	74000
列巴普州	土库曼纳巴德	94000
马雷州	马雷	87000

4.4.3 政治环境

土库曼斯坦宪法规定，国家实行立法、行政和司法三权分立的政治制度，管理形式为总统制的共和国。独立后，土库曼始终将捍卫独立、主权和领土完整、发展经济、保持社

会稳定作为基本国策；积极探寻适合本国国情的发展道路；提倡民族复兴精神，重视民族团结与和睦；奉行积极中立、和平友好的外交政策，致力于同其他国家发展建设性合作关系；主张宗教信仰自由，禁止宗教干预国家政治生活。

4.4.3.1 政治体制

1992 年 5 月 18 日通过第一部宪法，规定土库曼斯坦为民主、法制和世俗的国家，实行三权分立的总统共和制。总统为国家元首和最高行政首脑，由全民直接选举产生。人民委员会为国家最高权力代表机关。立法权和司法权分属国民议会和法院。1995 年 12 月，土库曼斯坦修改宪法，将永久中立国地位写入宪法。1999 年 12 月再次修宪，对宪法中有关人民委员会、议会职能的条款进行修改和补充，明确规定尼亚佐夫作为首任总统，其任期无时间限制。2003 年，土库曼斯坦通过第二部宪法，规定人民委员会为常设最高权力代表机构，设立主席一职，同时规定总统当选年龄不得超过 70 岁。

2003 年 8 月通过的新宪法规定，土库曼斯坦不承认那些持有外国护照、拥有其他国家国籍的人是土库曼斯坦公民。2005 年 2 月，尼亚佐夫宣布放弃土库曼人民赋予他终身总统地位的待遇。土库曼斯坦人民委员会通过选举法，决定土库曼斯坦总统选举将于 2010 年举行。根据新的选举法，总统任期为 5 年，最多可以连任两届，总统候选人由人民委员会提出。

2008 年 9 月，土库曼斯坦人民委员会通过新宪法。根据新宪法，总统有权组建中央选举和全民公决委员会并对其人员进行调整，制定国家政治、经济、社会发展纲要，对行政区划进行变更，组建国家安全委员会并领导其工作。国民议会则负责通过、修改和补充宪法，审议国家政治、经济和社会发展纲要，决定有关举行全民公决、总统选举、议会选举事宜，批准或废除相关国际协议、国家边界的变更，审议和平与安全问题等。2010 年，土政府相继进行一系列人事调整，增设一名副总理（主管科技创新）；整顿吏治，加强对经济、司法、能源以及文教卫等部门的管理；继续稳步推行经济改革，大力改善民生。

4.4.3.2 政党

土库曼斯坦民主党 1991 年 12 月 16 日由原苏联土库曼共产党改组而成，是土库曼斯坦唯一政党，1992 年 3 月在司法部正式登记，现约有党员 13 余万人。其宗旨是维护土国家独立、主权和中立，建设民主、法制、世俗国家和公正社会，提高人民福利，实现社会民主化。主要任务是宣传、解释总统制定的国家内外政策和法令，团结社会各界贯彻执行总统的方针。民主党同工、青、妇等社会组织共同组成“民族复兴运动”，旨在推动国家改革和民族复兴。该党在全国各州、市、区设有委员会，共有 3598 个基层组织。别尔德穆哈梅多夫总统任党主席。政治委员会（党的中央机关）第一书记为副议长巴巴耶夫。

4.4.3.3 司法体制

土库曼斯坦司法机关包括最高法院和检察院。法官由总统任命，任期 5 年。检察院负

责监督法律和总统令的执行情况。

4.4.3.4 对外关系

土库曼斯坦1992年3月加入联合国。1995年12月12日，第50届联大通过决议，承认土为永久中立国。

土库曼斯坦奉行中立国和全方位外交政策，故此土库曼政府领导层和民间团体向来只是选择性地参加区域联盟活动。土库曼斯坦实行积极中立的对外政策，坚持和平共处原则。

土库曼斯坦并无跟邻近的中亚新兴国家一样，在独立之后靠近美国，反而由于土库曼斯坦与伊朗因为在能源运输上有很多大型合作而走得很近，土伊关系良好而令土、美两国关系并不紧密。而土库曼斯坦和俄罗斯亦因历史渊源而在经济、军事联系是有着纠缠不清的关系。

土库曼斯坦在外交方面上越趋“独来独往”。2005年8月26日在喀山会议上土库曼斯坦宣布退出独立国家联合体，后又迫使国内俄罗斯族人只能选择俄罗斯或土库曼斯坦其中之一为国籍，若放弃土库曼斯坦国籍就会丧失在土库曼斯坦的所有财产。受2005年3月吉尔吉斯斯坦的“郁金香革命”的影响，土政府加强了警惕性，采取了阻碍国民与外界接触的措施，国外的印刷品，包括杂志和报纸等都不能被带到国内。

2010年起，土积极开展对外交往，总统先后出访15次，并出席上海世界博览会、独联体国家领导人非正式会晤、上海合作组织塔什干峰会、中亚和里海地区裁军会议、突厥语国家首脑峰会、里海沿岸国家元首峰会、欧安组织成员国峰会等多边活动。别尔德穆哈梅多夫总统多次主持召开土驻外使节会议，要求外交部积极参与国际合作，加强与邻国关系，深化与欧洲国家合作，进一步加强与亚太地区国家特别是中国、日本、印度的关系，深入发展与近东、中东、北非和阿拉伯国家的传统友谊，密切与北美、南美国家联系，加强与联合国等国际组织的合作。

4.4.4 经济环境

由于历史原因，土库曼斯坦经济结构单一，在苏联时期就是能源和棉花的供应地。这里盛产石油和天然气，有“中亚的科威特”之称。近年来，在国际金融危机的大环境下，土库曼斯坦政府采取了有利于稳定和发展经济的政策和措施，保持了经济稳定增长。2016年1～8月份，土库曼斯坦GDP增速与2015年同期相比增长6.2%，其中，工业增长1.9%，建筑4.4%，交通运输10%，贸易15.6%，农业9.3%，服务业9.8%。主要工业产品产量增长3.4%，零售贸易增长16.6%。各类投资同比增长4.6%。全国平均工资增长9.5%。国家预算收入完成90.1%，支出完成90%。各机关单位能够按时发放工资、退休金、国家补助和补贴。

4.4.4.1 经济计划及发展状况

独立后制订发展经济的“十年稳定”纲领和1997～2001年社会经济发展构想及加速

向市场经济过渡的“一千天计划”，分阶段进行以承包责任制为主的农村改革和企业私有化进程，逐步向市场经济过渡。经济转轨的原则是：建立国家强有力宏观调控下的以社会为优先取向的混合性市场经济。1999 年尼亚佐夫总统又提出了“土库曼斯坦至 2010 年社会经济改革战略”，指出土未来的战略目标是在市场经济和进行有效的国际合作基础上，建立保障居民有较高生活水平的经济发达国家；该战略的实施分为两个阶段进行：第一阶段（2000 ~ 2005 年），对经济结构和技术设施进行改革和改造，提高部门和企业的效益和竞争能力，保证经济的增长速度（平均增长速度不低于 18%）。第二阶段（2006 ~ 2010 年）的任务是保持已经取得的经济增长速度，经济结构向资本含量低的领域调整，逐步形成合理的工业结构，保证经济的稳步增长。2018 年，土库曼斯坦的 GDP 为 2863.11 亿元（人民币），同比增长 6.2%，具体见表 4–19。

表4–19　2010 ~ 2018年土库曼斯坦 GDP及其增长率

年限	GDP	增长率
2010	221 亿美元	9.57%
2011	292 亿美元	31.99%
2012	351 亿美元	20.29%
2013	410 亿美元	16.63%
2014	479 亿美元	16.87%
2015	357 亿美元	–17.75%
2016	361 亿美元	1.06%
2017	379 亿美元	4.83%
2018	2863.11 亿元（人民币）	6.2%

数据来源：世界银行。

4.4.4.2 经济结构

2018 年，土库曼斯坦国内生产总值增长 6.2%，商品出口规模突破 112 亿美元。实现各类基本投资 403 亿马纳特，其中 63.7% 用于生产设施，36.3% 用于社会文化设施。建设并投入使用各类项目 1704 个，总金额约 100 亿美元。与 2017 年相比，2018 年商品产量增长 5%，工资、养老金和国家津贴均有所增加。为扩大出口导向和进口替代商品产量，银行 2018 年放贷规模同比增加 10.2%，对非国有部门放贷增加 20.4%。土库曼斯坦经济结构单一，长期以来一直是苏联的原料供应地，以种植业和畜牧业为主。主要出口产品有：天然气、石油制品、皮棉；主要进口产品有：粮食、肉类、轻工业品。

石油和天然气是土库曼斯坦国民经济的支柱产业，农业主要种植棉花和小麦。2011 年，农业总产值占土库曼斯坦 GDP 的 12%。主要农产品包括冬小麦和棉花。

矿产资源丰富，主要有石油、天然气、芒硝、碘、有色及稀有金属等。该国绝大部分土地是沙漠，但地下蕴藏丰富的石油和天然气资源。天然气探明储量为 22.8 万亿立方米，约占世界总储量的 1/4，石油储量 120 亿吨。石油产量从独立前的年产 300 万吨增加到后

来的 1000 万吨，天然气年产量达到 600 亿立方米，出口 450 亿 ~ 500 亿立方米。肉、奶、油等食品也已完全能够自给自足。土库曼斯坦还新建了多座火电站，本国公民用电全部免费。土库曼斯坦大型纺织企业的产品中有 90% 用于出口，并且大部分产品已经达到国际标准，产品远销美、加、法、德、瑞士等工业发达国家。

4.4.4.3 经济基础设施

随着土库曼斯坦经济的不断发展，土库曼斯坦政府加大了对基础设施的投入力度，不断改善交通运输网络和港口设施运行能力，不仅能够满足外国投资者对“硬环境”的要求，而且还给外国工程承包公司提供了参与项目建设的机会。土库曼斯坦的交通以铁路、公路和油气管道为主。

4.4.4.4 外资与外债

土库曼斯坦石油天然气工业和矿产资源部表示，在 2015 年产品分成协议下的油气项目外国投资总额将超过 35 亿美元，2014 年为 30 亿美元。土库曼斯坦拥有大量国际储备、外债水平低并保持大量外国直接投资流入，这些可以使土在能源价格持续低迷情况下，调整其经济政策，并按阶段落实。

4.4.4.5 对外贸易

据土库曼斯坦国家统计委员会近期公布的数据显示，土库曼斯坦 2016 年第一季度 GDP 增速与 2015 年同期相比增长 6.3%，消费价格综合指数上涨 0.57%，固定资产投资增长 5.7%；外贸额下降 30.4%，其中出口下降 41.5%，进口下降 17.9%。

中土互为战略伙伴，两国关系友好，土是首批响应共建“一带一路”倡议的国家之一。中方连续 7 年保持土最大贸易伙伴国地位，自 2009 年以来，两国贸易额 5 年增长 5 倍。中国目前是土第一大天然气出口市场和投资来源国。2017 年中土双方贸易额为 69.4 亿美元，同比增长 17.6%。据中国海关统计，近年来，中国对土库曼斯坦出口商品主要类别包括：①锅炉、机械器具及零件；②钢铁制品；③电机、电气、音像设备及其零附件；④车辆及其零附件，但铁道车辆除外；⑤其他纺织制品、成套物品、旧纺织品；⑥橡胶及其制品；⑦家具、寝具等，灯具，活动房；⑧光学、照相、医疗等设备及零附件；⑨塑料及其制品；⑩木及木制品、木炭等。

4.4.4.6 金融货币

土库曼斯坦总统别尔德穆哈梅多夫在政府扩大工作会议上指示，为确保经济增速可持续发展，国家银行要加强放贷工作，在国民经济领域增加放贷 20%，私营部门和居民放贷增加 30%。总统强调，国家金融和经济领域的首要任务是保证金融形势的稳定，提高投资活力，加强本国货币稳定性和提高购买力；银行业要防止通货膨胀，将通胀指数控制在平均 6% 范围内；货币政策的首要任务要保持马纳特汇率的稳定。

4.4.5 社会环境

4.4.5.1 家庭与社会生活

1. 土库曼斯坦国家富足，物价便宜

当地实行高福利制度，居民用的水、电、气、食盐是免费的。汽油的价格是 400 马纳特 1 公升，约相当于人民币 0.15 元，这样低的油价估计很难找到第二个国家。出租车很便宜，一般情况下，从城市的一头到另一头 1 万马纳特足够（折合人民币 3.3 元）。公共汽车更是便宜得惊人，车票折合人民币 2 分钱。坐飞机飞六七百公里只要人民币十几块钱。在当地，很多人都坐着飞机去赶集。相比之下，老百姓的收入平均为 300 万马纳特左右（折合人民币 1000 元），这样的收入就能在土库曼斯坦过得很舒服了。

2. 天然气免费使用

天然气资源更是土库曼斯坦的骄傲。当地的民用天然气基本是免费的。老百姓家中都安装独立的小型燃气供暖系统，每到 11 月进入冬季后，家家户户就把小锅炉点燃直到来年开春，这期间燃气从不关闭。人们可以舒舒服服又不担心任何费用，度过一个温暖的冬天。

由于土库曼斯坦用天然气发电，因此电量也非常充足。该国曾规定，每人每月用电在 1000 度之内，都可以免费使用。因此，很多人家都用很大的电炉子做饭，烧电暖气，空调更是想开就开了。到了晚上，无论是大商场、小商铺，还是寻常百姓家都灯火通明，度数最小的灯泡是 100 瓦。很多商店即使打烊，店里的灯也都通宵亮着。

4.4.5.2 医疗卫生

近几年来，土库曼斯坦政府先后耗资数百万美元兴建了一批技术设备先进的医疗设施，并为居民提供了广泛的医疗服务。政府在 2007 年进一步扩大医疗卫生设施建设，并为每个乡镇兴建一所妇幼保健中心，其功能与阿什哈巴德的同类设施一样。阿什哈巴德建成的医疗中心已于 2005 年 12 月投入使用，并于 2006 年通过了世界卫生组织和联合国儿童基金会组织的“最佳妇幼保健医院”国际认证。土库曼斯坦政府还在阿什哈巴德南部城区的妇幼儿童保健中心和国家卫生部附近按照国际卫生标准兴建一座肿瘤诊疗中心。该中心为 12 层楼，共有 150 个床位，1 ~ 2 层设有门诊科、放射诊断科、放射治疗科、内窥镜科、活组织检验科、化疗科、化验和预测科、强化治疗科、康复科和手术室，3 ~ 4 层设有医疗科技档案室、科技图书室、实验室、药房和血库，5 ~ 11 层为住院部、儿童胸部检验室、普通肿瘤和妇科肿瘤科、头颈部肿瘤科、血液病科、化疗室和内科治疗科。头颈部疾病医疗中心是土库曼斯坦新建的大型综合医疗机构之一，内设神经外科、神经科、耳鼻喉科、眼科以及拥有 50 个床位的住院部。

4.4.5.3 教育

土库曼斯坦进行着完善国内教育体系、发展高科技的巨大工作以使其达到世界发达国家水平。《土库曼斯坦教育法》规定，在全国所有的地区实施新儿童学前机构、中学和高等学校建设工程，以提高教育体系中的质量和效率，广泛采用最现代化的信息通信技术，学校装备现代化的计算机技术和多媒体教学设备。当前土库曼斯坦有1741所学校，包括848所学前教育机构，21家高等学校，127家初等职业教育学校，27所技工学校和中等职业培训机构。根据《土库曼斯坦总统2020前全国村、乡、镇和区居民社会生活条件改善纲领》，国家的学前机构还将增加428家，中学的数量增加328所。

截至2012年2月，土库曼斯坦高校共有21所，其中大学4所，学院17所。比较著名的大学有：国立马赫杜姆库里大学、农业学院、土库曼－土尔其大学、政治学院、语言学院、军事学院、财经大学、信息通信学院、旅游学院等，主要分布在首都阿什哈巴德。另外4个州也设有高校，如达留古兹的农业经济学院、土库曼巴什的城市教育大学等。目前，在土库曼斯坦高校开设有40多个专业，240多个研究方向。值得一提的是，有许多专业和研究方向是近几年才开设的。近年来，土库曼斯坦高校的数量和招生数量逐年上升。据从土库曼斯坦教育部获悉，全国高校数量由2006年的16所增加到2011年的21所。同时，2011年高校入学率与2006年相比，增加了1.4倍多。

在土库曼斯坦教育部的监管下，国内各高校具有自主招生权。高校自主招生体现在高校自行组织、自主命题、自主选拔，采取公平定额招生方式，保证高等院校的生源。高校本科生招生考试时间是每年的8月，研究生招生考试时间是每年的2月。高校毕业生由国家负责统一分配，一般是回生源地。同时规定，本国高校毕业生必须在国内国有单位工作满两年，两年期间只发给毕业证复印件。毕业两年后，补发毕业证书正本。

从2008年3月，土库曼斯坦开始恢复研究生教育，培养高层次科技人才。土库曼斯坦国内现共有35个科研院所，即21个科研所，13所高校附属的研究机构和1个土库曼斯坦科学院历史哲学系。研究生专业涉及22个学科，有近百名专家。

4.4.5.4 科技

每年6月12日为土库曼斯坦科学节，土库曼斯坦非常重视国家科学节。2016年6月12日，在首都阿什哈巴德土库曼斯坦科学院技术中心举行了国际科学技术创新论坛。据土库曼斯坦通讯社报道，有来自俄罗斯、日本、加拿大、英国、德国、意大利、荷兰、刚果、土耳其、伊朗、以色列、保加利亚、阿塞拜疆、白俄罗斯、哈萨克斯坦、吉尔吉斯斯坦、亚美尼亚、乌兹别克斯坦、塔吉克斯坦、拉脱维亚、爱沙尼亚、乌克兰等50多个国家和地区代表及来自土库曼斯坦各科研院所、高校等代表参加本次论坛。本次论坛的主题涉及了环境保护、矿产资源与水资源管理、生态与环境保护、生物工程、数字系统、页岩气开发、水处理、抗震保护、城市管理、交通管理、公共交通、卫星技术、纳米技术、替代能源、基因工程、文物与古迹保护、微生物学、土地复垦、太阳能利用、植物学等诸多方面的实用技术与最新技术。

4.4.5.5 文学艺术

土库曼斯坦设立了一个国家特别委员会，负责鉴别本国文学作品、戏剧和电影剧本的艺术水平。该委员会隶属于土库曼部长会议，其使命是“确保电影剧本、戏剧、长短篇小说和诗歌的高质量和主题思想”，以此决定是否批准上述作品的出版、上演和拍摄。

4.4.5.6 新闻出版与传媒

土库曼斯坦公开发行的报纸有30多种。主要报纸有《土库曼斯坦报》和《中立的土库曼斯坦》，以上两报为土政府机关报。此外有《复兴报》《祖国报》《阿什哈巴德报》等。土库曼斯坦国家通讯社前身为苏联塔斯社土库曼分社，成立于1925年，1992年改为现名。未向国外派常驻记者。国家广播电视台建立于1927年，国家电视台于1958年建立。土电视台现有四套节目，主要播放土库曼语节目，其中第四频道同时用中文、土文等七种语言通过卫星转播节目。

4.4.5.7 体育设施

独立后土库曼斯坦的对旧的体育体制进行了大刀阔斧的改革，取得了可喜的成就。竞技体育方面，在各种国际中共获得近500块奖牌。全国共有近40多个体育场、2000多个体育馆和20多个游泳池。在群众体育方面为调动广大人民群众参加体育运动，在乡镇经常举办以健康为主题的体育比赛。在传统体育发展方面，恢复了具有民族特色的体育项目摔跤、跳高摸杆比赛等，并且在阿什哈巴德市建设了一座现代化的赛马场，每年4月的最后一个星期会举行庆祝土库曼斯坦独立的赛马节。

4.4.6 文化环境

4.4.6.1 语言文字

1927年以前，土库曼语用阿拉伯字母书写，后采用拉丁字母，1940年起使用西里尔字母，现又改用拉丁字母。土库曼斯坦的官方语言为土库曼斯坦语，主用语言为俄语。

4.4.6.2 重要节日

新年：1月1日；

纪念日：1月12日（纪念1881年在盖奥克太佩堡为抗击沙俄军队侵略而牺牲的土库曼人）；

国旗日：2月19日；

独立日：10月27日；

中立日：12月12日。

此外，还庆祝开斋节、古尔邦节等伊斯兰节日。

4.4.7 商业环境

4.4.7.1 市场准入情况

（1）限制或禁止的行业。土库曼斯坦对以下业务（行业）实行许可证管理制度：医疗、制药、渔业、能源产品销售、食品生产和销售、危险品储藏和运输、航空、海运和内河航运、公路运输、电力、通讯、化工产品生产和销售、建材生产、建筑、旅游、体育休闲、博彩、证券、资产评估、银行、保险、有色金属、海关报关服务、法律服务、涉外劳务、教育、出版和印刷、文化传媒。

（2）鼓励的行业。矿产资源的开采和加工、纺织业、农业及农产品加工业、其他加工制造业、基础设施建设、旅游业。

4.4.7.2 政策投资与法规

土库曼斯坦在 1992 ~ 1997 年期间建立起来的自由经济区对营造良好的外商投资环境具有重大的意义。目前，土库曼斯坦共有 10 个自由经济区。它们是马里—拜拉姆阿里、奥卡雷姆—切列肯、查尔朱—谢伊迪、巴哈尔登—克勒阿尔瓦特、达什霍武扎航空港、阿什哈巴德—安纳乌、阿什哈巴德—别兹梅因、阿什哈巴德国际航空港、谢拉赫斯和古涅什利—土库曼斯坦自由经济区。这些经济区的经营业务由 1993 年通过后在 1994 年加以补充的《土库曼斯坦的自由经济区法》协调。该法保障了土库曼斯坦外商的权利，也保障了本国投资者的权利。《自由经济区》法禁止区内企业国有化和歧视外国企业主，保证外商在缴纳税费后汇出利润和出口产品，对任何公司所获得的利润都不加限制。另外，区内企业可以独立自主地规定各种商品和劳务价格，在经营的头 3 年免缴利润税。在法定基金中份额超过 30% 的合资企业在随后的 3 年只缴纳 50% 的利润税，在此后的 10 年只缴纳 30% 的利润税。自由经济区对面向出口和技术上实行现代化的企业进行再投资的利润免予征税。

土库曼斯坦对外商的投资条件虽然不错，但也不是尽善尽美，还有许多不足之处。一是土库曼斯坦不能及时和全额清理同外商的债务，也不能及时为他们供应商品和提供相应的服务，有时没有应有的理由就要重新审议同外商签订的合同条款。美国专家认为，产生这种问题的主要原因是，土库曼斯坦不是解决投资争议国际中心的成员，它没有签署承认和履行其他国家早在 1958 年在美国纽约通过的《仲裁裁决公约》。二是土库曼斯坦同某家外国公司签订合同的最后决定权依然掌握在总统手里，具体办事机构没有决定权，而且在签订合同时政治因素往往大于经济因素。三是土库曼斯坦的自由经济区还没有全部发挥作用，真正起作用的只有阿什哈巴德国际航空港自由经济区，其余自由经济区经营积极性不高，作用不大。

土库曼斯坦相关的投资政策与法规如下：

（1）1993 年土库曼斯坦通过了《土库曼斯坦外国人租赁法》。根据该法，居住在土库

曼斯坦的外国 人的租赁范围可以扩大到土库曼斯坦蕴藏自然资源的水陆空间，进行勘探、开采和加工自然资源的工业企业，租赁期可达 5 ~ 40 年。

（2）1997 年通过的《土库曼斯坦的碳氢化合物资源法》许可外国企业主在签订《产品分割协议》的情况下参加土库曼斯坦油气矿产地的开发，并可作为合资企业的股东。

（3）《土库曼斯坦的货币兑换调节法》则有助于本国外商投资活动的开展。根据该法，土库曼斯 坦非侨民如因业务需要可自由地将本国货币马纳特兑换成硬通货。该法也许可非侨民出口早先进口到土库曼斯坦境内的某些商品，如果这些商品在入关申报单上已经申报过的话。在土库曼斯坦的外国公司购买硬通货不需要专门的许可证，但应向土库曼斯坦的某个商业银行递交申请，后者则将申请转交给土库曼斯坦货币兑换国际银行。为兑换马纳特，1996 年土库曼斯坦中央银行确定了土库曼斯坦货币兑换国际银行在提供硬通货时应考虑的标准。该标准为下列业务活动需要兑换货币的外国公司提供了方便：投资活动；购买原料、设备、配件和生产所需的其他材料；支付贷款债务和国际协议规定的其他债务；执行土库曼斯坦政府同意签署的合同。但在非侨民进口到土库曼斯坦的商品的销售收入获得之前，土库曼斯坦中央银行则限制他们将存放在土库曼斯坦银行账户上的马纳特兑换成硬通货。

（4）《土库曼斯坦的利润所得税法》规定外商必须支付的税费有：25%的利润税，15%的红利收入税、利息收入税、版权收入税、许可证使用收入税、租赁税、6%的国际货运收入税。

（5）《土库曼斯坦的外国投资法》确保了外商投资的法律范围。该法规定了在合资企业法定资本中拥有 30%以上硬通货份额的外商免缴红利税的办法，即合资企业在外商没有收回自己最初投入的资本之前免缴利润税。此外，外商将自己的利润再投入土库曼斯坦境内的项目免缴再投资税。如果外商运进土库曼斯坦的财产是用于生产目的或是企业法定资本的一部分的话，土对其财产不征收海关规费。

4.4.7.3 商务活动

2016年1 ~ 8月份国内贸易总额达到29.75亿马纳特（约合3.5亿美元），同比增长7.5%，利润达到 3.93 亿马纳特（约合 1.67 亿美元），增长 2.35%。机关下属企业完成投资 1.25 亿马纳特（约合 3571 万美元）。

国家原料商品交易所 2016 年 1 ~ 8 月份共进行 165 次招标，签署 10821 份合同，注册合同额超过 171.2 亿马纳特（约合 48.91 亿美元）。其中，进出口贸易合同额近 96 亿马纳特（约合 27.43 亿美元），建筑合同额超过 44 亿马纳特（约合 12.57 亿美元）。1 ~ 8 月份完成投资超过 3280 万马纳特（约合 937 万美元），同比增长 65.8%。

工商会下属企业产值同比增长14.1%，利润超过460万马纳特（约合131万美元）。1 ~ 8 月共组织了 16 次展会和 18 次会议。

工业家企业家联盟所属工业企业产值达到3.867亿马纳特（约合1.1亿美元），同比增长36.4%；农副食品企业产值达5.4亿马纳特（约合1.54亿美元），同比增长34.3%；建筑安装工程完成39.2亿马纳特（约合11.2亿美元）的工作量；贸易额达71亿马纳特（约合20.29亿美元），同比增长7.5%；服务业完成产值5.9亿马纳特（约合1.69亿美元），同比增长5.6%。

2016年1～8月国家旅游委员会利润达2976.7万马纳特（约合850万美元），共接待了78467名游客，同比增长4.2%。

4.4.7.4 外国人就业限制

根据《外国公民赴土库曼临时工作条例》规定，外国公民在土库曼斯坦工作必须办理劳动许可（由其雇主办理）；土库曼斯坦移民局按照土库曼公民优先补缺原则以及外国雇工数量不超过员工总数30%的比例颁发劳动许可；许可有效期1年，如需办理延期，则雇主须在许可到期前一个月内按规定重新递交申请文件。顺延期限一般不超过1年；劳动许可不准转让其他雇主。临时在土库曼务工的外国公民从一雇主转投另一雇主必须经土移民局批准；外国公民在劳动关系中享有与土库曼本国公民同等的权利，并承担与之同等的义务。

4.4.7.5 土地所有权的限制

土库曼斯坦是中亚唯一一个土地私有权得到宪法保护的国家。2004年10月25日，在土库曼第十五届大国民会议期间，尼亚佐夫总统签署命令，批准自2004年11月1日起施行新的《土地法》，自原苏联时期到土库曼独立后在使用土地方面制订的、包括《土库曼苏维埃社会主义共和国土地法》（1990年10月12日通过）、《向公民转让土地从事农产品生产法》（1996年12月20日通过）、《外国土地租赁法》（1995年11月24日通过）在内的法律法规同时废止。

外资企业获得土地的规定，在外国法人和自然人租赁使用土地方面，新修订的《土地法》规定：

（1）外国公民、法人、外国和国际组织在土库曼只能租赁土地，且必须经土库曼斯坦总统批准。

（2）土地出租人为土库曼斯坦内阁授权的国家管理机关。只有土库曼斯坦内阁或其授权机关方可作为出租人向外国公民、法人、外国和国际组织提供土地。

（3）向外国公民、法人、外国和国际组织出租土地只能用于建筑和其他非农业需要，开设临时的商业和生活服务站点、仓库、停车场等设施。

（4）所承租土地划界和租赁合同的注册工作由国家土地资源管理机关办理。

4.4.7.6 投资限制

允许外商投资的方式包括：与土库曼法人和自然人共同参股企业；设立完全属于外国

投资者的企业、外国法人分支机构或获取现有企业的所有权；取得动产和不动产；提供贷款；取得土库曼法律规定的产权和非产权。

允许投资的形式包括：外汇、其他货币财富及土库曼货币；动产和不动产；股票、债券；任何有价值的知识产权；有偿服务；其他。

限制或禁止投资的行业：卫生、制药、渔业、能源产品销售、食品生产和销售、危险品储藏和运输、航空、海运和内河航运、公路运输、电力、通信、化工产品生产和销售、建材生产、建筑、教育、出版和印刷、旅游、体育休闲、博彩、保险、证券、资产评估、银行、有色金属、通关服务、法律服务、涉外劳务、文化传媒等。土库曼对上述业务（行业）实行许可证管理制度。

鼓励的行业：矿产资源开采和加工行业、纺织行业、基础设施建设、旅游业等。

对外资的优惠政策：土库曼对外国投资的优惠措施主要体现在海关、进出口管理、税收、签证制度等方面。

1.行业鼓励政策

政府并未对具体行业设立专项的投资鼓励政策。根据土《外国投资法》规定，外资享受的优惠政策主要包括海关优惠、进出口产品优惠、税费减免、简化签证制度等，具体见表 4-20。

表4-20 土库曼斯坦的对外资优惠政策

项目	具体优惠
海关优惠	对作为外资企业注册资本投入的财产和用于企业生产产品所需的财产免征关税和海关手续费等
进出口产品优惠	外资企业有权出口自产产品（含工程、服务）和进口自需产品（含工程、服务），无须办理许可证等
税费减免	在首批投资回收期内，以可自由兑换货币所进行的投资额占注册资本的 30% 以上的外资企业，免缴红利税，企业免征利润税；将利润用于再投资的外资企业，在首批投资回收后，对其再投资的部分予以免税；投资项目和外资企业的注册免征注册手续费；外国投资者运抵土库曼的设备、材料免征认证服务费等
简化签证制度	外国投资者、外资企业中的外籍员工及家属有权取得不少于一年的多次往返签证等
其他方面	当土有关外国投资的法律发生变化并导致外国投资者、外商投资企业享受的法律待遇降低时，外国投资者有权要求将其投资注册时适用的法律保持 10 年不变

2.地区鼓励政策

除一般性优惠政策外，土库曼政府还对在阿瓦扎国家级旅游区（属自由经济区）内开展投资活动的外国投资者提供了一系列特殊优惠。

首先，签证居留方面。在项目建设期和运营期内，为到旅游区工作的外国专家、工人加急办理入境签证和劳动许可，并免征领事和居留手续费。

其次，在税惠方面。投资项目在建设期内免缴增值税、财产税，投入运营后的头 15 年内，免缴增值税、财产税和利润税；在协议规定的期限内，参与旅游区建设的外国投资者免缴土地租赁费（但租赁期最长不超过 40 年）；投资项目免缴交易所合同注册费。

在金融、保险、交通运输方面，允许外国投资者将马纳特利润兑换成硬通货，并在完税后连同其他外汇收入自由汇往境外；在旅游区内实行特殊的外汇业务办理程序，保障现金、非现金的支出和汇款；土国家保险公司负责对外国投资者的财产进行投保；优先运输旅游区内项目建设和运营所需物资；为外国专家、工人预留部分国际和国内航班机票等。

4.4.7.7 汇率、再投资

货币：马纳特，于 1993 年 11 月 1 日由土库曼中央银行正式发行。2009 年 1 月 1 日起土政府开始发行新马纳特。截至 2019 年 5 月，1000 土库曼斯坦马纳特兑换 1984.70 人民币。

土库曼斯坦 2019 年系统地扩大了在生产和社会领域发展的投资。现在，国家在投项目建设为 1900 个。投资总额超过 480 亿美元。国家通过土库曼斯坦“外商投资”“油气资源”等法律法规对外商投资提供各项保护，包括税收、海关、签证、医疗保险等方面的支持。

4.5 塔吉克斯坦

塔吉克斯坦，全称塔吉克斯坦共和国，位于阿富汗、乌兹别克斯坦、吉尔吉斯斯坦和中国之间，是中亚五国中唯一主体民族非突厥族系的国家。该国经济相对基础薄弱，结构较为单一。1991 年苏联解体后的政治经济危机以及多年内战使塔吉克斯坦国民经济遭受严重破坏，经济损失总计超过 70 亿美元。塔吉克斯坦从 1997 年开始经济逐步回暖，并从 21 世纪伊始发行新的货币，稳定并完善国家金融体系。塔吉克斯坦国家的基本信息具体见表 4–21。

表4–21 塔吉克斯坦的国家基本信息

中文名称	塔吉克斯坦共和国	外文名称	The Republic of Tajikistan
国土面积	143100 平方公里	国庆日	1991 年 9 月 9 日
人口数量	911 万（2018 年）	人口密度	63.66 人 / 平方公里（2018 年）
所属洲	亚洲	主要民族	塔吉克族，乌兹别克族
首都	杜尚别	主要宗教	伊斯兰教
官方语言	塔吉克语	国际电话区号	+992
GDP 总计	73 亿美元 (2018 年）	人均 GDP	801 美元 (2018 年）
货币	塔吉克索莫尼		

4.5.1 简史

4.5.1.1 独立前

公元9～10世纪，塔吉克民族基本形成，是中亚的一个古老民族。9世纪，塔吉克人的民族文化、风俗习惯正是在这一长达百年的历史时期形成。10～13世纪加入伽色尼王朝和花拉子模王国。13世纪被蒙古鞑靼人征服。16世纪起加入布哈拉汗国。1868年，北部费尔干纳省和撒马尔罕省部分地区并入俄国，南部的布哈拉汗国为俄国属国。

4.5.1.2 独立后

1917年11月～1918年2月，北部地区建立了苏维埃政权，加入土克曼自治共和国。1920年布哈拉人民革命后，宣布成立布哈拉苏维埃人民共和国。1924年10月14日建立塔吉克苏维埃社会主义自治共和国，隶属乌兹别克苏维埃社会主义共和国。1929年10月16日成立塔吉克苏维埃社会主义共和国，同年12月5日加入苏联。1990年8月24日，塔吉克最高苏维埃通过共和国主权宣言。1991年8月底更名为塔吉克斯坦共和国，同年9月9日，塔吉克斯坦共和国宣布独立，确定该日为共和国独立日，12月21日加入独联体。塔吉克斯坦于1991年9月9日宣布独立后，国内各种政治、宗教、地方利益集团斗争日趋激烈，导致政局持续动荡。1992年5月，反对派组织的民兵与政府的国民卫队发生武装冲突，在纳比耶夫决定向反对派让步的情况下局势有所缓解。1992年11月，在俄罗斯、乌兹别克斯坦等国帮助下，塔吉克斯坦首都基本上恢复秩序。1992年12月，杜尚别市自卫队和吉萨尔民兵发生激烈的武装冲突。1994年2月16日，联合国驻塔吉克斯坦代表处正式成立，其任务是监督塔吉克斯坦的军事政治形势，但不能干预该国内政。1997年，根据谈判的结果，塔吉克斯坦重新进行权力组合，解散反对派的武装组织，对从事过内战和政治对抗的人实行大赦，保证难民返回家园和解除对政治活动的限制。1998年1月，反对派一度宣布暂时退出民族和解委员会，原因是政府在落实双方的协定方面未采取任何行动。2月，拉赫莫诺夫任命了反对派的一些成员为内阁部长。2000年3月31日，历时两年半的塔吉克斯坦民族和解委员会在该国顺利举行总统大选后结束历史使命，并宣布停止活动。

4.5.2 自然环境

4.5.2.1 位置与面积

塔吉克斯坦是位于中亚东南部的内陆国家（北纬36° 40’至41° 05’，东经67° 31’至75° 14’之间），国土面积为14.31万平方公里。西部和北部分别同乌兹别克斯坦、吉尔吉斯斯坦接壤，东邻中国新疆，南界阿富汗。

4.5.2.2 地形与地貌

地处山区，境内山地和高原占90%，其中约一半在海拔3000米以上，有“高山国”之称。

北部山脉属天山山系，中部属吉萨尔–阿尔泰山系，东南部为冰雪覆盖的帕米尔高原，最高的为共产主义峰，海拔为7495米。北部是费尔干纳盆地的西缘，西南部有瓦赫什谷地、吉萨尔谷地和喷赤谷地等。大部分河流属咸海水系，主要有锡尔河、阿姆河、泽拉夫尚河、瓦赫什河和菲尔尼甘河等。水力资源可观。湖泊多分布在帕米尔高原。喀拉湖为国内最大湖泊，为盐湖，海拔3965米。

4.5.2.3 气候与降水

塔吉克斯坦全境属典型的大陆性气候，春、冬两季雨雪较多；夏、秋两季干燥少雨，年降水量月150 ~ 250毫米。高山区随海拔高度增加大陆性气候加剧，南北温差较大。全境属典型的大陆性气候，1月平均气温 –2 ~ 2℃；7月平均气温为23 ~ 30℃。年降水量150 ~ 250毫米。帕米尔高原西部终年积雪，形成巨大的冰河。

4.5.2.4 资源与禀赋

塔吉克斯坦以有色金属（铅、锌、钨、锑、汞等）、稀有金属、煤、岩盐为主，此外还有石油、天然气、丰富的铀矿和多种建筑材料。铀储量居独联体首位，铅、锌矿占中亚第一位；其次有铅、锌、钼、钨、锑、锶、金矿、石油、天然气、煤、岩盐、萤石等。境内还蕴藏多种建筑材料。水力资源丰富，截至2014年位居世界第八位，人均拥有量居世界第一位，占整个中亚的一半左右，但开发量不足10%。工业产值通常占社会生产总值的一半以上。主要部门有采矿业、轻工、食品、有色冶金、化工、机器制造和电子工业 。

4.5.2.5 人口

截至2018年年底，塔吉克斯坦全国总人口911万人。塔吉克人占80%，乌兹别克人占8%，俄罗斯人占1%。此外，还有帕米尔、塔塔尔、吉尔吉斯、土库曼、哈萨克、乌克兰、白俄罗斯、亚美尼亚等民族。居民多信奉伊斯兰教，多数属逊尼派，帕米尔人属什叶派伊斯玛仪支派。

4.5.2.6 首都及主要城市

（1）首都杜尚别，位于北纬38.5° 、东经68.8° ，坐落在瓦尔佐布河及卡菲尔尼甘河之间的吉萨尔盆地，海拔750 ~ 930米，面积125平方公里。夏季最高气温可达40℃，冬季最低气温 –20℃。居民主要是塔吉克族人，其他民族有塔塔尔人、俄罗斯人、乌克兰人等。杜尚别是国家政治、工业、科学及文化教育的中心。市内街道呈长方形网格状布局，大部分建筑为平房以防地震。行政和文教科研机构在市中心，市区南部和西部为新工业区及住宅区。全市分为伏龙芝区、十月区、铁道区和中央区4个区。杜尚别市工业总产值占全国的1/3。

（2）胡占德。北部索格特州首府。位于该州北部，锡尔河畔，该地从公元7世纪就已著名。原称列宁纳巴德市。人口约15.43万，常住人口15.33万。

（3）库尔干秋别。南部哈特隆州首府。位于该州西北部，瓦赫什河平原上。人口约 5.76 万，常住人口 5 万。

（4）霍罗格。东部戈尔诺—巴德赫尚自治州首府。该市海拔 2000 米，位于该州西南部、贡特河和喷赤河汇流处附近。

（5）库利亚布。位于哈特隆州东南。1934 年称市。人口约 8.52 万人，常住人口 8.47 万人。

（6）罗贡。塔吉克斯坦共和国中西部城市。位于杜尚别市东面，在瓦赫什盆地。由于罗贡水电站的建立，从 1986 年起称市。人口约 9100 人，常住人口 9000 人。

（7）努列克。塔吉克斯坦共和国西部城市。位于杜尚别市东南，濒临瓦赫什河。人口约 1.85 万人，常住人口 1.84 万人。

（8）图尔松扎德。位于中央直属区西部，靠近乌兹别克斯坦边境。人口约 3.83 万人，常住人口 3.79 万人。

4.5.2.7 行政区划

塔吉克斯坦全国共分为 3 个州（省）、1 个区、1 个直辖市：戈尔诺—巴达赫尚自治州、索格特州、哈特隆州、中央直属区和杜尚别市。

4.5.3 政治环境

4.5.3.1 政治体制

塔独立后政局动荡。实行单一总统制，1992 年 3 月爆发内战，1997 年 6 月 27 日，在联合国及俄罗斯、伊朗等国斡旋下，拉赫蒙总统和联合反对派首领努里在莫斯科签署《关于在塔实现和平和民族和解总协定》，开始民族和解进程。1999 年 9 月 26 日，塔就修宪举行全民公决，修改条款包括保持世俗国体、允许建立宗教性质政党、实行议会两院制、总统任期 7 年等。2010 年 2 月下旬，塔举行议会下院选举，执政党人民民主党赢得了下院 63 个席位中的 43 席。

塔吉克斯坦议会称“马吉利西 · 奥利”，意为最高会议，为两院制议会，是国家最高代表机关和立法机关；上院称“马吉利西 · 米里”，意为民族院；下院称“马吉利西 · 纳莫扬达冈”，意为代表会议。上院 34 名议员，任期 5 年。其中由索格特州、哈特隆州、戈尔诺—巴达赫尚自治州、中央直属区和杜尚别市地方议会各选 5 人，总统直接任命 8 人，塔首任总统马赫卡莫夫为上院终身议员。

上院主要职能是：确定、修改、撤销国家行政区划；根据总统提议选举和罢免宪法法院院长、副院长，最高法院院长、副院长，总检察长、副总检察长等。

下院设 63 个议席，其中 41 个按地方选区由选民选出，22 个由党派选举中得票率超过 5% 的党派推选，任期 5 年。

下院主要职能是：组建选举及全民公决委员会；就法律草案提请全民公决；批准国家经济和社会发展计划；批准获取和发放国家贷款；批准总统令等。

4.5.3.2 政党

1999 年 8 月初塔联合反对派解散武装后不久，塔司法部正式解除对反对派政党活动的禁令。9月26日塔以全民公决方式通过的宪法修正案中包括允许建立宗教性质政党内容，主要有 8 个政党：

（1）人民民主党：原名人民党，1994 年 12 月 10 日成立，1997 年 6 月更名为人民民主党。其纲领是团结社会健康力量，积极参与国家管理，发展以多种所有制为基础的国民经济，改善人民生活，保障公民权利和自由，建设主权、民主、法制、世俗和统一的国家。其优先任务为巩固民族和解，发展民主社会，进行深刻的政治、经济、社会改革，致力于法制和政治文化建设，重视民族精神发展，坚决打击犯罪、恐怖主义和非法贩运毒品，反对政治、文化、地域、民族、种族、地区和宗教等任何形式的极端主义，建立友好、平等和互利关系，维护国家利益，与世界各国和国际组织发展经济、政治、文化合作。现有党员约 13 万人，在全国各大城市、区均建有分支机构。在议会下院中占有 43 个议席。

（2）共产党：1924 年成立。1991 年“八・一九”事件后停止活动。同年 9 月 21 日更名为社会党。1992 年 1 月 19 日恢复原名。1996 年 6 月塔共召开第 23 次代表大会，制定新党章，其目标为：在自愿基础上团结以自由平等的社会主义和共产主义为目标的社会各阶层代表，创造性地运用马克思列宁主义等社会进步思想成果，捍卫广大劳动人民利益。进行旨在巩固国有、集体所有和私有等所有制形式的改革，建立面向社会的市场经济，优先发展能源、交通和高新技术，提高就业率，缩小贫富差距，改善人民生活，保障人的权利、自由和全面发展。尊重社会公平和多样性，保证劳动者平等享有劳动权利和免费教育、免费医疗等社会福利，消灭人剥削人的现象。维护国家主权和独立，积极与国际社会发展互利合作。现有党员 5 万余名，在议会下院占有 2 个议席。

（3）伊斯兰复兴党：成立于 1990 年 10 月。基本宗旨是建立政教合一的伊斯兰国家，同时主张遵守含有规定国体为世俗制的现行国家宪法。该党确定的主要目标为：维护国家政治、经济、文化的独立性和领土统一与完整，实现持久和平、民族和解及塔各兄弟民族和睦共处，致力于发展伊斯兰民族和全人类的最高价值观，在此基础上复兴塔人民的文化宗教价值观，促进社会民主发展，坚决反对国家干部政策中的“任人唯亲”。该党主要社会基础在农村。现有约 4 万名党员，在本届议会下院占有 2 个席位。

（4）社会主义党：成立于 1996 年 6 月。主张社会平等，保障人权，特别是中下层劳动者的权益，反对人剥削人；促进建立法制国家，加强民主建设，改善国民经济，努力摆脱经济危机，提高人民生活水平；改革人事政策，维护社会公正，打击贪污腐败；尊重塔各民族历史、文化传统，提倡民族团结和共同发展。

此外，还有社会民主党、经济改革党、民主党、农业党等。

4.5.3.3 司法体制

塔吉克斯坦司法机关包括宪法法院、最高法院、最高经济法院、军事法院、总检察院、军事检察院及各地方法院和检察院。

4.5.3.4 对外关系

塔吉克斯坦奉行“门户开放”和大国平衡的外交政策，积极发展与中亚国家、俄罗斯、美国、欧盟、伊朗、沙特等伊斯兰国家的关系。同时，与世界其他国家发展友好合作关系，积极争取外援，维护塔独立、主权、安全和发展。塔已加入联合国、欧安组织、独联体、上海合作组织、经济合作组织、欧亚经济共同体、伊斯兰会议组织等 30 多个国际和地区性组织，2002 年 2 月 20 日正式加入北约“和平伙伴关系”计划。积极参与国际反恐、禁毒工作，倡导在联合国框架内举办“生命之水”2005 ~ 2015 十年行动有关会议，得到 140 多个国家支持。塔已与 124 个国家建立了外交关系，开设驻外使领馆、常驻代表机构 26 个。

1. 与中国的关系

1992 年 1 月 4 日塔吉克斯坦与中国建交。2011 年，中塔睦邻友好合作关系稳定发展。2017 年 8 月 30 日至 9 月 1 日，应中华人民共和国主席习近平邀请，塔吉克斯坦共和国总统埃莫马利·拉赫蒙于对我国进行国事访问。两国元首在亲切友好的气氛中举行会谈，高度评价中华人民共和国和塔吉克斯坦共和国（以下称“双方”）建交 25 年来各领域合作取得的丰硕成果，就双边关系以及共同关心的国际和地区问题深入交换意见，达成广泛共识。双方重申 2007 年 1 月 15 日签订的《中华人民共和国和塔吉克斯坦共和国睦邻友好合作条约》、2013 年 5 月 20 日签订的《中华人民共和国和塔吉克斯坦共和国关于建立战略伙伴关系的联合宣言》和 2014 年 9 月 13 日签订的《中华人民共和国和塔吉克斯坦共和国关于进一步发展和深化战略伙伴关系的联合宣言》具有重要的历史和现实意义，为两国关系长期和稳定发展奠定了坚实的法律基础。双方一致认为，2013 年中塔建立战略伙伴关系以来，两国高层交往、政治互信、互利合作达到前所未有的高水平。基于当前中塔关系发展的现实需要和两国继续积极推进各领域合作的愿望，双方决定建立全面战略伙伴关系。

双方强调，政治互信是中塔全面战略伙伴关系的重要基础。双方将继续在涉及国家主权、安全和领土完整等核心利益问题上相互支持。双方将发展中塔关系置于各自外交政策的优先方向，致力于发展全天候友谊，打造中塔命运共同体。双方重申将恪守两国签订的关于边界问题的协定和文件，坚持永久和平、世代友好原则，将中塔边界建设成为睦邻友好和相互信任的桥梁。双方重申，不参与任何损害对方主权、安全和领土完整的联盟或集团，不采取任何此类行动，包括不同第三国缔结此类条约，不允许在本国领土上成立任何损害对方国家主权、安全和领土完整的组织和团体，并禁止其活动。中方高度评价塔吉克

斯坦共和国独立以来的发展成就，坚定支持塔吉克斯坦根据本国国情自主选择的发展道路，理解和尊重塔吉克斯坦政府为保持国内稳定、促进社会经济发展所采取的措施。

双方一致认为，务实合作是两国全面战略伙伴关系的坚实物质基础，加强全方位经贸合作给两国和两国人民带来了福祉。双方全力支持并积极参与“一带一路”倡议，商定开展“一带一路”建设同塔吉克斯坦“2030年前国家发展战略”对接合作，实现优势互补和共同发展繁荣。双方一致认为，应坚定维护经济全球化，维护多边体制权威性和有效性，保障各国在国际经济合作中权利平等、机会平等、规则平等。中塔互为全面战略伙伴和重要邻国，中国是塔重要投资来源国、第一大贸易伙伴。双方积极评价中塔政府间经贸合作委员会对深化双方务实合作起到的重要作用，愿进一步发挥该委员会作用，优化两国贸易结构，丰富合作形式，拓宽合作规模和渠道，提升两国经贸合作水平。中方欢迎塔方有竞争力的产品进入中国市场。双方指出，中塔产能和投资合作取得积极进展，深化这一领域合作具有广阔前景。中方支持塔方境内工业园建设，将推动中方企业同塔方开展联合生产。双方将深化金融合作，推动在双边贸易中使用本币结算，支持两国银行机构互设，发展银行间各领域合作，为金融机构和金融合作创造良好条件。

双方将在平等互利基础上改善贸易和投资环境，根据本国法律采取有效措施保障对方国家公民和法人在本国境内的人身、财产安全和各项合法权益，鼓励和支持本国部门和企业积极参加在对方境内举办的展览会、展销会及其他贸易和投资促进活动。双方将全面加强互联互通合作，完善公路、铁路和航空运输条件。双方将共同实施铁路、公路、天然气管道等跨境基础设施项目，继续推进中塔公路修复工作。双方将加强海关领域合作，促进口岸通关及贸易便利化。双方将继续深入开展能源、资源的勘探、开发、研究、加工和运输合作，发展基础设施项目合作，采用能够降低能耗的新的节能技术，进行经济技术可行性研究，拓展风能和太阳能等可再生能源开发合作。

双方充分肯定农业合作领域成果，将发挥中塔农业合作委员会的潜力，扩大蔬菜栽培、畜牧育种和灌溉技术、农业机械、共建农业科技示范园，以及农业科研院所交流等方面合作。双方将继续推动在质检领域的合作。两国质检部门正在推动塔柠檬输华检验检疫准入工作，双方将继续加强农产品检验检疫合作。塔方将发展同中国新疆维吾尔自治区合作，最大限度发挥中塔政府间经贸合作委员会新疆—塔吉克斯坦经贸合作分委会的积极作用，利用好中国—亚欧博览会等机制和平台，将塔吉克斯坦共和国同中国新疆维吾尔自治区合作推向更高水平。

双方一致认为，“三股势力”、贩毒、网络犯罪和跨国有组织犯罪是对两国和地区安全稳定的威胁。为应对上述威胁，双方将在执法安全领域深化合作，开展对口部门间的业务情报交流。双方将加强执法安全和防务部门交流，深化情报信息共享，共同打击“三股势力”、毒品走私、网络犯罪和跨国有组织犯罪。双方同意加强执法安全部门的能力建设合作。

双方将继续扩大在双边和多边框架内的防务合作，加强在团组互访、人员培训、联合反恐等领域的务实交流。双方认为，加强防灾、紧急救灾和消除灾害后果、相关人员培训、提升行动能力等领域合作十分必要。

中塔同为丝绸之路文明古国，将共同致力于弘扬丝绸之路精神，深化人文交流，加强文化遗产保护合作，支持文化传承创新。双方愿进一步加强文化、教育、卫生、体育和旅游合作，扩大教育科研机构、新闻媒体、民间友好组织、文艺团体和青年组织友好交往。双方对教育领域合作快速发展表示满意。中方欢迎塔方学生来华学习，并愿为塔提供年度留学生名额，为塔优秀留学生提供中国政府奖学金，协助在塔汉语教学，办好孔子学院。双方认为，中塔科技合作潜力巨大。双方将继续发展两国科技领域特别是高新技术领域的互利合作，加强两国科研机构和高校的联系，制定和落实联合科研教学项目。中方欢迎塔方参加中方举办的各类科技培训班。双方将推动两国地方和友好城市间开展交流与合作，欢迎中华人民共和国陕西省与塔吉克斯坦共和国哈特隆州、中华人民共和国山西省太原市与塔吉克斯坦共和国索格特州胡占德市建立和发展友好省州和友城关系。

2. 同俄罗斯的关系

塔吉克斯坦优先发展同俄罗斯的关系，1992 年 4 月，两国建交。

4.5.4 经济环境

4.5.4.1 经济计划及发展状况

塔吉克斯坦经济基础薄弱，结构单一。苏联解体后的政治经济危机以及多年内战使塔国民经济遭受严重破坏，经济损失总计超过 70 亿美元。1995 年塔吉克斯坦开始实施《深化经济改革和加快向市场关系过渡的紧急措施》和《1995~2000 年经济改革纲要》，确立了以市场经济为导向的国家经济政策，并推行私有化改制。1997 年塔吉克斯坦国民经济开始步出低谷，呈现出恢复性增长。2000 年 10 月成功发行国家新币索莫尼，初步建立国家财政和金融系统，开始逐步完善税收、海关政策。2003 年，塔政府制订国家工业发展政策，有效利用国家资源优势，加大生产技术革新力度，逐步提高产品加工水平和产品竞争力。2005 年新一届议会选举之后，经济继续保持着平稳的发展态势，连续多年的通货紧缩局面得到改善，人均收入开始有所增加，各项经济指标均有所回升。2008 年全球金融危机对塔经济造成一定冲击，塔吉克斯坦政府采取系列应对措施，随后塔经济逐渐增长。但另一方面因本国经济规模相对较小，其发展对国际社会依赖甚重，塔全面恢复并开始大力发展经济。2011 年塔经济仍保持增长态势，GDP 为 65.23 亿美元，同比增长 7.4%。人均收入增加，工业生产增加，外贸额大幅增加；同时能源短缺和缺乏支柱产业问题日益突出，外债压力大。2014 年，GDP 为 92.4162 亿美元，同比增长 8.64%。据统计数据，2018 年，塔吉克斯坦国内生产总值为 688.44 亿索莫尼（约合 73 亿美元），同比增长 7.3%。其

中，农业产值占国内生产总值的比重为 18.7%，工业为 17.3%，贸易为 14%，交通运输为 10.8%，税务为 10.6%，建设为 9.7%。2010 ~ 2018 年塔吉克斯坦 GDP 及其增长率，具体见表 4-22。

表4-22 2010~2018年塔吉克斯坦 GDP及其增长率

年限	GDP（单位：亿美元）	增长率（%）
2010	56.4222	13.31
2011	65.2275	15.61
2012	65.2275	15.61
2013	85.0661	11.44
2014	92.4162	8.64
2015	78.5460	–14.96
2016	69.5267	–11.48
2017	71.4644	2.79
2018	73	7.3

数据来源：世界银行。

塔吉克斯坦政府非常重视经济发展规划的制定和实施，2004 年塔吉克斯坦发布《2015 年前塔吉克斯坦共和国经济发展纲要》，纲要提出：塔吉克经济发展在 2015 年前分成三个阶段：2001 ~ 2005 年，塔吉克斯坦处于防止经济衰退和走出危机阶段，平均经济增速为 9% ~ 10%，这一阶段目标已基本实现；2006 ~ 2010 年处于经济和金融全面稳定阶段，经济增速不低于 10%，这一阶段目标受国际金融危机的冲击未能实现，实际经济平均增速为 6.6%；2011 ~ 2015 年属于经济稳定增长阶段，最初年均经济增速定为不低于 10%，随后根据对规划实施情况进行的评估和国内外经济环境的变化，塔吉克斯坦对经济增长目标进行了修订，GDP 增长速度下调为 7%，体现了一定的前瞻性，2013 年塔吉克实现经济增速 7.4%。塔吉克斯坦资源丰富，市场开放，政局稳定，社会经济稳步发展。该国经济呈现较好的发展势头，2018 年 1 ~ 2 月，中塔双边贸易额 1.96 亿美元，同比增长 38.4%，其中中方出口额 1.84 亿美元。

2007 年，塔吉克斯坦制定了出口、能源、交通运输、粮食安全等相关领域的发展规划，同时颁布了相关的配套法律。规划的核心内容：对塔吉克斯坦当前的人口、就业和失业、交通、劳动力、粮食安全、能源等 12 个领域的现状和问题进行了描述，指出这些问题是导致塔吉克斯坦经济落后、人民贫困的根源，也是未来发展需要突破的主要瓶颈。该战略规划了塔吉克斯坦有关优先发展领域和实现经济可持续发展的总体方向，明确了交通、能源和粮食安全三大发展战略，确定了工业、建筑、交通、通信和中小企业等领域 129 个经济发展指标的目标值，还对消费、外贸、社会、科技、环境保护和投资环境、财政金融体制等重点领域进行了规划。

4.5.4.2 经济结构

据塔吉克斯坦共和国统计署统计资料，2013 年，国内生产总值中，工业占 13%，农

业占21.1%，服务业占43%。根据产业结构划分，第一产业占21.1%，第二产业占23.2%，第三产业占55.7%。2013年塔吉克斯坦投资占GOP的比重为10.2%，消费占GOP的比重为15.7%。2015年塔GDP总额为78.52亿美元，同比增长6%，经济增速同比下降0.7个百分点，经济下行速度有所加大。其中工业增长11.2%，农业增长3.2%，固定资产投资增长21.2%，零售贸易总额增长5.5%。塔外贸总额为43.26亿美元，同比下降18%。塔消费价格指数为5.1%，失业率为2.5%。2015年1～9月，塔自俄罗斯劳务移民汇款10.54亿美元，同比下降65.1%。截至2015年6月底，塔外汇储备为4.5亿美元；截至2015年年底，外债余额约为21.91亿美元，占塔GDP比重为27.9%。2015年塔本币索莫尼兑美元贬值41%，全年索莫尼兑美元平均汇率为1美元：6.1645索莫尼。

（1）工业。2011年塔工业产值为16.45亿美元，同比增长5.9%。其中采掘、加工和水电气生产各占12.8%、67.2%和20%。塔基础工业部门食品和纺织业分别占28.3%和18.5%。采掘业增长较快，同比增长36%。有色冶金是塔重要产业，受能源供应不足及电价上涨等因素影响较大，出现萎缩，同比下降15.8%。

塔吉克斯坦有褐煤、岩煤、焦炭和无烟煤等，探明储量共计46亿吨。焦炭质量及储量都属中亚之最，煤炭含硫量小，为0.1%～2%，储量14亿吨，是精炼油脂金属不可缺少的燃料，主要分布在艾尼区。塔吉克斯坦无烟煤质量等级排名世界第二，储量515万吨。

（2）种植业。种植业占农业总产值的70%，植棉业在农业中举足轻重，尤以出产优质细纤维棉花闻名于世，棉花单位面积产量在原苏联各共和国中居首位。40%的可耕面积用于种植棉花，养蚕业较发达。此外，还种植柠檬、甜柿、红石榴等水果和少量的水稻、玉米、小麦等。主要出口商品为铝锭、皮棉和纺织品，主要进口商品为铝生产原料、石油产品、机器与设备。进口的66%来自独联体国家，出口的65%是非独联体国家。

（3）农牧业。塔吉克斯坦农业分为个体经济、集体农庄和公有经济。塔吉克斯坦农业私有化改造之后，个体经济逐渐占据塔农牧业的主要地位，但农用机械和技术的缺乏已严重制约着塔吉克斯坦农业的发展，只有59%的农用拖拉机可以使用。2011年塔吉克斯坦农牧业总产值比上年增长7.9%，达148.53亿索莫尼，其中种植业产值108.94亿索莫尼，同比增长8.2%，畜牧业产值39.58亿索莫尼，同比增长7.0%。影响塔吉克斯坦农业发展的资金和技术等问题仍未得到解决。

4.5.4.3 经济基础设施

（1）供水排水业。长期以来，塔吉克斯坦城乡居民供水设施失修。全国只有一半的居民通过供水管道获得生活用水，其中30%的管道已经严重损坏。塔吉克斯坦排水系统情况更糟。排水渠基本上是露天的。近年来，塔吉克斯坦先后使用国际货币基金组织1700万美元、世界银行出资2400万美元，伊斯兰发展银行提供1000万美元贷款和援助对杜尚别供水系统进行改造，目前，塔吉克斯坦首都供水情况已大为改善。但其他城市和乡村的

供水和排水问题依然突出，成为国际援助的主要领域。

（2）建筑业。塔吉克斯坦近年来房地产建设速度加快，带动城市面貌发生明显改变。塔吉克斯坦利用俄罗斯和阿迦汗基金会投资，在首都建成几家高档酒店。目前土耳其、伊朗、印度、俄罗斯等国都在积极参与塔吉克斯坦基础设施建设。中国新疆海力公司从 2006 年起在塔吉克斯坦首都杜尚别兴建住宅楼，共建成 14300 平方米，住宅近 100 套，商铺 1300 平方米。2011 年 9 月由中国新疆建工集团第三建设工程公司承建的塔吉克斯坦国家图书馆正式投入使用，该建筑位于市中心的索莫尼广场，为塔吉克斯坦独立 20 周年献礼工程。2012 年该公司承建的塔吉克斯坦外交部大楼已交付使用。2013 年塔吉克建筑业投资 17.94 亿索莫尼，约合 3.77 亿美元，同比增长 18.2%，占塔吉克斯坦固定资产投资总额的 31.5%。

目前塔吉克斯坦大中城市在住房、公共设施、食品加工、轻工业生产厂房建筑方面和危旧房、城市住宅开发方面需求量很大。外国承包商在塔境内承包工程的范围很广，包括居民住宅开发，修路、修桥，承包商业、服务业、医疗部门的房舍建设以及食品加工、轻工业等生产领域的厂房和城市公共设施的建设改造等。塔吉克斯坦除塔铝外，大型企业很少，在国际上的地位有限。

4.5.4.4 外贸与外债

塔吉克斯坦国内债务规模较小，并且保持在稳定的状态，约占当年 GOP 的 2.3%，主要用于支持农业生产、平衡国家预算等。塔吉克斯坦截至 2013 年年底，塔吉克的外债总额为 21.62 亿美元，占塔吉克斯坦当年 GOP 的 25.4%。塔吉克斯坦外债的来源有多边债务 (约占 50%)、双边债务 (约占 48%) 和其他 (2%)。在多边债务中世界银行、亚洲发展银行和国际货币基金组织所占比重将近 80%；在双边债务中，所欠中国债务占 84%。塔吉克斯坦外债的用途主要用于公路建设、基础设施及粮食进口。2013 年偿付债务本金 1 亿美元，利息 0.33 亿美元。塔吉克举借外债的规模和条件受到 IMF 的限制，规定其外债规模不得超过塔吉克斯坦 GDP 的 40%，塔吉克斯坦政府严格执行这一限制，因而影响塔吉克斯坦举债规模。

4.5.4.5 对外贸易

2011 年塔吉克斯坦对外贸易总额达 44.43 亿美元，同比增加 15.4%。与中国的贸易额为 6.61 亿美元 (塔海关统计数)，其中对华出口 4.07 亿美元，进口 2.55 亿美元。塔出口商品主要是非贵重金属及其制品，占出口总额的 54.6%；进口以交通工具机械设备、矿产品及化工产品为主，分别占进口总额的 20.8%、22.8% 和 15.4%。塔吉克斯坦主要贸易伙伴国是俄罗斯 (10.31 亿美元)、中国 (6.61 亿美元)、土耳其 (6.19 亿美元)、哈萨克斯坦 (4.70 亿美元)、伊朗 (2.41 亿美元) 和乌克兰 (1.64 亿美元)。据塔吉克斯坦统计署统计，2018 年 1 ~ 5 月，塔吉克斯坦外贸总额约为 17 亿美元，同比增长 22%。其中，出口额约 4.29 亿美元，同比增长 13.3%，进口额约 13 亿美元，同比增长 25%，外贸逆差约 8.25 亿美元。2018 年 1 ~ 5 月，塔主要出口商品有矿产品、纺织原料、贱金属及其制品，主要进口商品有交通工具、机械设备、矿产品。塔主要贸易伙伴依次为俄罗斯（贸易额为 3.85 亿美元）、哈萨克斯坦（贸易额为 3.45 亿美元）、中国（贸易额为 2.6 亿美元）。

4.5.4.6 金融货币

塔吉克斯坦从 1997 年开始经济逐步回暖，并从 21 世纪伊始发行新的货币，稳定并完善国家金融体系。2013 年底，塔吉克斯坦外汇储备总额 10.72 亿美元。2013 年塔吉克斯坦通货膨胀率为 3.7%。塔吉克斯坦中央银行与 IMF（国际货币基金组织）进行谈判，借款 5 亿美元，IMF 向塔提出一系列条件，如停止外汇管制、进行金融机构改革等。同时，塔拟向世界银行借款 3000 万美元，向欧亚基金借款 2000 万美元。2015 年 12 月，亚洲开发银行已向塔提供 6000 万美元财政支持。

4.5.5 社会环境

4.5.5.1 家庭与社会生活

（1）服饰。塔吉克人传统的民族服装以棉衣和夹衣为主，没有分明的四季换装。男子着肥大的白色衬衫、灯笼裤、外罩一件宽大长袍，腰束腰带或方巾，头戴绣花小帽或缠头巾，脚穿软质皮靴。女子穿一种类似丝绸做成的灯笼裤，配长衬衫或外罩彩裙，头扎白纱巾或丝绸巾，或戴绣花小帽，饰物有珠子、珊瑚项链、手镯、耳环等。

（2）礼节。塔吉克人十分重视礼节，这对老人更是倍加尊重。幼辈见长者要问安，亲友相遇时要握手、抚须，即使遇到不相识的人也要问候，将双手拇指并在一起道一声好。塔吉克妇女穿戴和装饰比较讲究。

（3）饮食。塔吉克人每日三餐都离不开馕，喜食酥油、酸奶、奶疙瘩、奶皮子等，还喜欢喝奶茶。他们爱吃抓饭，喜欢羊肉汤，并以羔羊肉做的汤为最好。他们非常喜欢中国菜肴，用餐惯于以手抓食取饭。

4.5.5.2 医疗卫生

塔吉克斯坦现有的医疗机构和医疗资源还不能满足人民的需要，是全国最缺少资金的行业。塔吉克斯坦没有医疗保险制度体系，看病要支付少量现金，除少数援助药品由医院和医疗机构无偿发放外，药品一律需要到药店自购。塔吉克斯坦卫生部得到政府的授权，已制定《塔吉克公民资源医疗保险法》草案。

据世界卫生组织统计，2011 年塔吉克斯坦全国医疗卫生总支出占 GDP 的 5.8%，按照购买力平价计算，人均医疗健康支出 120 美元。2006 ~ 2013 年间，平均每万人拥有医院床位 55 张。

4.5.5.3 教育

2011 年，塔吉克斯坦实际教育经费为 11.51974 亿索莫尼，约占国内生产总值的 4.7%。全国学前教育机构共 485 所，市立机构 339 所，村立机构 146 所，学前儿童人数 5.75 万。中小学校 3817 所，其中小学 1455 所，中学 2220 所，私立学校 135 所，补习夜校 7 所，在校学生共 169.1 万人，教师 9.61 万人。

截止 2014 年塔全国现有各类高等学校 33 所（包括分校），主要高等院校有：塔吉克斯坦国立大学（1948 年建立，4 个大系、80 个专业）、塔吉克斯坦技术大学、塔吉克斯坦师范大学、斯拉夫大学（1993 年俄、塔联合建立）、胡占德大学（1997 年建立）、塔吉克斯坦经济学院、塔吉克斯坦农业大学、塔吉克斯坦医科大学、库尔干秋别国立大学、库利亚布国立大学、霍罗格国立大学等。塔现有各类科学研究机构 56 所，其中杜尚别 42 所，中等职业技术学校（包括分校）52 所。

4.5.5.4 科技

塔吉克斯坦科学院是塔吉克斯坦最高科研机构，位于首都杜尚别，成立于 1951 年，是苏联科学院的分院。科学院系统内设立 3 个分部及 20 个科研院所。

4.5.5.5 文学艺术

塔吉克斯坦历史文化底蕴深厚，塔吉克人是中亚最古老的土著居民。塔吉克斯坦的文豪鲁达基（858–941) 是波斯文学史的“诗歌之父”。

4.5.5.6 新闻出版与传媒

截至 2014 年全国有报纸 176 家，但正常运行的有 45 家，主要有：《亚洲之声报》，私人媒体；《人民报》，原为《塔共中央报》，现为塔政府报；《杜尚别晚报》，私人媒体；《人民论坛报》，执政党（人民民主党）党报。

塔通社为国家通讯社，1993 年成立，有员工约 60 人，注册记者 17 人。

截至 2014 年全国有广播电台 15 家，主要的有 6 家，1 家国有电台和 5 家独立电台。“国家广播电台”，1993 年成立，使用波斯语广播；“亚洲之声广播电台”，1996 年成立的私人电台，24 小时用俄语广播；“自由广播电台”，2004 年俄罗斯人投资建立的私人广播电台，24 小时用俄语广播。塔所有电台均不使用短波广播，在塔境外无法收听。

“塔国家电视台”规模最大，1993 年建立，每天使用波斯语和俄语播放。塔所有独立电视台均租用“国家电视台”的频道播放自己制作的节目，没有自己的发射装置。

4.5.5.7 体育设施

独立后塔吉克斯坦共和国体育事业的发展也取得了一定的成就，有直属国家的体育学院，并且在高等学校中还设有体育系。这些体育学院况系为国家培养了大批的各类体育人才，极大地促进了体育事业的发展。由于山地占全国总面积的 93%，以及半数地区在海拔

3000 米以上的特殊地理位置和自然环境形成了独特的民族传统体育项目，在节庆日里各族群众广泛参与赛马、叼羊、摔跤、赛牦牛等传统体育项目。

4.5.6 文化环境

4.5.6.1 民族

塔吉克斯坦共和国是个多民族国家，目前已有 86 个民族。主体民族为塔吉克族占 68.4%、乌兹别克族占 24.8%、俄罗斯族占 3.2%。此外，还有鞑靼、吉尔吉斯、乌克兰、日耳曼、朝鲜、哈萨克、格鲁吉亚、亚美尼亚等其他民族占 3.6%。

4.5.6.2 语言

波斯语（属印欧语系伊朗语族）为国家语言，俄语为族际交流语言，也为上海合作组织工作语言。此外还流行乌兹别克语。

4.5.6.3 重要节日

传统的春节是每年的 3 月 21 日（波斯历法），在波斯历法中这一天是旧岁的终结和新年的开端。农村热闹的春耕仪式，是春节庆贺活动的最高潮。在节日里人们要走亲访友，互赠早开的春花。这一节日源于古代波斯，已有 2700 年历史。塔吉克斯坦的重要节日具体见表 4-23。

表4-23　塔吉克斯坦的重要节日

时间	节日
1 月 1 日	新年
3 月 8 日	国际妇女节
3 月 21 或 22 日	纳福鲁斯，即当地新年（按当地的历法）
5 月 1 日	国际劳动节
5 月 9 日	胜利纪念日（战胜德国法西斯纪念日）
6 月 27 日	民族统一与和解日
9 月 9 日	独立日
11 月 6 日	宪法日
一年一次（按当地历法）	肉孜节
一年一次（按当地历法）	古尔邦节

4.5.7 商业环境

4.5.7.1 市场准入情况

塔吉克斯坦实行对外开放的经济政策，有利于中国公司参与其经济建设。塔吉克斯坦在原苏联时代社会经济发展相对落后。近年来塔吉克斯坦政府在国际社会帮助下，致力于

恢复和发展落后的经济状况。为发展经济，塔吉克斯坦奉行开放的对外经济政策，积极寻求国际社会援助，开展对外经济合作，努力改善投资环境。塔吉克斯坦社会经济发展现状为中资企业进入塔吉克斯坦市场参与塔吉克斯坦经济建设提供了条件。近年来，中塔两国贸易增长迅速，中国工程建设企业已成为当地工程承包市场的重要力量，中国对塔投资领域获得重大进展。塔吉克斯坦鼓励吸引外资参与国家建设，目前塔吉克斯坦对BOT方式尚无具体法律规定，但在实际操作中根据投资双方协议可使用该种方式进行投资合作。目前，在塔吉克斯坦开展BOT的外资企业来自伊朗。2006年塔吉克桑格图特–2号电站建设正式启动，伊朗公司投资1.8亿美元，塔吉克投资4000万美元，双方商定电站投产后在12.5年内的收入归伊朗方面，12.5年后该电站转为塔吉克资产。2011年9月，该电站1号机组投入使用，2号机组于2013年3月投产。

4.5.7.2 政策投资与法规

自独立以来，塔吉克斯坦在吸引外国投资、扶持市场和发展商业、金融及银行体系等方面已经出台了一系列法律法规和优惠政策。目前，达吉克斯坦经贸部位外资管理部门，协调管理国民经济各个领域的引资活动，制定引资政策和法规；对外宣传投资环境，介绍引资情况；向外国投资者提供咨询和指导，推荐具体投资项目等。重大因子项目则由塔吉克斯坦经贸部同财政部共同论证后提交塔吉克斯坦政府审定。塔吉克斯坦财政部主要负责审核外资企业的可行性论证，监督外资企业投资资金到位情况，审核外资企业的投资额、形式、期限和效益等，向外资企业出具财务鉴定，并就外资企业破产提出建议。外资企业的注册登记须经过塔吉克斯坦财政部出具财务登记和塔吉克斯坦司法部审核同意后在塔吉克斯坦国家公证处进行。

塔吉克斯坦有关投资方面的法律有:《塔吉克斯坦外国投资法》《塔吉克斯坦对外经济活动法》《塔吉克斯坦有价证券和证券交易所法》《塔吉克斯坦股份公司法》《塔吉克斯坦国家私有化法》等。

塔吉克斯坦有关外国投资的政策主要规定：

（1）根据法律规定，外国投资者和对外经济活动主题，不分所有制形式，其权利、利益和财产一律受到法律保护。

（2）国际鼓励外国投资者参与塔吉克斯坦国民经济私有化进程，外国投资者可按照法律程序购买塔吉克斯坦国有资产。

（3）外国投资者和外资企业依法可在一定期限内使用（包括租赁）土地；按照法律规定，土地使用期限最长为10年。

（4）外资不得被征用或收归国有。

（5）外国投资被强行中断时，外国投资者有权要求对其投资及其收益给予赔偿。

（6）外国投资者可将其投资所得的合法收入以外币形式汇往国外；外国投资者可按外汇买卖程序，将其银行账户上的本币兑换成外币。

（7）外国投资者有权决定其产品或服务价格和销售，有权选择供货商。

（8）外国投资者可按照规定程序在塔吉克斯坦境内，也可在国外建立子公司、分支机构、代表处等。

塔吉克斯坦为保护双边投资、避免双重征税，塔吉克斯坦与许多国家签署了相互投资保护协定等，还对外资企业实施税收优惠政策。

4.5.7.3 外国人就业限制

塔经济落后，就业岗位少，许多青壮年不得不到国外打工谋生。长期在俄罗斯、伊朗、土耳其的劳动移民约有 80 万。因此，塔对外来移民控制较严，一般不发给长期居留许可。

4.5.7.4 土地所有权的限制

塔吉克斯坦征收土地税的具体方法如下：

（1）企业用地：杜尚别市为每公顷 400 索莫尼；胡占德、库尔干秋别、库利亚布为 300 索莫尼；中央直属区各城市和霍罗格市为 200 索莫尼；其他城镇为 150 索莫尼。

（2）个人建筑用地：面积不超过 800 平方米遵照当地企业用地征收；超过 800 平方米但不超过 2000 平方米的，其中 800 平方米面积按照企业用地征收，超过部分按两倍征收；面积超过 2000 平方米的，其中 800 平方米的面积按照企业用地征收，1200 平方米的面积按两倍征收，其他部分按 5 倍征收。

4.5.7.5 投资限制

外资主要投入领域是公路修复、能源开发及贵金属矿开采和加工、食品加工业、发展中小企业等。目前塔吸引外资的重点领域是水电站建设、公路修复及隧道建设、通信网改造、矿产资源开采和加工、农产品加工等。

4.5.7.6 汇率、再投资

投资者完税后有权将塔吉克斯坦本国货币自由兑换成其他货币，同样可认购其他外币用于支付塔吉克斯共和国境外业务。投资者的外汇业务应符合塔吉克斯坦共和国《外汇调节和外汇监督法》。为防止非法收入合法化，塔依照有关法规将对投资者汇出和汇入塔吉克斯坦的外汇进行限定。

再投资指把在塔吉克斯坦共和国境内投资活动所得利润作为投入的行为。纳税后投资者可以自行决定在塔境内进行利润再投资。再投资时，投资者仍然享受本法规定的权利保护、保障和优惠政策。

第五章　中国与中亚各国合作的SWOT分析

5.1　中国与中亚各国合作的S分析

5.1.1　中亚地区能源丰富

近年来，中国与中亚国家在能源领域的合作取得了积极进展，中哈原油管道一期、二期已投入使用；中国—中亚天然气管道也于2009年年底实现单线竣工投产；中国企业正在积极参与中亚国家陆上、里海、咸海油气区块开发等项目。此外，中国核工业集团公司、中国广东核电集团在天然铀领域与哈、乌建立了合资企业。与此同时，中国与中亚国家的非资源领域合作不断深入，双边经济合作也开始向金融、农业、电信、基础设施建设、高科技等非资源领域拓展，一系列大型合作项目都在顺利实施或在积极探讨之中。中国与中亚国家经济技术合作规模不断扩大，各国间经济联系和相互依存进一步增强。中亚地区已成为中国企业开展境外投资和经济技术合作的热点地区，合作潜力巨大。

5.1.2　相互投资日益扩大，经济技术合作取得显著进展

中国与中亚国家在能源、交通、电力、矿产、农业等领域的经济技术合作取得积极进展，一批大型合作项目启动实施，中国对中亚投资规模和合作领域不断扩大。2018年中国与中亚国家的经贸合作更加紧密，并面具备一些有利条件：中亚国家与中国支持经济全球化的立场一致；中国在中亚国家的经贸伙伴排序上不断上升；中亚国家积极主动融入“一带一路”建设，并与中国实施战略对接，共同制定合作发展规划；中亚国家间的关系明显改善，有利于中国与中亚开展互联互通、基础设施、油气能源等领域大型的多边经济合作项目；中亚国家竞相发展连接中国与欧洲、中国与西亚和南亚的经济走廊建设，通道经济效益初显；中亚国家逐步放宽对中国的签证和移民制度，有利于双方投资与旅游合作。

5.1.3　双边贸易发展总体趋势向好,商品结构不断改善

中国与中亚五国建交以来，经贸合作取得了快速发展。建交之初的1992年，中国与五国的贸易额仅为4.6亿美元。2001年，上海合作组织成立以后，贸易额保持快速增长。2008年的贸易额已达308.2亿美元，增长了近66倍。受国际金融危机影响，2009年中国与中亚五国双边贸易额为235.4亿美元，与上年相比，下降了23.6%。(其中中国出

15166.7 亿美元，下降 26.3% ；进口 68.7 亿美元，下降 16.5%) 哈萨克斯坦是中国在中亚最大的贸易伙伴 (2009 年为 140 亿美元)，其次为中吉 (52.8 亿美元)、中乌 (19.1 亿美元)、中塔 (14.0 亿美元)、中土 (9.5 亿美元)。2009 年贸易额下降主要是受到市场需求和价格下降因素的影响，中国与中亚国家经贸合作发展的趋势并没有改变。2009 年，中国自中亚国家进口原材料商品数量有较大增长，中国在中亚各国外贸中的份额均有不同程度的增加。中国在中亚各国贸易排名进一步提前，中国已分别成为哈、乌、吉、塔的第二大贸易伙伴，土的第四大贸易伙伴。2010 年 1 ~ 4 月中国与中亚国家贸易额已出现大幅回升，达到 87 亿美元，增长 26%。能源、原材料产品仍是中国进口的主要产品，近年来中国自中亚进口了大量的石油、天然气、天然铀、棉花、铁矿石、铜等有色金属。2009 年中乌之间专门签署了《长期贸易协议》，保证乌原材料产品对华出口。另一方面，中国出口的商品结构也有所改善，除传统的纺织、服装、日用轻工产品外，机电、高新技术产品比重稳步上升 (接近 40%)，成为推动双边贸易快速增长的新动力。随着各国应对国际金融危机措施积极效应的逐渐呈现，双边经济技术合作的不断深化以及一批大中型双边项目的逐步实施 ，双边贸易规模会进一步扩大，贸易结构将继续得到优化，中国与中亚国家经贸合作蕴藏的巨大发展潜力必将得到进一步发挥。

2017 年，中国与中亚地区“一带一路”国家的进出口总额是 360 亿美元，较 2016 年增长 19.8%，是中国与“一带一路”国家贸易增长最快的区域，占中国与“一带一路”国家进出口总额的 2.5% ；其中出口额 214.7 亿美元，较 2016 年增长 19.4%，占中国对“一带一路”国家出口额的 2.8% ；进口额 145.3 亿美元，较 2016 年增长 20.4%，占中国自“一带一路”国家进口额的 2.2%。自 2014 年起，中国对中亚地区由贸易逆差转为贸易顺差且呈逐年扩大趋势。

2017 年哈萨克斯坦贸易额达 180.0 亿美元，占中国对中亚地区进出口总额的 50.0%，土库曼斯坦、吉尔吉斯斯坦的贸易额占中国对中亚地区进出口总额均超过 15%。进出口总额增长的贸易伙伴分别是哈萨克斯坦、土库曼斯坦、乌兹别克斯坦，较 2016 年增速分别为 37.9%、17.6%、16.2%，与塔吉克斯坦、吉尔吉斯斯坦的进出口总额出现下降，降幅分别为 21.2%、4.5%。2017 年，中国对中亚地区 5 个国家的出口额排名是哈萨克斯坦、吉尔吉斯斯坦、乌兹别克斯坦、塔吉克斯坦和土库曼斯坦，出口额分别是 116.5 亿美元、53.6 亿美元、27.6 亿美元、13.2 亿美元和 3.7 亿美元，占中国对中亚地区出口额的比重分别为 54.3%、25%、12.9%、6.2% 和 1.7%。哈萨克斯坦是中国在中亚地区最大的出口市场。

相比于 2016 年，2017 年中国对哈萨克斯坦和乌兹别克斯坦的出口额大幅增长，增幅分别为 41.1% 和 35.7%，对土库曼斯坦的出口额出现小幅增长，对塔吉克斯坦和吉尔吉斯斯坦的出口额出现了下降，降幅分别为 22.5% 和 4.8%。

2017 年，中国自中亚地区 5 个国家的进口额排名是土库曼斯坦、哈萨克斯坦、乌兹

别克斯坦、吉尔吉斯斯坦和塔吉克斯坦，进口额分别是 65.8 亿美元、63.5 亿美元、14.7 亿美元、0.9 亿美元和 0.5 亿美元，占中国自中亚地区进口额的比重分别为 45.2%、43.7%、10.1%、0.6% 和 0.3%。土库曼斯坦是中国在中亚地区最大的进口来源地，中国对土库曼斯坦长期处于贸易逆差。

2017 年中国自塔吉克斯坦、哈萨克斯坦、吉尔吉斯斯坦、土库曼斯坦的进口额均出现了增长，且增幅均在 18% 以上；自乌兹别克斯坦的进口额出现了下降，降幅为 8.4%。出口商品以鞋靴和类似品为主，进口商品以矿物燃料为主。2017 年中国对中亚地区"一带一路"国家出口商品主要集中在 HS 商品编码第 64 章（鞋靴、护腿和类似品及其零件。以下简称"HS64"）、第 62 章（非针织或非钩编的服装及衣着附件。以下简称"HS62"）、第 84 章（核反应堆、锅炉、机器、机械器具及零件。以下简称"HS84"），三者合计占中国对中亚地区国家出口额的 37.1%。HS64 出口额 28.1 亿美元，较 2016 年增长 23.4%，占中国对中亚地区国家出口额的 13.1%；HS62 出口额 27.6 亿美元，较 2016 年增长 23.4%，占中国对中亚地区国家出口额的 12.8%；HS84 出口额 23.9 亿美元，较 2016 年增长 23.1%，占中国对中亚地区国家出口额的 11.1%。其中，哈萨克斯坦是中国对中亚地区出口 HS64 和 HS84 最主要的出口市场，对哈萨克斯坦出口 HS64 为 16.9 亿美元，较 2016 年增长 42.2%，占 HS64 总出口额的 60.2%；HS84 出口额是 12.4 亿美元，较 2016 年增长 22.3%，占 HS84 总出口额的 51.9%。吉尔吉斯斯坦是中国对中亚地区出口 HS62 最主要的出口市场，出口额达 17.7 亿美元，较 2016 年增长 13.5%，占 HS62 总出口额的 64.2%。2017 年中国对中亚地区出口额前十的商品中，玩具、游戏运动用品及其零附件增幅超过 3 倍，主要出口到哈萨克斯坦、吉尔吉斯斯坦。

5.2 中国与中亚各国合作的W分析

深化中国与中亚国家多方合作既面临着重要的机遇，也面临着巨大的挑战。由于沿线各国经济发展水平差异较大，经济发展模式多元化，产业结构和经济特征各不相同，金融市场发展水平存在较大差异，各国对与中国合作的具体诉求差距也较大。

5.2.1 中亚各国投资环境不佳

一是中亚国家法律意识和市场经济意识普遍较差，"潜规则"盛行，审批程序较为复杂。据中国在中亚地区投资企业反映，在中亚各国办理企业审批时间较长，政府往往不按照法律法规办事，需要缴纳名目繁多的各种费用。二是中亚各国基础设施仍较落后，各国境内高速公路数量偏少，部分国家和地区存在严重电力短缺。三是中亚各国金融体系发展相对滞后，外资企业在当地融资面临较大困难，且换汇程序复杂，效率低。四是办理签证、劳务许可申请面临较大困难。五是中亚各国普遍采用威权政治体制，政局变动时有发生，加之“三股势力”相对活跃，投资面临一定的政治风险。

5.2.1.1 乌兹别克斯坦的投资环境

由于乌兹别克央行要求企业外汇收入 50% 强制结汇，而企业用汇时又很难兑换，客观上造成中国企业被迫将外汇收入在乌兹别克再投资，难以将收入汇回国内采购且进口原材料和生产设备。乌兹别克计划经济色彩浓重，与国际接轨程度低，政策法规多变，审批程序复杂，政府部门时常易人，为中国企业对乌兹别克“走出去”造成一定难度。

近年来，乌兹别克斯坦的投资环境不断得到改善。至 2020 年前，乌国将达到可持续高增长率和基本实现主要工业现代化。国内生产总值 2015–2020 年年均增幅约 8%，工业增长年均 9%，工业占国内生产总值的比重提至 28%，工业中高科技生产占比提高至 76%，新生产超过 100 类和 1000 种品种商品，人均国内生产总值超过 1 万美元。

5.2.1.2 塔吉克斯坦的投资环境

对塔吉克斯坦投资存在着一些不利因素：

（1）塔吉克斯坦交通、电力基础设施落后，与邻国关系不睦又使这一问题更加突出。企业货物运输常因自然及人为原因受阻，工程承包及投资项目的设备、原材料及产品成本较高，运输周期较长，并且经常无法按期到达，矿产开发企业不得不为道路建设和企业供电付出很大的成本。

（2）塔吉克斯坦政府部门执法过程中任意性较大，勒拿卡要等现象较为严重和普遍，使企业容易受到执法人员摆布，这在造成运营成本增加的同时，加大了在塔中资企业的经营风险，尤其是中小型企业的经营风险。塔吉克斯 坦政府部门办事效率较低，增加了经营活动中时间和金钱的损耗，也使项目启动阶段期限变长。

（3）融资难度和成本较大。塔吉克斯坦政府因财力限制，及近年举债过多，使政府主导的大型基础设施建设项目的开工受到限制，而塔吉克斯坦银行系统薄弱，获取信贷成本在本地区首屈一指，也使经营项目无法筹措到足够资金。

上述这些不利因素使在塔中资企业工程项目的获取难度加大，使投资类项目赢利困难，也使中塔贸易产品结构的层次较低。

5.2.2 双方合作过度集中于资源领域

由于要素禀赋的原因，中国和中亚各国的合作主要集中于能源矿产资源开采领域。目前，中石油、中石化、中核等大型能矿企业均已在中亚各国进行大规模投资。这种合作模式对促进中亚各国经济增长和保证中国能源资源安全发挥了重要的作用，但容易受到国际舆论乃至东道国国内的非议。目前，哈萨克斯坦、乌兹别克斯坦等国均已向中国提出在非资源领域加强合作的意愿，三国政府也签署了相关合作协议，并采取了一系列政策推动中

国汽车、服装、电子等产业赴中亚地区投资。但受制于东道国基础设施落后、配套能力差、市场环境恶劣等因素，能源矿产开采在中国和中亚五国经贸合作中占据主要地位的情况并未根本改变。

5.2.3 制度层面合作相对滞后

中国和中亚各国经贸合作的制度建设主要在上海合作组织框架下进行，近年来取得了明显的进展，成立了负责组织和协调区域经济合作的成员国经贸部长会议机制，签署了《上合组织多边经贸合作纲要》等一系列经贸合作纲领性文件等。然而，这些合作目前更多停留在宏观层面，较少涉及通关、关税减让、检验检疫、服务贸易、资格互认等具体问题，自由贸易区谈判尚未启动。同时，俄罗斯为发挥在区域合作中的主导作用，加快推进由俄罗斯、白俄罗斯、哈萨克斯坦、土库曼斯坦、塔吉克斯坦所组成的欧亚经济共同体建设，客观上也影响了中亚成员国和中国在制度层面开展合作。目前，哈萨克斯坦与俄罗斯、白俄罗斯已经结成关税同盟，货物在三国间流通已免征关税，在人员流动、统一能源市场、资格互认乃至货币一体化等领域也签署了一系列协议，其进展速度要快于中哈合作。

5.2.4 双边贸易层次仍然偏低

目前中国和中亚各国的双边贸易中，层次较低、规模较小、货物质量较差的边境贸易仍占据一定比重。这种边境贸易市场秩序很不规范，商品档次较低，多为新疆当地商人从内地转运而来的低档产品，甚至是假冒伪劣产品，对提升中国商品的海外市场知名度的积极作用不大，甚至可能影响中国出口商品信誉。同时，中亚各国有法不依现象十分严重，“灰色清关”现象一直未能根除，商品有时仍需通过不正当方式才能过关，对从商者利益造成一定损害。

5.3 中国与中亚各国合作的O分析

5.3.1 中国提出的“一带一路”倡议将给沿线各国带来新机遇

中国提出的“一带一路”倡议将给沿线各国带来新机遇。沿线各国应抓住这一机遇，强化相互合作，实现共同发展。“一带一路”建设遵循共商、共建、共享原则，不是中国自己一家的战略，而是要把中国的发展和沿线国家的发展对接，打造命运共同体、责任共同体和利益共同体，造福沿线各国人民。在推进“一带一路”建设中，中国与中亚各国应充分挖掘双方在产能合作、基础设施、地区发展、结构调整等领域的互补优势，重视“一带一路”与“光明之路”的对接，注重在基础设施、产能、经贸、能源、科技、信息、投融资等领域的合作。

5.3.2 上合组织区域经济合作取得积极进展，各成员国双边经贸合作面临新的机遇

上海合作组织成立以来，经济合作与安全合作一起构成组织发展的两个重要“车轮”。根据国务院批准，中国将分“三步走”推进上海合作组织区域经济合作进程，即推进贸易投资便利化、深化经济技术合作、提出并逐步建立上海合作组织自由贸易区的近、中、远期目标。

（1）区域经济合作的法律基础和组织机制不断完善。负责组织和协调区域经济合作的成员国经贸部长会议机制，及其框架内高官委员会和海关、质检、电子商务、投资促进、发展过境潜力、能源、信息和电信七个重点合作领域专业工作组，担负着落实峰会及总理会议在经贸领域的决议等重要任务。上海合作组织实业家委员会和银行间联合体为各国企业合作搭建了平台。

（2）成员国间贸易规模快速增长。中国与上合组织成员国间经贸合作快速增长，贸易额从 2001 年的 121 亿美元增长到 2008 年的 868 亿美元，增长 7.2 倍。各专业工作组积极开展工作，加强海关互助、海关统计等方面合作与协调；建立了技术法规、卫生和植物卫生措施信息交流的程序和机制，研究协调和完善合格评定程序的方法等。

（3）经济技术合作成果显著，区域网络初显轮廓。在中国政府优惠贷款和援助结合多、双边商业贷款融资的支持下，中国企业在该地区承揽了公路、电信、电力等基础设施建设项目，带动了大量能源、铁路、化工等大型成套设备出口，上合组织成员国成为中国企业“走出去”最具规模的地区之一。中吉乌公路、塔乌公路、塔境内输变电线等一批经济合作项目已经成功启动并在积极落实之中。随着区域内基础设施的不断完善，连接本地区的能源、交通、电信等网络已初显轮廓。

（4）金融合作不断推进。成员国金融主管部门交流增加，上合组织银联体框架内各成员行积极探讨地区融资领域合作，由中方牵头的国家开发银行开展授信和融资额度规模已超过 500 亿美元。中国与俄、吉、哈三国先后签署边境贸易本币结算协议，推进了中国与三国间的贸易合作。但随着上合组织区域经济合作的深入，双方合作难度也在不断增大。比如，目前区域经济合作缺少制度性安排，经济技术合作项目的实施主要以双边为主，各国共同参与的项目还比较少。各方对区域经济合作的模式、优先方向和利益基础还存在不同的看法。

5.4 中国与中亚各国合作的T分析

5.4.1 中国与中亚合作面临外部的竞争

俄罗斯与中亚国家在历史、社会、经济和体制等方面有着千丝万缕的联系和广泛的共

同利益。中国应该认真研究中俄合作中的中亚因素和中国—中亚合作中的俄罗斯因素。俄、白、哈已组成了关税同盟，一定程度分散了上合组织区域经济合作的动力。此外，中亚地区一直是各种势力争夺的重要地区，美、欧、日、韩等在中亚建立了对话机制，同时采取举措加强经济合作，试图扩大影响，客观上形成与上合组织的竞争。

5.4.2 中国与中亚地区合作安全性问题尚未解决

全球化作为一种世界性潮流，其发展趋势不仅限于经济领域，而且延伸至政治、文化等诸多领域，对人类社会产生了全方位的影响，使国与国之间的联系更加紧密。与此同时，安全问题也日益渗入人类生活的各个方面，表现出很强的综合性与跨国性。极端主义、分裂主义、恐怖主义、制毒贩毒、武器走私、网络安全等已经突破了以国家为边界的地域空间。在诸多非传统安全因素“无疆界”国际化趋势日益突出的背景下，许多国家开始从更广泛、更综合、多层次、多视角去思考和重新认识国家安全问题，调整国家的安全战略；与此同时各国安全利益对国际安全情势的依赖程度提升，强化了彼此之间的相互依赖性。中亚国家包括与之毗邻的阿富汗、巴基斯坦等周边环境成为国际社会尤其是“丝绸之路”沿线国家关注的重点地区。

“丝绸之路”沿线国家和区域地理形势、民族关系、宗教信仰极其复杂。地缘因素、资源价值和人文环境的综合给各种政治势力的争夺和博弈创造了空间。一些热点国家和地区发生恐怖主义、极端主义、分裂主义、毒品犯罪、武器走私案件，利用民族和宗教因素制造突发事件，破坏国家、地区安全的潜在危害较之以往呈上升趋势，其外溢不可避免影响到中亚国家和我国西北边疆。许多问题交织在一起使“丝绸之路”沿线国家和地区的安全情势引人关注。

中亚地区人口约 6500 万，有 130 多个民族，与阿富汗有 2087 公里的漫长边界；彼此之间有塔吉克、乌兹别克等民族跨界而居。随着 2014 年国际联军撤离阿富汗，中亚的“通道作用”日益凸显。阿富汗问题面临新的复杂形势，塔利班有可能卷土重来，“基地组织”有可能死灰复燃，地区的安全稳定充满诸多变数。

没有地区安全，就没有“丝绸之路经济带”沿线国家的稳定发展。目前中亚、南亚地区仍然存在着宗教极端主义和恐怖主义扩散的条件，政治腐败、社会贫困、经济失衡、教育缺失、高失业率、国家间领土与水资源纠纷、民族宗教冲突、国内政治斗争、新旧政权更替等因素，致使地区安全质量脆弱。这些问题不仅威胁着丝绸之路沿线国家的稳定发展，而且干扰破坏彼此之间的经贸合作，对中亚—中国油气管道的安全、中亚—南亚—中国的空中和陆地交通、运输以及企业的经营活动和员工安全都会形成威胁。在这种背景下倡导共建“丝绸之路经济带”与上海合作组织框架下的“反恐机制”和“安全合作机制”相结合，是确保民生安全、国家安全、地区安全和世界和平的有效途径之一。

5.5 中国与中亚各国合作的SWOT矩阵分析

中国与中亚各国合作的 SWOT 矩阵，具体见表 5-1。

表5-1 中国与中亚各国合作的SWOT矩阵分析

内部条件	优势（S）	劣势（W）
	中亚地区能源丰富	中亚各国投资环境较差
	相互投资日益扩大，经济技术合作取得显著成就	制度层面合作相对落后
	双边贸易发展总体趋势向好	双边贸易层次仍然偏低
	机会（O）	威胁（T）
	中国提出“一带一路”倡议给沿线各国带来新机遇	中国与中亚面临外部的竞争
	上海合作区域经济合作取得积极进展，各成员国双边经贸合作面临新机遇	中国与中亚地区合作安全性问题尚未解决
对策选择	SO 战略（最大最大对策）	ST 战略（最大最小对策）
	积极合作，优化合作制度	快速制定安全应对方案
	抓住机遇，进一步加强合作	深化技术领域合作
	WO 战略（最小最大对策）	WT 战略（最小最小对策）
	积极改善投资环境	将合作劣势最小化
	优化合作制度	避免环境威胁

通过中国与中亚各国合作的 SWOT 分析，笔者认为中国在与中亚五国在开展商业与经济合作的进程中要最大限度地发挥自身优势，克服自身存在的问题及不足，抓住新的发展机遇，客观、认真面对并迎接所面临的一切挑战，占据合作主导权，并积极推动合作深入发展。

第六章 中国与中亚的经济合作模式

6.1 直接投资合作

国际直接投资合作包括一个国家引进的其他国家的直接投资和在其他国家进行的直接投资。国际直接投资合作的具体方式有：合资经营、合作经营、独资经营、合作开发、境外投资企业、境外加工贸易企业、境外研发中心、境外并购、非股权并购等。长期以来，由于中亚地区地理上深处欧亚大陆之中，自然环境比较恶劣，经济发展水平相对落后，恐怖主义泛滥，政治稳定性较差，并不是外国直接投资的热点地区。但是，随着全球经济发展对自然资源需求的不断增加，中亚地区富含的石油、天然气及诸多矿产资源，逐渐成为国际资本青睐的投资对象。同时，以哈萨克斯坦为代表的中亚国家经济发展逐渐提速，引进外资的优惠政策逐步得以加强和完善，使得外国直接投资流入中亚五国的步伐不断加快。近些年，在上合组织的合作机制不断完善和合作领域不断深化的背景下，中国对中亚五国直接投资也快速发展起来，已经初具规模，并且在产业上形成了一定的分布结构特征。目前，采矿业、建筑业、制造业、批发和零售业、金融业、航空运输业等产业，是中国企业对中亚五国直接投资的主要产业。

6.1.1 中国企业对哈萨克斯坦直接投资的产业分布

在中亚五国中，哈萨克斯坦是经济发展水平最高的国家，也是引进中国投资最多的国家。2015 年，得到北京方面支持的投资者取代传统的俄罗斯和西方伙伴，成为这个中亚国家外国直接投资的主要来源。哈萨克斯坦和中国之间加强政治和商贸联系的举措终于见到实效，中国对哈萨克斯坦的直接投资增加了。据《金融时报》旗下的外国直接投资市场研究公司统计，中国企业 2015 年宣布了 12 个在哈萨克斯坦的绿地投资项目，投资总额约 12 亿美元，超过了其他任何一个国家的意向投资。外国直接投资市场研究公司的数据显示，2015 年，绿地项目的跨境 FDI 为 54.4 亿美元，是自 2012 年触底反弹 3 年来的最高点。对石油和天然气以及大宗商品部门的投资依然占据大部分 FDI，政府致力于提高以大宗商品为基础的产业的附加值。

根据《对外投资国别产业指引（2011）版》，在哈萨克斯坦进行直接投资的中国企业包括国家开发银行哈萨克斯坦工作组、中国银行哈萨克斯坦分行、中石化集团公司、中国石油集团和中兴通讯、中石油阿克纠宾油气股份有限公司、建工集团有限责任公司、华油集团阳光酒店集团、新康番茄制品厂、中国水利电力对外公司、中国地质工程公司等。目前来看，中国企业对哈萨克斯坦直接投资的产业分布较广，各主要产业几乎均有中国企业的投资，具体见表6-1。中国的大型跨国企业在哈投资主要分布于采矿业（如中石油、中石化、中海油等）、制造业（如中兴通讯、华为、中化集团等）、地质勘探业（东方物探、中石化国际勘探开发公司等）、金融业（如国家开发银行、中国银行、中国工商银行等）、建筑业（如建工集团、中国水电、中国地质工程公司、中石油工程建设公司、中建总公司等）。还有一些中小企业在哈萨克斯坦的制造业、批发和零售业进行了卓有成效的投资，其中，新康番茄制品厂、茂林有限公司、亚联中国商贸城等企业已经在哈形成了较稳定的市场地位和知名度，尤其是不少来自中国新疆的贸易企业在哈投资从事进出口贸易，对中哈之间的贸易往来起到了重要的促进作用。

表6-1　在哈萨克斯坦直接投资的产业分布

所属产业	中国企业名称
采矿业	中石油、中石化、中海油、大庆油田公司、新疆石油局、中信集团卡拉赞巴等
制造业	中兴通讯、华为、中化集团、上海贝尔阿尔卡特、山东科瑞石油装备有限公司、新康番茄制品厂、新疆西部银力棉业集团等
地质勘探业	东方物探、中石化国际勘探开发公司、中国冶金地质勘探工程总局哈正元矿业公司等
金融业	国家开发银行、中国银行、中国工商银行等
建筑业	建工集团、中国水电、中国地质工程公司、中石油工程建设公司、中建总公司等
批发和零售业	亚联中国商贸城、新疆野马经贸有效公司、上海茶叶进出口公司、新疆阿拉山亚欧外贸储运有限公司、阿拉木图中国机电产品展示中心
建筑业租赁	建工集团有限责任公司、中国水利电力对外公司、中国地质工程接团公司、中石油工程建设公司、天津城建集团、中建总公司
信息传输业	中兴通讯、华为、中国电信驻中亚代表处
酒店和餐饮业	华油集团阳光酒店集团

资料来源：根据商务部、国家发改委和外交部《对外投资国别产业指引》（2016版）和相关中国企业资料整理。

6.1.2　中国企业对吉尔吉斯斯坦直接投资的产业分布

2008年之后，中国对吉尔吉斯斯坦直接投资增长较快，年度投资流量已提升至8000万美元以上的水平。2015年1～9月吉尔吉斯吸引外国直接投资6.42亿美元，其中外国对吉直接投资74%用于地质勘探、电力和天然气三大领域。目前，中国在吉尔吉斯斯坦的投资主要涉及农业养殖、农产品和食品加工、矿产资源开发和冶炼、工程承包、通信服务、航空运输、房地产开发、餐饮服务等多个领域，具体见表6-2。总的特点是，多数项目规模较小，投资主体多为民营企业。目前，中国企业在吉尔吉斯斯坦的一系列大型投资项目也正在开始实施之中，如中吉乌公路吉境内段修复、阿莱盆地石油勘探开采，以及金矿、铜矿、铁矿、锡矿勘探开采项目等。

表6-2 中国企业在吉尔吉斯斯坦直接投资的产业分布

所属产业	企业名称	主营业务
农业	田园公司、得力公司、华阳生物有限公司	农业养殖、农产品和食品加工、石油
	中国石油化工集团、中能国际石油化工有限公司、吉尔吉斯亿阳实业有限公司	天然气开采
采矿业	河南灵宝黄金公司（金矿）、中国神州矿业公司（铜矿）、新疆塔城国际资源有限责任公司（金矿）、西部矿业公司（锡矿）、环球新技术进出口吉分公司、吉凯迪矿业公司、美林资源、新疆吉安投资有限公司、凯奇—恰拉特有限公司	有色金属采选
制造业	华为技术有限公司、中兴通讯股份有限公司、克兹勒基亚水泥厂、新疆万桶人（比斯达理）公司	通信设备制造
批发和零售业	大唐中国商品分拨中心、中国成套设备进出口公司、京新公司	批发、零售、物流、进出口
交通运输业	南方航空公司驻比什凯克办事处	航空运输
建筑业	中国路桥工程有限公司、新广国际工程公司、中工国际工程有限公司、恒久欧亚投资有限公司	工程承包
信息传输	多隆TV电视公司、中兴通讯股份有限公司	基建电视、通讯传输
酒店与餐饮业	阿山凯丁集团公司	酒店服务
矿泉水生产业	巴凯阿塔苏矿泉水有限公司	矿泉水生产

资料来源：根据商务部、国家发改委和外交部《对外投资国别产业指引》（2016版）。和相关中国企业资料整理。

6.1.3 中国企业对塔吉克斯坦直接投资的产业分布

中国企业对塔吉克斯坦直接投资始于1997年。近些年来，中国对塔吉克斯坦直接投资并没有取得明显的增长，投资流量保持在较低的水平。据塔吉克斯坦统计署数据表明，2013年塔吉克共吸引外资11.18亿美元，其中贷款6.71亿美元（占比66.27%），直接投资3.41亿美元（占比33.71%）。2013年中国对塔吉克斯坦直接投资1.66亿美元，占比48.7%，主要投资领域有：矿产开发、建筑、工业、金融服务等。在塔中资企业多数集中在制造业、建筑业和采矿业，具体见表6-3。例如，中兴通讯、华为已成为塔吉克斯坦通信设备、通信网络和通信服务市场的重要企业；中铁五局、中国路桥、中国水电、新疆特变电工等中国企业在塔吉克斯坦承包了诸多较为重要的基建工程。在采矿业，中国企业主要投资于有色金属矿采选，如中国环球新技术进出口公司（主要采选铅锌矿）、紫金矿业西北公司（主要采选金矿）等。

表6-3　中国企业在塔吉克斯坦直接投资的产业分布

所属产业	企业名称	主营业务
制造业	中兴通讯股份有限公司、华为技术有限公司、中大实业有限公司	通信设备制造、炼钢
建筑业	中铁五局（集团）有限公司、中国路桥工程有限公司、新疆特变电工集团、中国水电建设集团公司	工程承包、基建、租赁
采矿业	中国环球新技术进出口公司（铅锌矿）、紫金矿业西北公司（金矿）	有色金属采选
农业	新疆天业（集团）有限公司	农业种植
信息传输业	中兴通讯股份有限公司、华为技术有限公司	通信服务
批发与零售业	喀什农垦进出口公司、中国华源辽宁公司、新疆国际经济技术合作公司	进出口贸易
酒店和餐饮业	龙城酒店、金唐城（北京）国际投资发展有限公司、东方美食城、长城饭店	酒店、餐饮、娱乐

资料来源：根据商务部、国家发改委和外交部《对外投资国别产业指引》（2016版）。和相关中国企业资料整理。

6.1.4　中国企业对土库曼斯坦直接投资的产业分布

土库曼斯坦是中亚五国中经济发展水平仅次于哈萨克斯坦的国家，2006年之后，中国对土直接投资高速增长。截至2010年底，中国对土直接投资存量达6.6亿美元。中国企业在土库曼斯坦投资合作的重要项目包括：中土天然气管道项目、油井修复和钻井项目、油气设备、铁路客车厢和通信设备供货等。中国企业对土直接投资的产业主要分布在采矿业、建筑业、批发和零售业、商务服务业、制造业等，具体见表6-4。其中，工程承包类、贸易类和商务服务类的中国企业数量是最多的。从投资规模上来看，中石油和中石化等油气开采企业对土直接投资的规模仍是最大的。工程承包类中资企业在土库曼斯坦所从事的主要是与采矿业有关的工程承包项目，许多商务服务类中资企业从事的是与石油开采、技术咨询、勘探信息有关的业务，贸易类企业也有一些是从事石油开采设备进出口业务的。另外，中兴通讯、华为在通信设备制造和通信服务产业领域对土直接投资也形成了较为稳定的市场份额。

表6-4 中国企业在土库曼斯坦直接投资的产业分布

所属产业	企业名称	业务范围
建筑业	中信建设有限责任公司、凤凰实业公司、山西中旭国际贸易公司、中石油工程设计有限公司、北京首华建设经营有限公司、中工国际工程有限公司、荣诚环境工程集团有限公司	工程承包
批发和零售业	中石油国际事业有限公司、中国铁路物资有限公司、黄山一品有机茶叶有限公司、山东科瑞石油装备有限公司、山东邦昱石油技术开发有限公司、新疆萨洛尔国际贸易有限公司、新疆三宝实业有限公司	进出口贸易
商务服务业	北京华油油气技术开发公司、亿阳集团股份有限公司、上海味森禾国际贸易有限公司、南阳陆运口岸有限公司、四川省新力劳务有限公司、伊利星河商贸有限公司、乌鲁木齐欣富达贸易有限公司、克拉玛依奥斯特石化设备有限公司	商务和技术咨询服务
采矿业	中石油阿姆河天然气公司、中石化胜利油田土库曼斯坦分公司、中石油川庆钻探工程公司	石油、天然气开采
制造业	华为技术有限公司、中兴通讯股份有限公司	通信设备制造
金融业	国家开发银行土库曼斯坦工作组	金融服务
交通运输业	中国南方航空公司驻土库曼斯坦代表处	航空运输
地质勘探业	中石油川庆钻探工程公司	物探、勘测
酒店和餐饮业	阳光国际商务公司	酒店、餐饮
软件业	无锡市荣诚软件开发科技有限公司	软件开发

资料来源：根据商务部、国家发改委和外交部《对外投资国别产业指引》(2016版)。和相关中国企业资料整理。

6.1.5 中国企业对乌兹别克斯坦直接投资的产业分布

在中亚五国中，中国对乌兹别克斯坦的直接投资一直是最不活跃的。中国对乌直接投资流量始终不高，远远落后于其他中亚国家的中资流入水平。中国对乌直接投资主要集中在采矿业、建筑业、制造业、批发和零售业等，具体见表6-5。其中，很多对乌直接投资的中国企业，是在哈萨克斯坦等中亚国家已取得了较为稳定的投资业绩之后，才转向乌兹别克斯坦进行投资拓展的。因此，对乌直接投资的很多中国企业都可在其他中亚国家见到，如中石油、华为、中兴通讯、中国水电、中工国际等。除了华为、中兴通讯等在乌从事专用设备生产之外，中国对乌直接投资的许多贸易类企业，如中国南车集团、中国纺织品进出口总公司、中国技术进出口总公司、中国电工设备总公司、中国汽车进出口总公司等，也多从事运输设备或专用设备的进出口贸易业务，可见乌兹别克斯坦对通信和交通等基础设施建设必需设备的需求仍是比较大的。

表6-5　中国企业在乌兹别克斯坦直接投资的产业分布

所属产业	企业名称	主营业务
采矿业	中国石油天然气公司、山东胜利油田代表处	石油天然气开采
	中国广东核电集团公司	有色金属采选
建筑业	中信建设公司、中国水电集团公司、新疆特变电工、中工国际工程股份有限公司、中国机械工业集团公司	工程承包
制造业	华为技术有限公司、中兴通讯股份有限公司、亿阳集团中亚公司	专用设备制造
批发和零售业	中国南车集团、中国纺织品进出口总公司代表处、中国技术进出口总公司、中国电工设备总公司、中国汽车进出口总公司代表处	进出口贸易
交通运输业	中国南方航空公司驻塔什干办事处	航空运输

资料来源：根据商务部、国家发改委和外交部《对外投资国别产业指引》(2016版)。和相关中国企业资料整理。

6.1.6　中国企业对中亚五国直接投资的产业分布评价

从中国企业对中亚五国直接投资的产业分布来看，采矿业、建筑业、制造业、批发和零售业、金融业、航空运输业等是主要产业，中国企业对中亚五国这些产业的直接投资已经初步形成了一定的分布结构特征。

一是中国对中亚五国采矿业的直接投资仍是最重要的。中石油、中石化等中国资源类企业在中亚五国几乎都有投资项目，中国对吉、塔、乌的有色金属矿采选业也有许多重要的投资。伴随着这些采矿业投资项目的发展，中国企业正在对与之相配套的地质勘探业、开采设备出口和技术咨询等产业开展大量的投资。

二是在建筑业，中国的一些工程建设类企业承接了当地大量的重要工程项目。鉴于中亚五国基础设施建设还有很长的路要走，中国工程承包类企业在中亚五国的投资前景和发展空间是比较广阔的。

三是在制造业，以中兴通讯和华为为代表的中国企业，已经在中亚五国的通信设备制造和通信服务市场占据了主导地位，这对中国其他类型制造业企业的发展提供了很好的发展模式借鉴。

四是在批发和零售业，中国企业对中亚五国直接投资的主要形式是设立代表处，从事对中亚国家的进出口业务。这类贸易类企业的产品，依托国内较强的生产能力和低价格优势，在中亚五国市场上具有较强的竞争力。

五是在金融业，国家开发银行、中国银行、中国工商银行已经在部分中亚国家设立了分行或办事处，主要从事针对中国与中亚国家相关的政府合作项目或企业投资项目的贷款和汇兑服务，未来的业务发展需要更加系统化和多样化。

六是在航空运输业，中国南方航空公司已在中亚多个国家设立了办事处，是在中亚国家交通运输业投资起步较早的中国航空企业。随着中国企业在中亚五国的经营活动和人员往来日趋频繁和增多，中国航空运输企业对中亚五国的直接投资将迎来更好的发展机遇。

6.2 科技合作

6.2.1 中国与哈萨克斯坦的科技合作

中哈双方确定的科技合作优先领域有：节能技术、新材料和化学技术、信息技术和自动化、交通新技术、空间技术、纳米技术、生物技术、自然资源和环境、地震等。

在推进“一带一路”建设中，中哈两国应充分挖掘双方在产能合作、基础设施、地区发展、结构调整等领域的互补优势，重视“一带一路”与“光明之路”的对接，注重在基础设施、产能、经贸、能源、科技、信息、投融资等领域的合作。

6.2.2 中国与土库曼斯坦的科技合作

1998 年 8 月 31 日中哈两国共同发布了《中华人民共和国政府和土库曼斯坦政府科技合作协定》，依据本协定缔约双方的合作可包括：实施共同科研计划、开发高科技工艺的项目；交换科学技术情报、资料、产品和材料的样品，专有技术和许可证；组织科学技术研讨会、学术会议、工作会晤及展览；交换学者和专家，提高其业务水平，组织专家培训；缔约双方商定的其他科学技术合作方式。2013 年 9 月 3 日，中国国家主席习近平和土库曼斯坦总统别尔德穆哈梅多夫在阿什哈巴德签署了《中华人民共和国和土库曼斯坦关于建立战略伙伴关系的联合宣言》。两国元首在亲切友好的气氛中就双边关系、各领域合作及共同关心的国际和地区问题深入交换意见，达成广泛共识。双方将充分发挥中土合作委员会及其分委会的重要作用，加强经济社会发展政策的沟通与协调，发挥互补优势，充实合作内涵，提升合作水平。

双方将全面扩大基础设施建设、电信、化工、纺织工业、农业、卫生、高科技等领域合作，确立并实施新的互利合作项目。双方将加快实施土库曼斯坦电信网络现代化和在各领域开展卫星应用合作。双方将落实商定的提供援助和信贷实施项目，加强包括铁路交通在内的基础设施领域合作。双方将采取措施促进并保护相互投资，为两国企业在对方国家开展业务提供支持，研究完善执行两国合作项目的企业人员往来程序。

6.2.3 中国与乌兹别克斯坦的科技合作

中国提倡“一带一路”，振兴古丝绸之路，为沿线国家和人民共同发展共同富裕，指出了明确方向。乌政府第一时间响应中国“一带一路”重大构想，一批项目已实现早期收获，如安格连–琶布铁路隧道（甘姆奇克隧道）项目、鹏盛工业园区等。这些项目的顺利进行，不仅为当地增加就业岗位，还带动了当地各领域健康发展。

攻坚克难打造“中亚第一长隧道”。安格连–琶布铁路是乌兹别克斯坦的国家重大工程项目，全长 169 公里，该铁路建成后，将改变乌境内运输需绕道他国的窘境，对于乌兹别克斯坦改善民生、发展经济和对外联通有着重要意义。其中，甘姆奇克隧道段是全线的咽喉要道，被称为“中亚第一长隧道”。甘姆奇克隧道由主隧道和安全隧道组成，设计总长度 19.2 千米，隧道是目前中国企业在中亚建设的最长隧道，总造价 4.55 亿美元。2016 年 2 月 25 日，甘姆奇克隧道采用“中国技术”以“中国速度”实现了全隧开挖贯通。为推动“一带一路”倡议的全面实施做出巨大贡献。

“鹏盛工业园区”——中乌经贸合作的典范。鹏盛工业园区位于锡尔河州，现已建成包括标准厂房、办公大楼、员工宿舍以及后勤服务中心在内的建筑共 16 万多平方米，同时还建成了铁路专用支线、天然气变送站、110 千伏双回路专用变电站、污水处理系统、产品检测中心和海关监管仓库等完善的配套设施。园区已入驻瓷砖、制革、制鞋、手机、水龙头阀门、卫浴、宠物食品和肠衣制品等企业。

6.2.4 中国与吉尔吉斯斯坦的科技合作

“一带一路”是由习近平主席提出的丝绸之路，过去连接了东西文化，也代表了和平和友谊，代表了不同区域的人文交流和世界各地的交流。“一带一路”推进了吉尔吉斯斯坦与中国的合作，两国的合作也能推进丝绸之路的发展，实现互利。吉尔吉斯斯坦致力于实现可持续发展，吉尔吉斯斯坦与中国是邻国，有很多共同点，可以实现共同的合作，投入人文发展、人才发展，加强文化、人文、科学、科技的交流合作。

新疆兵团援助吉尔吉斯斯坦科技项目获国家立项支持。2015 年 1 月 4 日，新疆兵团科技援外项目“中吉现代农业技术联合研究与示范中心”已获得国家科技部立项支持。“中吉现代农业技术联合研究与示范中心”是与吉尔吉斯斯坦农业大学合作，在新疆农垦科学院“农业技术示范园区”和“现代农业产品展示中心”建设的基础上，建立一个集现代农业科技合作、研发试验、示范展示、技术服务及培训为一体的“中吉现代农业技术联合研究与示范中心”。该项目旨在深入贯彻实施国家“丝绸之路经济带”战略，进一步加大新疆兵团向西开放水平，发挥好科技对新疆兵团以及周边国家现代农业发展的支撑和引领作用，新疆农垦科学院等新疆兵团企事业单位针对周边国家农业整体生产能力较落后，农业产出不足，科技水平较低、农民收入不高等突出问题，以新疆兵团现代农业技术促进吉尔吉斯斯坦农业发展为突破口，通过科技项目合作研究、搭建兵团技术和产品展示平台、共建科技示范基地等方式加大了与吉尔吉斯斯坦相关政府部门、高校和科研机构、企业的技术交流与合作的水平。

6.2.5 中国与塔吉克斯坦的科技合作

2016年3月，在中塔科技合作研讨会上，塔吉克斯坦科学院院长法赫德·拉希米一行先后听取了新疆相关研究院所与塔方目前在矿产、生物、农业等方面的合作研究进展，并通过视频展示了塔吉克斯坦的自然资源、地理环境以及在农业、工业、金融业、交通、能源、教育、旅游等方面的基本情况和科技需求，回顾了塔方与中国科学院的合作历程，希望双方在上海合作组织的背景下，以共建的中国科学院中亚生态与环境研究中心塔吉克斯坦分中心为契机，抓住机遇，加强在生态环境、地质矿产、食品安全、动植物资源开发与利用、农业害虫监控、无人机遥感技术应用、青年科技人才培养等方面的科技合作。

新疆维吾尔自治区科技厅在座谈会上介绍了新疆与塔吉克斯坦近几年在资源和环境、农业、能源（主要是电力）的科技交流与合作情况：一是实施的“十二五”国家科技支撑计划项目，中方科学家与塔吉克斯坦科学院地质与地震研究所开展跨境合作和对比研究，深入研究跨境重要矿带的成矿条件和成矿规律，在铁、铅锌、铜等矿种上取得重大突破。二是根据中、塔两国政府间协议，2011年中塔双方在塔吉克斯坦哈特隆州首府库尔干秋别建立了“中塔农业科技合作园”，科技园内棉花籽棉亩产超过300公斤，水稻试验亩产达到400公斤，均远超于当地棉花和水稻的最高产量，并开创了塔吉克斯坦旱地种植水稻的先例。三是特变电工在塔吉克斯坦先后执行了多个大型电力成套EPC项目。正在实施组建的“中国—塔吉克斯坦特变电工科技合作中心”，将建设仿真实验室及相关配套设施，完成不少于10项重大技术的研发及产业化和1000人次以上的人员培训工作。四是启动“中国—上海合作组织科技伙伴计划”，与塔吉克斯坦科技合作项目拟列入上合组织伙伴计划之内，使新疆和塔吉克斯坦科学院专家学者在上合组织科技伙伴计划框架下深入高效开展科技合作与交流，开创中—塔科技合作新局面。

2016年，甘肃省商业科技研究所与塔吉克斯坦共和国科学院科学发展中心技术合作签约仪式在兰举行。双方此次合作，促进了彼此在食品安全检测方面的合作开发和技术创新，进一步转移或交换先进的农产品加工应用技术和人员交流。

2016年，丝绸之路经济带跨境投资环境推介会上，中塔两国企业正式签订合作协议，在塔吉克斯坦首都杜尚别附近合建塔吉克斯坦—中国杨凌农业科技合作园区。该园区距离塔吉克斯坦首都杜尚别仅20公里，占地1000亩，主要以节水灌溉、温室、设施农业、花卉、农产品种植加工、农业体验等产业为主。

塔吉克斯坦合作方代表表示，中国拥有雄厚的农业实力和先进的农业技术，特别是杨凌，拥有目前世界上领先的多项农业技术。塔吉克斯坦—中国杨凌农业科技合作园区的建设，将会极大地提升当地农产品种植和加工水平，带动塔吉克斯坦当地农业和经济的发展。

2016年6月16日，中国科技部立项支持的国际科技合作项目“中亚生态环境保护与资源管理联合调查与研究”在乌鲁木齐进行了文验收。文验收会由自治区科技厅组织，项目组共28个文进行了文的汇报和答辩。由新疆维吾尔自治区科技发展战略研究院遥感中心承担的文“塔吉克斯坦生态环境遥感综合调查”，在中—塔联合野外调查的基础上，开展近20年塔吉克斯坦生态环境时空格局遥感调查。针对土壤、植被、水文、气象等四方面的因素可以表征干旱区域生态系统过程的特点，开展干旱区关键生态参数高时间分辨率遥感反演方法；开展近20年塔吉克斯坦生态环境遥感调查，揭示人类活动对生态环境格局影响；通过中塔联合考察，对遥感历史和现状反演成果进行验证和修正。

此次国际合作，为文开展塔吉克斯坦生态调查，尤其是帕米尔地区的野外调查工作提供了支持和便利，获取了大量野外调查数据，为今后拓展两国地区间能源、农业、社会经济等领域的合作打下了坚实的基础。

塔吉克斯坦拥有丰富的油气资源，但开采及投资难题对油气资源的利用形成了一定障碍，中国提出了“一带一路”的倡议之后，为中国与塔吉克斯坦的油气合作带来了新的契机。吉艾科技在塔吉克斯坦的投资获得重大进展。中方将投资约3亿美元，在塔吉克斯坦丹加拉自由经济区建设年产120万吨的炼油厂，填补了塔吉克斯坦成规模炼油厂的空白，而吉艾科技在登陆创业板之后，不断拓展产业链，以测井设备、服务为支点，发展成为综合油气服务商。双方将在塔吉克斯坦全面开展油气领域的战略合作，具体内容包括：在塔吉克斯坦共和国境内参与寻找、勘探、开采和经营油气资源产地；建设、改造和经营塔吉克斯坦共和国石油天然气行业的石油天然气管道和其他基础设施；保障技术后勤服务；实施合作项目，加工、运输和销售油气资源；在塔吉克斯坦共和国境内，以及在第三国实施其他石油天然气合作项目。

第七章　中国与中亚各国合作的模式构建

当前，区域经济合作已经成为世界经济发展的重要趋势，欧盟东扩成功、亚太经合组织合作紧密化、南美共同体、北美自由贸易区的成立等都是这一趋势的重要反映。在这些区域经济合作组织的示范作用下，由地理相接近的国家所组成的区域性经济合作组织，有力地促进了这些国家区域经济和社会的发展。目前，世界上区域经济合作组织已达 125 个左右，参加的国家或地区达 140 多个。

中亚各国自独立后，始终把巩固国家独立、谋求经济发展、改善人民生活作为核心目标。近年来，中亚国家 GDP 增速一般都在 8% 以上，是世界经济发展最快的地区之一。中亚地区因其重要的战略地位和丰富的油气资源，已成为大国竞相角逐的区域。近年来，亚太地区各种次区域经济合作十分活跃，建成和酝酿中的就有东南亚国家联盟、南亚优惠贸易协定、东北亚经济圈、大中华经济圈、澜沧江和湄公河经济圈等。

在这种趋势和压力之下，中亚各国经济上采取了全方位的开放政策，力求加强对外经济联系，积极参加国际经济组织和组建地方性组织。中亚国家都希望搭上中国这列“高速列车”。中国与中亚各国加强合作，需要不断创新合作环境、创新政策环境，加强中介信息环境建设，优化金融环境；加强政府层面的合作，引导中国与中亚地区企业、高校、科研机构之间的合作，具体见图 7–1。

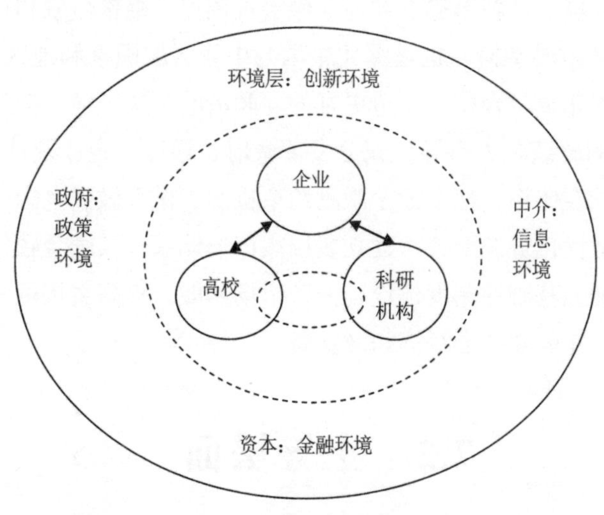

图7–1　中国与中亚各国合作因素

7.1　环境层面

为了促进中国与中亚地区的经济合作，环境方面需要得到大力改善。

7.1.1　政策环境

改善合作区域的环境，最好是由政府出面做。

开拓中乌务实合作新空间。中乌共建“丝绸之路经济带”为两国战略伙伴关系创造了新的发展机遇期。共建“丝绸之路经济带”应成为中乌合作主线，双方将进一步加强发展战略和具体政策对接，在共商、共建、共享的原则基础上认真研究合作可能、深挖合作潜力，使中乌共建“丝绸之路经济带”结出更多务实成果，惠及两国人民，促进地区发展。为应对全球经济下行压力，乌兹别克斯坦把深化经济结构调整作为经济改革的重中之重。总体看，乌经济改革与发展优先方向与中方“推动产能走出来”政策高度契合，为我企业扩大对乌合作创造了广阔空间，比如乌大力推动铁路网、机车现代化改造，双方已开展了良好合作，但仍有很大潜力；乌阳光资源丰富，太阳能资源储量超过500亿吨石油当量，中方光伏产业在乌大有可为。

7.1.2　优化中介信息环境

为了缩短审批中介服务时间，各个区域行政服务机构可以设立“网上中介超市”，吸引中介企业入驻，扩充涵盖的事项，实现多层级资源和信息共享。

7.1.3　构建和谐的金融环境

金融环境是指一个国家在一定的金融体制和制度下，影响经济主体活动的各种要素的集合。构建和谐金融环境，是新形势下加强金融宏观调控，维护金融和社会稳定，促进我国经济社会持续发展的重要举措，也是深化中国与中亚区域国家和地区合作的重要保障。中国与中亚需要不断深化金融合作，创造更好的、和谐的金融环境。构建和谐金融环境必须以科学发展和正确的政绩观为指导，充分发挥政府、银行、企业及社会各个层面作用，大力打造诚实守信的社会体系，建立健全激励约束机制，做大做强金融产业，严格信用权责约束机制，高效率地优化资源配置，建立多层次市场体系，鼓励金融创新，协调发展各个层次的金融市场，加强基础性制度建设，完善市场功能，提高直接融资比例，完善金融资产结构，促进实现合作区域社会经济和谐发展。

7.2　主导层面

7.2.1　优化参与中亚地区能源合作的企业结构

当前中国主要以国有能源企业作为主体参与中亚各国的能源事务。能源作为一种战略资源，国有企业的海外经济活动通常会被贴上国家行为的标签，会引起中亚国家政府与民众的担忧，甚至引发资源民族主义带来的资产征收风险。同时，国有企业官僚体系复杂，决策过程较长、合作方式单一、灵活性不足的缺点会在海外能源合作竞争中削弱中国能源企业的竞争力。未来在巩固已有的国有企业搭建的能源合作平台的基础上，应积极鼓励中小能源企业参与中亚地区能源合作，加强国有企业和民营企业的协作，建立“走出去”产业联盟，与东道国当地政府和民众建立长期稳定、相互信赖的经济伙伴关系，降低能源合作的政治色彩，防范中亚国家的资源民族主义倾向。

组建能源投资战略联盟进行联合开发。中国在中亚油气资源开发中，必须充分重视国际石油公司竞争的外在风险和资源民族主义的内部风险。与中亚国家政府和国家石油公司组建战略联盟，采用参股方式分享能源资产，寻求一种温和的接近石油开采勘探权力中心的合作模式，是降低资源民族主义风险，规避资源民族主义对外国资产的抵制，提高对抗西方国际石油巨头的综合竞争力的有效途径。同时，与中亚国家石油公司组建战略联盟，能够在一定程度上避免对所在国的能源数量、质量、分布、开发利用现状以及潜力的认识缺乏，避免对当地的法律、政策、人文、经济、监管体制等缺乏了解而导致的各种自然、人文风险。

7.2.2 高校

国内地方大学与中亚区域高校加强合作，国内高校与中亚国家高校建立更好的国际交流平台，不断推进双方合作与交流的广度与深度。加强在国际会议交流、博士生进入中亚高校实践基地以及科研项目合作的力度。高校与中亚地区，继续做好智库联盟工作，聚焦“一带一路”发展的倡议目标，更好地与其他联盟成员高校密切合作，共同打造智库思想的创造平台、智库优秀成果的传播平台、高端智库人才的聚合平台，在智库联盟中发挥更加重要作用，为沿线国家、地区经济社会发展服务，为国家及中亚地区的安全稳定服务。高校可以在“一带一路”框架下的区域研究人才培养问题，结合高校任务，以智库研究带动人才培养及团队建设，注重成果积累，加强国别研究与区域性研究。

7.2.3 科研机构

针对丝绸之路经济带建设对中亚资源、生态、环境和信息化的重大需求，各大科研机构开展中国与中亚国家自然资源开发、生态环境保护和对地观测信息技术的互惠合作研究，建立海外研究基地和平台。中亚中心已建成中亚生态环境、地质矿产数据库，实现了中国与中亚国家的数据网络共享，为丝绸之路经济带建设提供了信息支撑，是中亚区域数据最全、信息量最大的地质专业数据平台。

7.3 合作领域层面

丝绸之路经济带，东牵活力四射的亚太经济圈，西系发达的欧洲经济圈，沿线国家经济互补性强，在交通、金融、能源、通信、农业、旅游等各领域开展互利合作的潜力巨大。

7.3.1 金融

丝绸之路经济带建设为沿线各国带来新机遇，这是深化中国与中亚国家金融合作的一个重要机遇，同时也提出了一个巨大挑战。“一带一路”沿线中亚国家金融合作水平有待提高，潜能释放空间很大，沿线沿路国家主要为发展中国家，金融合作不够深入，双边金融合作主要集中于贸易融资、货币互换等方面，而且范围和规模都有限。多边金融合作目前还处于初级阶段，在推动货币金融稳定体系、投融资体系、信用体系建设方面确实存在现实困难，所以能够解决这一系列的问题，将打破制约贸易投资合作的桎梏，大大加快区域经济一体化的进程，为“一带一路”的建设注入强劲动力。

7.3.1.1 继续扩大货币跨境服务，促进贸易投资便利化，推动实现“货币流通”

加强信贷政策窗口指导，按照“区别对待、有扶有控”的原则，积极引导金融机构对进出口企业给予金融支持，特别是加大对有订单、有效益的中小外贸企业的金融支持力度，充分发挥好出口信贷、信用保险等政策的积极作用；发展债券市场，支持进出口企业在银行间债券市场发行短期融资券、中期票据、中小企业集合票据等债务融资工具，不断拓宽企业融资渠道；进一步完善以市场供求为基础的有管理的浮动汇率制度，推动企业适应汇率变化，加大出口产品升级换代和技术创新力度，提升核心竞争力和产品附加值；积极培育和发展外汇市场，推动汇率风险管理工具创新，满足进出口企业规避汇率波动风险的多样化需求；加强和改进外汇管理，稳步实施货物贸易外汇管理改革，取消境外投资购汇额度限制，平稳有序推进人民币资本项目可兑换。特别是国际金融危机全面爆发以后，人民银行主动顺应国内外市场和企业的需求，与商务部、财政部、海关总署、税务总局和银监会等部门积极推动跨境贸易和投资人民币结算工作，有效降低国内企业和进出口业务汇率风险，有力促进了贸易和投资便利化。

7.3.1.2 进一步深化与沿线国家的区域金融监管合作

为了促进“一带一路”的建设，中国政府联合其他金融机构建立亚洲基础设施投资银行、金砖开发银行、丝路基金、中国欧亚经济合作基金等新的金融合作平台。这些平台顺应了包容、开放的金融合作大趋势，创新了合作思路和融资方式，是对共同出资、共同受益的资本运作新模式的探索，有利于统筹用好各类资金，利用好商业资本，提高资金的运营效率，促进项目及早落地开工。确保“一带一路”的顺利落实，必须要有风险防范措施，“一带一路”的沿线主要都是发展中国家，国别风险和项目风险还是比较突出的。各国的经济发展、政治制度、法律法规等方面差异比较大，项目投资建设和经营面临不确定因素

比较多，尤其是大型的跨境基础设施、互联互通项目，大多具有建设周期长、风险高的特点。因此推动共建“一带一路”要高度重视防范相关风险。我们认为风险防范关键是通过促进区域内金融监管合作，强化各国以及机构间信息沟通和业务协调，共同探讨建立风险预警、承担和补偿机制，为“一带一路”建设的顺利实施提供保障。

7.3.1.3 继续鼓励金融机构为双边金融合作提供有力支持

中国与中亚多国进行金融合作中，项目涉及两国多方利益，协调难度大，而且有些国家政府行政效率低，存在一定的集权化，增加了工作难度。这些国家普遍市场容量小，经济欠发达，有的国家目前正处于计划经济与市场经济交错时期；对象国家财政收入低，外债较高，具有一定的长期偿还能力，虽有履约意愿，但缺少短期偿债能力；一些资本主义国家以该地区作为遏制中国发展的基地，煽动对华不满情绪，小国在大国对抗中摇摆不定，政治外交形势复杂多变。因此，中国应该多元措施鼓励金融机构为双边金融合作提供有力支持，具体思路如下：

（1）发挥开发性金融作用，深化与政府合作。以规划合作为契机，积极推进与对方政府的合作，进一步推进战略合作关系，通过高层推动、顶层设计，进一步优化双方合作机制和成效，以重大项目为抓手，进一步开拓市场。

（2）继续实践“资金换资源”。继续推进“资金换资源”模式，加大我国优势产业对外输出，换取资源与市场，实现双边和多边的互利共赢。同时加强宣介，破除敌对势力煽动的对华不满情绪。

（3）进一步加强金融合作，促进人民币“走出去”，进一步加强与周边国家的金融合作，积极拓展人民币“走出去”，支持人民币国际化发展，鼓励境外机构在境内发行人民币债券、人民币海外投资基金等业务创新，多途径、多层次高效开展对项目建设的支持。

（4）搭建较为完善的融资合作平台，成为中外交流与合作的重要经济桥梁。现在中国进出口银行已经成为全球同类的官方出口机构中最大的一家金融机构，而且远远超出了第二和第三。中国进出口银行在支持我国进出口贸易、推动企业走出去，促进开放型经济发展，促进国际经济合作方面，提供了强有力的政策金融支持，发挥了不可或缺的作用。

（5）拓展综合营销业务渠道，提供全方位金融服务。政银企联动，建立重大项目储备库，发挥各机构优势，共同开展营销，协同推动，对外形成“一支队伍，一套服务”。各金融机构发挥各自所长，通过银团贷款等形式开展合作，利益共享，风险共担，尽量避免无序竞争。

（6）注重推动国际金融合作，致力于推动融资合作发展的创新发展。区域内金融同人一道做实了很多社会经济效益俱佳的项目，如中亚地区的中吉乌公路项目，是由亚洲开银行、进出口银行信贷以及伊斯兰开发银行共同支持贷款的一个项目，该项目不仅打通重要路段连接的关键节点，推动了中亚区域合作走廊的建设，也为相关的外国的金融机构和中国的金融机构的合作提供了一个成功范例。

（7）继续强化多边、双边金融合作。整合区域内资源，为“一带一路”建设注入更多的强有力的金融动力和支持。中国进出口银行将进一步深化与世界银行亚洲开发银行等多边金融机构的合作，探讨共同支持“一带一路”建设的可能性。同时，继续加大与商业银行基金公司、投资银行等国内外金融机构的务实合作。通过银团贷款、联合融资、股权参与、人员培训等多种方式，整合金融资源，提高综合服务能力。

（8）进一步拓展人民币业务，助力人民币国际化，为金融合作和区域经济一体化提供“润滑剂”。近几年来，进出口银行不断推进跨境人民币融资业务，积极支持和鼓励客户在跨境业务中尽量使用人民币，目前进出口银行发放的人民币贷款金额占总贷款金额的60%以上，境外项目人民币融资占比不断增加，跨境人民币贷款余额位居银行同业的前位。未来中国进出口银行将进一步加大创新力度，努力开发更多的符合市场需求、企业需求的人民币投融资产品，进一步畅通人民币借款、还款全循环，为增强中国金融在周边国家影响力、辐射力发挥更大的作用，为“一带一路”投资贸易畅通提供更多的便利。

7.3.1.4 加强人员培训和政策交流

转变经济合作方式、调整经济结构离不开创新驱动战略的强力支撑，其中核心是人才。中国与中亚国家金融人才数量和结构都存在一定的差异，国际化金融人才（具有国际视野、国际背景、国际经历）尤其缺乏。因此中国与中亚金融人才“数量和结构”要满足金融合作发展。搭建中国金融机构与中亚国家的优质金融教育资源沟通对接平台，探索合作开展中国—中亚国家金融人才的国际化培训工作。为了解决中国与中亚国家金融合作人才发展的短板，全面提升中国金融人才的整体竞争力，中国可以借鉴国际知名金融中心城市人才发展经验，实施金融人才培养工程，实现金融人才的数量满足金融合作的需要；在结构上，打造一批具有国际视野、战略眼光、素质优良的高素质金融人才队伍。

可以利用我国已有的援外官员、援外技术人员培训平台，进一步夯实基础，紧紧围绕新丝绸之路经济带这一主题开展针对性培训。可以利用土库曼斯坦其永久中立国这一特殊政治地位开展合作，大胆尝试把培训基地和科研院所建在土库曼斯坦，其一可以帮助土库曼斯坦培养本国人才，为本国人民谋福祉，从而激发新丝绸之路经济带在劳动力资源上的潜力。为我国培养具有国际视角的多层次复合人才，利用中亚地区多民族混居这一特点，加大对我国少数民族同胞的培训力度，对稳定我国边疆少数民族局势也有很大帮助。最后，可以利用土库曼斯坦重要的地理区位优势，其正好处于新丝绸之路经济带的中枢位置，对人才的培训与储备可以串联起整个新丝绸之路经济带及沿线国家，从而盘活整个欧亚地区的活力。

7.3.2 科技

由于中亚国家经济发展水平不高、科研软硬件设施相对落后等客观原因，对于高端人才的吸引力明显偏弱。加强中国与中亚地区的合作，需要重视人才培养。人才是合作的重

要支撑。克服发展过程中的人才缺失瓶颈，通过科技创新实现经济又好又快发展。

7.3.2.1 着力构建科学完善的科技创新体系

中国与中亚国家合作需要着力构建科学完善的科技创新体系。科技创新体系包括创新主体、创新资源、服务机构、创新活动、创新环境、创新成果等，具体见图 7–2。

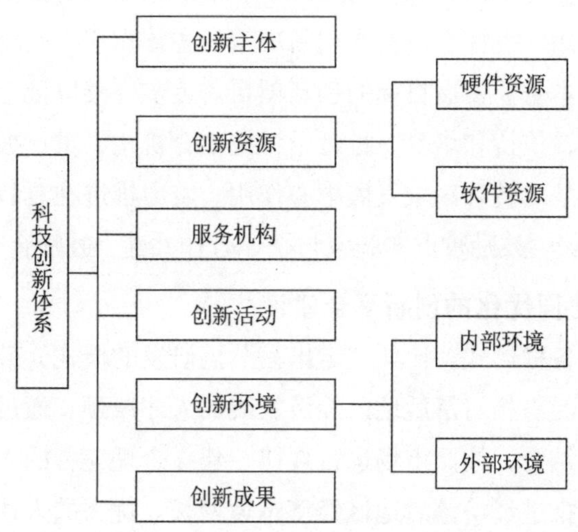

图7–2 科技创新体系

中国与中亚国家的科技创新体系构建思路，加强创新主体建设，加快企业、高等院校、科研机构的协同创新；注重创新环境营造，重视资金投入；加快国际国内创新要素整合，产生更多的创新成果，实现体制创新、知识创新、技术创新、管理创新，以更好地建设中国与新丝绸之路经济带上国家和区域的合作关系，具体见图 7–3。

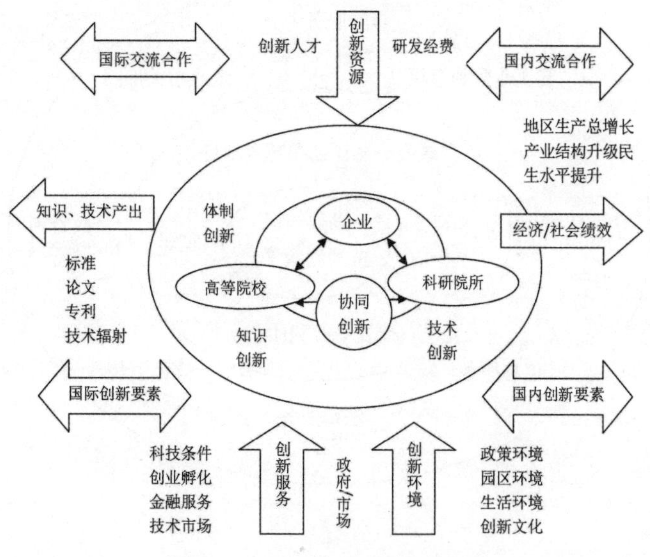

图7–3 科技创新体系构建思路

7.3.2.2 着力推进独具特色的科技创新能力建设

在经济新常态下，中国处于经济转型发展与升级的关键时期，加强中国与新丝绸之路经济带上国家和地区之间的合作，着力推进独具特色的科技创新能力建设，推进重大工程和项目建设，既是稳定当前经济增长的现实之举，也是推动结构调整、实现转型升级的长远之策。逐步完善以企业为主体、市场为导向、产学研相结合的技术创新体系，强化企业创新主体地位和主导作用。发挥企业技术创新决策的主体作用，鼓励企业主导提出企业创新目标，自主选择适合本企业发展目标的创新项目。逐步完善以社会化科技中介机构为纽带的科技创新服务体系，扶持和培育一批骨干科技中介机构，重点抓好各个区域科技大市场建设并努力发挥国家技术转移区域发展中心作用。着力推进独具特色的科技创新能力建设，加强重点实验室建设，鼓励重点实验室与企业合作共建，鼓励企业组建技术创新中心。

7.3.2.3 着力加强协同优化的创新平台建设

通过产学研联合等各种形式，比如“走出去”搞研发的模式，鼓励一定规模的企业创建研发平台。打破限制经济相对落后地区经济发展的人才瓶颈。通过将本地的资金优势与发达地区的人才优势相结合，按照市场运行规律，建立合理完善的人才模式，依靠最前沿的技术理念和人才队伍推进经济落后地区经济迅速增长。优秀的人才和最前沿的技术可以帮助企业迅速占领行业的尖端位置，提升产品的质量和层次，扩大产品的市场占有率和市场竞争力，为企业带来直接经济效益，更能带动地区相关产业联动发展。龙头企业的迅速发展，可带动区域内同行业和上下游产业的同步发展，将该产业做成区域的特色优势产业，形成优势产业链条，加速区域的人才交流。技术创新平台建设见图 7–4。

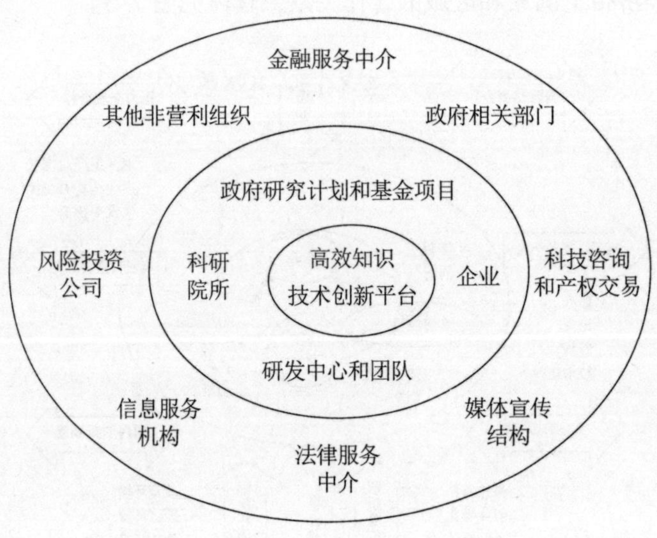

图7–4　技术创新平台

7.3.2.4 着力优化激励创新创业的良好生态

推进大众创业、万众创新，是发展的动力之源。要积极培育和推广创客文化，营造良好的创新创业生态环境。学习借鉴先进经验，创新发展模式，推动创新创业全产业链发展，努力建设集人才培养、创业孵化投资、互联网＋服务、营销推广等综合服务于一体的创新创业生态系统。

7.3.2.5 着力优化科技创新人才发展机制

着力创新人才工作体制机制，不断激发各类人才的创造活力，为中国与中亚合作经济社会发展提供人才保障和智力支撑。坚持整合资源，创新工作运行机制。不断完善人才工作政策，对项目扶持、住房保障、配偶就业安置、子女入学、职称评定、户籍、医疗保健等方面的优惠政策进行梳理，制定具体的流程和办法，形成了“1+9”政策体系，并设立了“一站式”服务通道。探索建立人才工作责任清单制度，个性定制目标责任书，根据成员单位职能、定位、发展水平等因素，细化量化人才工作年度目标任务，明确阶段性工作要求，定期不定期召开成员单位联系会议，并实施导向性管理考核，通过专项调研、专题督查、年度考核验收等方式，督促成员单位抓好任务落实。坚持重点开发，创新培育培养机制。坚持刚柔并济，创新招才引智机制。采取项目合作、技术入股、有偿咨询、文研发等多种方式招才引智，通过市场机制引导各类优秀人才向重点领域、重点产业集聚，柔性引进国内知名专家、学科带头人等。坚持鼓励引导，创新人才流动机制。积极探索校企合作的有效途径和运行机制，完善以市场为导向、企业为主体、高等院校和科研院所为依托的合作体系，组建产学研用技术合作联盟，大力支持高校、科研机构的科技人才与企业结合。

7.3.3 人文

中国与中亚地区国家合力传承“丝绸之路”文明，构建多元人文交流形式。“丝绸之路”是横跨亚欧大陆的文明互鉴之路，作为人类进行长时期、长距离交通、贸易、文化、技术以及民族交流融合线路的杰出范例，对世界文明的发展起了巨大的推动作用。不同历史时期各种文明在这里交相辉映、相互激荡、渗透通融，并向远方传播。漫长的历史岁月没有抹去人类留在这一广袤地域上的足迹，那些传诸后世的各种典籍和珍贵古迹遗存依然透露着过去的信息。丝绸之路以丰富多彩的历史文化资源见证了古代亚欧大陆人类文明与文化发展的主要脉络和多元文化特征。今天我们重温历史，不仅有益于教育人民认识祖先构建这条和平之路的光荣过去和憧憬美好的未来，而且有益于增进各国人民之间的相互了解，创造人类的进步、发展和维护世界和平。

共建“丝绸之路经济带”是一项关涉经济、政治、文化等诸多领域的伟大事业，无疑有助于我们抢救、挖掘、清理、保护丝绸之路沿线国家和诸多民族的文化遗产，恢复它们的真实面貌，弘扬它们的优秀传统；对于加强沿途国家共同利用和继承“丝绸之路”承载的历史文化资源必将发挥巨大的作用。目前，我国西北各省区正在展示独特的历史人文魅力，与“丝绸之路”沿线国家特别是与上海合作组织成员国及观察员国、对话伙伴国的多样化、多层次的人文交流与合作正在蓬勃发展。

得天独厚的地缘文化优势对于加强“丝绸之路”沿途国家共同利用、保护和联合申报文化遗产，对于传承“丝绸之路”文明、促进民心相通发挥巨大的作用。文化遗产保护与区域社会经济的发展密切相关。“丝绸之路”中国与中亚路段是世界文化最多元的区域。中国与中亚五国将“丝绸之路”联合申报为世界遗产，通过“丝绸之路经济带”沿线国家文化遗产项目的实施不仅可以改善遗产所在地的生态和人文环境，而且可以拉动地区的经济建设，促进当地群众的就业；“丝绸之路经济带”为促进沿线国家乃至人类社会的交流融合，实现不同国家和民族的和谐共处，提供了新的、更具实质性的合作契机和可持续发展的实施途径。

旅游业以其产业关联度高、收入弹性大、就业范围广、带动能力强和市场前景广阔且蓄势待发等独特优势，已成为当今世界备受重视而具有强大生命力的新兴产业。中国境内的人文景观和自然景观有西安古城、敦煌、龙门、法门寺、麦积山、塔尔寺、青海湖、嘉峪关、吐鲁番、天山和喀纳斯等世界级或国内一流旅游资源分布在“丝绸之路”沿线。“经济带”的构建为双边和多边的旅游合作提供了新的历史机遇与周边环境。同时，我国西北地区的医疗水平和硬件设施领先中亚各国家。我国传统中医广受国外游客推崇。新疆以创新思维，面向中亚开拓了“医疗 + 旅游”市场，旅游者数量逐年递增。但是目前中国与中亚国家的旅游合作规模仍然不尽如人意。据哈萨克斯坦驻华大使馆提供的数字，2013 年赴哈萨克斯坦旅行的中国游客仅 2004 人，哈萨克斯坦赴中国的游客 39.4 万人。哈萨克斯坦希望能与中国开展更大规模的“历史文化游”“生态旅游”“民俗风情游”，而最具吸引力的则是“健康保健游”，这将为哈萨克斯坦带来可观的经济利益。

人文交流与合作是“五通”措施的重要组成部分，是“丝绸之路”沿线各国家、各地区、各民族人民在多元中尊重彼此差异，协调彼此立场，巩固深化彼此关系，互利互信，开展务实合作的前提和基石。没有文化的沟通作为坚实的民意基础，就无从谈及其他领域的成功合作与持续发展。在尊重文化多样性的基础上，加强人文交流，包括开展青少年、文化艺术、体育等交流活动，将使各国关系发展达到更高水平，对消解周边国家“中国威胁论”的错误观念具有重大意义。近年来，在我国与中亚国家交流合作中，对方国家均提出，希望与中国的高校、科研院所在学历教育、教师培训、学术研讨、信息互换、互派留学生、高科技（农业技术、食品安全、能源安全、太阳能的开发与利用）、旅游项目的论证及专门人才的培养等方面开展实质性的交流与合作。共建“丝绸之路经济带”，为我国进一步拓宽与“丝绸之路”沿线国家的交往渠道，提升人文合作层次和科研水平，拓展国际文化交流和国际文化市场，对创新文化“走出去”的国际化模式，提供了良好的历史机遇和更

为广阔的平台。

我国西北地区既有对外开放的地缘经济优势，也有与周边国家交流合作的地缘文化优势，一些民族与周边国家的同源跨界（跨国）民族具有语言优势、文化共性、亲缘关系，构成双方开展经贸合作的人文特点之一。彼此之间在心理上形成的历史文化联系将产生“特殊效应”，是民心相通的重要资源，这一因素在我国与周边国家多元合作模式中发挥着重要的作用。以邻为善、以邻为伴，守望相助，使“丝绸之路经济带”的建设变得更为宽广通达，给沿途国家和人民创造新的发展机遇，对促进沿线国家经济的共同发展、共同繁荣具有极其重要的推动作用。

7.3.4 能源

苏联解体后，中亚不仅出现了新的地缘政治，同时还发现了丰富的油气资源，是仅次于中东和西伯利亚的世界第三大石油储积区，是21世纪世界经济发展的最大能源库之一，并成为美国和俄罗斯等外部力量角逐的对象。中国探明石油储量有限，而随着经济的发展消费量却越来越大。因此，中亚石油将是中国除中东以外的主要外来油源。为了确保中国石油安全，供应来源的多元化将是我国不得不面临的重大战略决策，与中国相邻的中亚应成为我国参与海外经营活动的重点地区。中国与中亚相邻，在地缘上有开展油气合作的优势，在政治外交上与中亚各国保持良好的关系。中国开展与中亚的能源合作，不仅有利于中国的能源安全，推动西部大开发，而且也有利于进一步推动中国与中亚各国关系的发展。开展中国与中亚的能源合作能够进一步维护新形势下中国的能源安全，不仅对中国的国家安全，而且对稳定地区和世界能源形势有重大意义。

7.3.5 旅游

哈萨克斯坦、吉尔吉斯斯坦、塔吉克斯坦、土库曼斯坦和乌兹别克斯坦五国是我国西北友好邻邦和重要合作伙伴。近年来，随着双边关系的不断提升，中国与上述中亚国家旅游合作也逐渐兴起，发展前景十分广阔。中国与中亚国家旅游合作呈现几个特点：

一是合作意愿强烈，政府大力支持。中国与中亚各国政府高度重视发展旅游合作，愿深入挖掘双方旅游合作潜力，密切人文往来。在中乌两国高层推动下，乌兹别克斯坦于2010年5月起成为中国公民出境旅游目的地国。哈萨克斯坦、塔吉克斯坦、吉尔吉斯斯坦等国也正积极申请成为中国旅游目的地国。

二是中国与中亚国家旅游合作优势突出，互补性强。双方地理毗邻，交通便利，旅游时间和费用成本低。中亚五国都是内陆国，民众普遍向往海滨胜地，对中国的三亚、大连、青岛等海滨城市尤为钟情；中亚大地雪山连绵、绿洲棋布，阳光灿烂、瓜果飘香，人民热情好客、淳朴善良，无疑也深深吸引着中国游客。

三是中国与中亚国家历史文化相通，打造“文化之旅”条件成熟。两千多年前，汉武帝派张骞出使西域，开辟了古丝绸之路，密切了中国与西域各国的人员往来、物品流通和文化交融。今哈萨克斯坦的阿拉木图、江布尔，塔吉克斯坦的胡占德（苦盏），乌兹别克斯坦的撒马尔罕、布哈拉、希瓦、费尔干纳，吉尔吉斯斯坦的托克马克，土库曼斯坦的马雷等城市都是古丝绸之路重镇，当地古城风貌保存完好，旅游业不断发展，吸引着大量外国游客。沿古丝绸之路探寻历史踪迹的文化之旅，不失为中国与中亚国家旅游合作的一大亮点。

各国可在现有合作基础上，进一步完善和加强以下几方面的工作。

首先要加大对本国旅游资源的宣传力度。中亚各国旅游资源丰富，如紧邻天山山脉和帕米尔高原的吉尔吉斯斯坦、塔吉克斯坦被誉为“全球徒步旅行胜地之一”；土库曼斯坦的泥火山、矿泉等疗养胜地遍布全国，享誉世界的“汗血宝马”——阿哈尔捷金马名不虚传；乌兹别克斯坦历史悠久、文化灿烂，享有“东方的璀璨明珠”美誉的撒马尔罕等古城被列为世界文化遗产，帖木儿帝国雄踞一时的痕迹仍依稀可见；哈萨克斯坦广袤的大草原、四季开放的滑雪场是享受大自然的好去处；吉尔吉斯斯坦境内的伊塞克湖是世界第二大高山湖泊，美轮美奂的湖光山色沁人心脾；还有托克马克近郊的碎叶古城遗址曾是唐朝时期安西四镇之一，也被著名学者郭沫若考证为唐朝伟大诗人李白的出生地……面对出境游潜力巨大的中国市场，中亚国家有必要进一步加大宣传力度，掀开神秘的面纱，吸引广大中国游客前往感受西域的独特魅力和风土人情。

其次要做好旅游合作长远规划，打造热点城市和黄金路线，推动旅游合作由点到面、渐进式深入。可选取有代表性的旅游热点城市，如乌兹别克斯坦的撒马尔罕、布哈拉，哈萨克斯坦的阿拉木图，中国的西安、兰州、敦煌、三亚、大连、青岛等作为突破口，打造“丝绸之路文化之旅”、“中国海滨城市疗养旅游”等特色路线，培养稳定游客群体，逐步带动中国与中亚国家旅游合作体系的成熟和完善。

此外，有必要充分发挥中国与中亚国家已结成的数十对友好省州、友城的积极作用，将旅游合作纳入地方合作机制。双方可利用地方合作平台，对赴对方国家友好省州、友城观光旅游予以政策鼓励和支持，对促进交流合作、刺激地方经济增长、深化民间友好有积极推动作用。

最后，中国与中亚各国旅游主管部门可进一步加强沟通与合作，对本国各大旅游公司、旅行社加强统筹协调，共同举办旅游节、旅游论坛等推介活动，努力使旅游业发展带动本地经济发展。中方也可利用博鳌亚洲论坛、中国—亚欧博览会、欧亚经济论坛、广交会、西博会、中博会、京交会等大型对外经贸活动的平台，适时推出配套旅游服务，鼓励来华外国客人顺道去中国各地多走走，多看看，起到经贸和旅游相互促进、相互补充的双重效应。

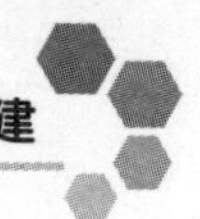

7.3.6 农业

中亚地处欧亚大陆结合部，地广人稀，拥有巨大的土地资源及旱作农业资源，农业发展潜力巨大。中亚五国是苏联原材料供应基地，制造业和加工业相对落后，农业在各国产业构成中占有重要地位，主要以种植业和畜牧业为主。种植业主要包括粮食、棉花、果蔬、油料作物等，粮食生产能力差距较大，除哈萨克斯坦是粮食生产和出口大国，其余四国粮食自给能力不强，特别是塔吉克斯坦和吉尔吉斯斯坦两国粮食缺口较大。中亚国家是重要的优质长绒棉生产国，乌兹别克斯坦、土库曼斯坦、塔吉克斯坦是主要产棉国。中亚畜牧业历史悠久，基础较好，主要畜产品有牛、羊及皮、毛、奶产品等。

（1）贸易合作。目前中国与中亚农产品贸易规模较小，以边境小额贸易为主，棉麻丝和畜产品是中国从中亚五国进口最多的产品，占到九成左右，主要来自乌兹别克斯坦和吉尔吉斯斯坦；中国出口到中亚主要产品有药材、水果、畜产品、粮食制品、糖料及糖、棉麻丝、饼粕、坚果、蔬菜等，主要出口国是哈萨克斯坦和吉尔吉斯斯坦。可积极利用“一带一路”建设贸易便利化措施，优化中国与中亚农产品贸易环境，加强农产品贸易通关合作，加快相关口岸农产品快速通关口岸建设；建立出口农产品生产基地，推动农产品加工贸易发展，挖掘贸易新增长点。

（2）投资合作。我国目前在中亚农业投资总体规模较小，仍处于起步阶段。新时期“一带一路”倡议为中亚农业投资开启了一扇新大门，可在充分研判中亚市场规模与诉求的基础上，拓展农业投资领域，开展农产品生产加工及农机等领域深度合作，扶持和培育企业向深加工、资本、技术密集型行业发展，发挥农业援外项目的带动作用，建设境外经贸合作区等产业园区合作新模式，提升农业投资合作水平。

（3）技术合作。我国新疆等西部省份与中亚国家农业生产有很多相似性，土壤改良、节水灌溉、高产栽培、优良品种繁育、小型农机具、农产品深加工等实用农业技术适合推广到中亚国家。“一带一路”倡议下可以通过人员培训交流、共建联合实验室、示范园区等形式开展农业技术合作，提升中亚国家农业科技与装备水平，促进民心相通，为深化中国与中亚多边、双边农业合作奠定基础。

总体来看，中国与中亚农业合作要坚持市场运作、互利共赢，根据中亚五国不同的市场需求，在贸易、投资、技术合作领域各有侧重。与塔吉克斯坦、吉尔吉斯斯坦等面临粮食安全危机的中亚国家开展农业合作，加强农业技术交流合作，提升当地农业生产能力，开展目标国缺口较大的农产品贸易与投资合作；与哈萨克斯坦等粮食生产大国开展农业合作，适宜开展农产品精深加工等延长产业链合作项目，以及大规模农业综合开发项目。积极利用沿陇海铁路、兰新铁路深入中亚地区的铁路干线、“一带一路”首个实体平台——中哈物流合作基地等基础设施互联互通建设成果，积极利用丝路基金、亚洲基础设施投资银行、上合组织开发银行等资金融通平台，使中国与中亚农业合作项目落地生根、枝繁叶茂，在“一带一路”倡议实施的快速铁路上搭上第一班车。

7.3.7 通信

古丝绸之路是指始于古代中国政治、经济、文化中心——古都长安（今天的西安）的连接亚洲、非洲、欧洲的一条贸易路线，古丝绸之路把商品文化通过这条文化的生命线传播到国外。随着经济全球化、社会信息化、区域一体化进程不断加快，以互联网、云计算、大数据等这些信息的应用为代表的信息网络技术及其应用，深刻地改变了世界各国的经济社会运行方式和全球的竞争格局，信息通信产业在经济社会发展中的基础性、战略性和先导性地位日益凸显，今天数字丝绸之路承载了更多的使命，是通过互联网将服务与知识传播到沿途各个国家，促进中国与亚非欧各国的经济合作和人文交流。

古丝绸之路是沿着一条路来进行商贸合作，而数字丝绸之路是在古丝绸之路沿线上建设一条信息通道，把沿着这条路的各个国家经济的数据信息服务、互联网业务串联起来，为这些国家经济发展起到基础性、推动性的作用，同时它还促进这些国家之间的经济合作和人文交流。目前丝绸之路合作领域有三个方面：

一是电信运营企业之间跨境通信合作。我国已经与哈萨克斯坦、塔吉克斯坦、吉尔吉斯斯坦、蒙古国、俄罗斯之间建立了九个边境信道出入口和多个跨境光缆系统，同时利用这些跨境光缆系统，也形成了中国、俄罗斯、欧洲的信息通道。

二是国际通信业务的合作。2012 年针对中亚方向，我国工信部批准设立了乌鲁木齐区域性国际通信业务出入口局，这可以更好地促进我国与中亚国家间的国际业务开展，有效降低我国与中亚国家的通信成本。

三是通信设备制造的合作，我国有些企业，例如华为、中兴、上海贝尔等企业在中亚国家都设有办事处，甚至总部分公司等机构，这些机构强有力地支撑了当地通信行业发展的建设。

尽管中国与中亚国家在各个领域的合作已取得一定进展，但是相比经济、贸易、安全领域的合作而言，人文合作还是一个薄弱环节。总之，在推进“一带一路”建设中，中国与中亚地区应充分挖掘在产能合作、基础设施、地区发展、结构调整等领域的互补优势，注重在基础设施、产能、经贸、能源、科技、信息、投融资等领域的合作。

第八章　中国与中亚各国合作的保障性措施

中国与中亚关系的重要性逐渐上升，中国与中亚各国需要充分认识到当前的发展机遇，开展密切的交流与沟通，使双方的合作越做越大，这不仅有助于造福于中国与中亚地区的人民，而且也会造福于欧亚大陆乃至全世界。加强中国与中亚各国合作需要各国政府的政策支持，获取合作的发展资金，重视人力资源培育，注重基础设施建设等。

8.1　政策支持

何伦志在《中国与中亚国家能源国际合作之十大政策建议》一文中分析了中国与中亚国家能源国际合作的基础上，提出了中国与中亚国家能源合作的十大政策建议。即：①继续保持和加强与中亚国家的友好关系；②充分利用上海合作组织框架，建立有效的多边合作机制；③加强与国际性能源组织的交流；④创新健康的国内环境；⑤完善我国石油储备体系的政策措施；⑥扩大与中亚的文化交流；⑦建立我国统一管理和领导能源事务的专门机构；⑧加快制定和完善我国对外能源合作的中长期计划；⑨建立和完善能源领域有关的法律体系；⑩建设西北能源大通道。

积极协调有关部门完善能源领域 PPP 项目土地使用、税收优惠、价格调整、信贷扶持等机制，创造良好的政策环境，优化服务。在项目审批、政策资金申请、国家现有财政政策落实等方面主动作为、优化服务，保障符合条件的 PPP 能源项目顺利开展。加强监管，将政府的政策目标、社会目标和社会资本的运营效率、技术进步有机结合，促进社会资本竞争和创新，确保公共利益最大化。

8.2　发展资金

在中亚地区投资建设银行，提供发展资金，投入社会基础设施建设，促进中亚地区企业的股权投资发展，提供针对公共部门和个体经营者低息贷款的金融服务，为中亚地区经济发展做出贡献，同时也促进中国与中亚合作的整体进程加快。

8.2.1　探索建立政府间金融合作机制

探索建立常态化的双边会晤和协商机制，搭建商业银行与中亚国家和地区的相应银行机构间的沟通联系、定期会晤平台。协商制定双向合作规划，加强双方信息交流、政策制度、合作项目、运营机制、主要措施和金融合作中相关问题的有效解决，保障双边金融合作进一步深化。建立金融政策的双边协调机制，争取在双方金融企业、金融业务、金融市场、产品创新和金融开放等方面推动区域金融合作向纵深化、多元化方向发展。

8.2.2 大力推进以项目开发为主的能源金融合作

根据中国和中亚区域的资源禀赋，双方能源合作前景广阔，这使得通过以项目开发为主的能源金融合作来促进区域金融合作路径选择具有良好态势。未来，双方应当探索以能源金融合作为推手，促进区域基础设施建设，提升能源出口国的能源深加工技术能力，使双方共享能源合作收益。

8.2.3 鼓励金融机构深化合作

推动中国和中亚地区的银行机构建立代理行关系，在此基础上开展贸易融资、票汇业务、物权监控、互委培训等多领域合作。

8.2.4 加强金融支持“丝绸之路经济带”建设

围绕丝绸之路经济带建设实施，深入挖掘交通、能源、水利、农业等具有民生效应和经济效应的合作项目。根据项目特点，创新融资模式和产品，加速推动金融在支持“五通”方面的各项建设工作，推动双方在重大项目取得实际效果。进一步加强区域金融基础设施建设，健全区域金融资本市场所必须的参与要素。

8.3 人力资源培育

中国与中亚合作中适应这种区域化发展的人才比较紧缺，民众缺乏对于中亚地区国家的基本状况、政治法律、经济贸易与投资、市场环境、社会文化环境系统的认识，以及对于中国与中亚地区经济贸易以及商务知识积累不足，因此，应该基于新丝绸之路经济带的视角，构建中国与中亚合作的专业化人才体系。

中国与中亚地区加强合作，契合“新丝绸之路经济带”的发展，坚持用系统性思维创新国际化人才培养，支持中国与中亚融入“新丝绸之路经济带”的发展中。中国应该加强对于外语类人才、外贸类人才、高层次翻译人才、高水平创新人才、技术型人才、跨学科人才、涉外法律人才、国际金融人才、物流专业人才、国际化创新创业人才等在数量上和质量上的分析。从人才培养理念、人才培养定位、培养规格、人才培养体系、人才培养方式和途径等角度来构建中国与中亚地区合作的国际化、专业化人才培养创新模式。

8.3.1 人才培养理念

创新人才培养理念是基本前提。只有以现代的、科学的教育理念才能培养出适应“五

位一体”总体布局、“四化”同步发展新要求的人才。中国与中亚地区的合作中，中国应该输送更多懂得中亚地区文化的人才。因此，人才培养应该坚持国际化培养理念，但是囿于国内大学条件的有限，国际化进程比较慢，因此，坚持国际化发展理念，加强学术研究和人才培养上的国际合作、教师和学生的国际交流，同时，由于大多数学生没有出国机会，因此，对于高校来说应该强调本土的国际化人才培养理念，重要的是在校园内进行国际交流，特别是从课程和教学入手进行国际化，实现在本土进行国际化人才培养的目标。

8.3.2 人才培养定位

人才培养定位是办学主体对究竟培养什么样的人的理想设计，是合目的性与合规律性的辩证统一办学理念的具体呈现。高校人才培养定位主要体现在目标、类型、层次、规格要求四个维度的组合上，其现实地“型构”出高等学校“究竟培养什么样的人”，这是高等学校开展人才培养活动的基础和前提。伴随“一带一路”倡议的实施和不断深化，中国与中亚地区的经济和社会得到了稳步的发展，教育事业也得到了极大的改善。为了增进中国与中亚地区的合作，区域性复合型人才不断增多，在知识和实践能力上有更高要求，在语言上也区别于其他地区。中国以及中亚地区应该加强在重点合作领域的基础性人才的培养，比如说能源合作人才的培养。

8.3.3 人才培养方式和途径

8.3.3.1 重构课程体系

借鉴国外应用型大学的课程设置模式，通过“减”“并”“借”“增”等举措对原有的课程体系进行重新整合，构建以借鉴引进课程、先进网络课程、学术校本课程和实践技能课程为核心的四大课程模块。借鉴引进课程是指国外高水平大学先进的专业核心课原版移植的课程，包括教师、教材、教学内容、教学方式方法、考核评价方式等；先进网络课程是指教师通过网络将查询到的网络课程与课程库进行整合加工形成的课程；学术校本课程为教师本人学术研究成果转化而来的课程，或通过对学术前沿知识的整合转化而来的课程；实践技能课程是指来自职业一线的最新的生产实践型课程，侧重于应用技能培养。

8.3.3.2 加大中亚地区官方语言的教学

为适应本土国际化人才培养的要求，中国国内丝绸之路经济带相关区域的学校重点加大了外语教学的改革力度，变“中学后”应试能力教育模式为“职业或出国前”应用能力培训。根据学生外语学习的规律，紧紧围绕学生掌握中亚地区官方语言工具这一根本目的，构建了“封闭式外语培训”模式，使用60%以上的有效学分课时，使学生经过一年的学习，达到掌握词汇和能听会说的要求，能够适应中亚地区官方语言授课和阅读中亚地区官方语言原版教材，能够直接用中亚地区官方语言查阅学习资料，为后续专业课程学习打下坚实的基础。

8.3.3.3 聘任中亚地区的教师讲授专业课程

在学校本土国际化人才培养试点班中，大部分专业已开始聘用外籍教师直接用外文原版教材进行讲授。一系列原汁原味国际课程的开设，不仅使学生开阔了国际视野、提高了自身素质，而且掌握了更为合理的学习方法，大大提高了学习效率。

8.3.3.4 内培外引：大力提高教师的国际化程度

丝绸之路经济带合作，需要注重国际化人才的培养，注重人才的内培外引。地方性大学加强国际化进程助推丝绸之路经济带的合作，加强中国与中亚地区之间的学术交流，增进人才培养的跨地区合作。但毕竟多数学生没有出国机会，因此，重要的是在校园内进行国际交流，特别是从课程和教学入手进行国际化，实现在本土进行国际化人才培养的目标。为了开阔教师的国际视野和提高国际化水平，更好地为应用型人才的本土国际化培养服务，中国国内丝绸之路经济带相关区域的学校加大了对教师出国访学或攻读博士学位的支持力度，积极支持中青年教师申报国家和省各类出国进修计划，鼓励教师积极参加国内外培训和进修。鼓励教师去中亚国家做访问学者。

8.3.3.5 坚持协同育人培养模式

中国与中亚地区加强合作人才是重要的保障，要紧紧抓住资源共享、合作办学、合作育人、合作发展的基本要求，推动高校与有关部门、行业企业共同制定培养目标、设计课程体系、开发优质教材、组织教学团队、共建实践平台，促进理论与实践的结合、科研与教学的互动、培养与需求的对接。

8.3.3.6 其他途径与方式

（1）打破中国高校传统各自办学的格局，突破发展层次与水平的差异，加强校校联合培养人才机制构建，减少专业设置的重复性，取各个高校专业之所长，跨校培养人才，满足“一带一路”人才培养。比如俄语外贸人才，以国际经济与贸易专业为基础，外语能力的提升可以外包给外国语大学类院校，实现校校联合培养。

（2）掌握“一带一路”人才的市场需求，深化中国高校人才培养体制改革，中国高校紧密与社会资源合作，激发中国大学生对于“一带一路”机遇下的创业机会挖掘，培养更多创新创业型人才，促进中国与中亚经济合作建设。

（3）构筑中国“一带一路”人才培养网络化平台。中国融入“一带一路”建设，需要加强人才培养，构筑网络化的国际化人才培养平台，加强人才培养机构等参与主体的互动交流，及时动态掌握人才培养状况。

（4）建设中国与“一带一路”沿路国家和地区的人文交流平台，特别是中亚国家的人文交流平台。“一带一路”文化深入民心，坚持以“大通关促进大开放”，中国应该努力与“一带一路”沿途的国家和地区构建人文交流平台，进行思想文化的交流互动。

8.4 基础设施建设

8.4.1 加快现代交通和物流的基础保障建设

古丝绸之路的本质就是服务于亚欧之间的商贸和物流通道。要把丝绸之路从线形的"商贸路"变成产业和人口集聚的"经济带"，首先要有现代交通和物流的基础保障，这样才能吸引企业入驻，才能形成产业生态链。要实现互联互通，如果只重视铁路和公路干线，就只是画平行线，难以形成生态圈。丝绸之路需要信息化支撑和系统化服务的现代物流。首先，要在现有的交通枢纽和工业区基础上，建设适合的物流园区和信息平台，建设园区平台是圈点。其次，要规划和嫁接好贯穿东西的泛亚铁路和泛亚公路等物流主干线。嫁接物流干线是连线。最后，要完善运输干线与仓储分拣、信息服务和区域配送相结合的物流网络。建设物流网络是铺片。"点线片"结合的交通物流体系，才有利于区域融合，有利于建立经济带。

8.4.2 建设中国与中亚国家合作的信息共享服务平台

建设中国与中亚国家合作的信息共享服务平台，发挥统筹、协调和指导作用，加强各个领域的合作，继续扩大文化、教育、科学、艺术、体育、旅游、档案等领域的信息交流与合作。中国和中亚各国之间可以互办文化日，以建设信息交流平台，加强艺术团体互访，扩大广播影视、新闻出版、社会科学等领域的合作，支持中亚地方和中国的民间团体开展友好交流，也为企业搭建"走出去"和"引进来"的信息共享、综合服务平台，促成中国与中亚五国经济合作项目落地。

第九章　中国与中亚各国合作案例

中亚国家是中国最重要的能源合作伙伴之一，能源合作领域从单一进口向勘探设计、炼化加工、储运维护等上下游产业延伸。欧亚大通道建设步伐加快，中哈原油和天然气管道都已投产，中哈第二条跨境铁路顺利接轨，中吉乌公路即将全线贯通，公路、铁路、航空、通信、油气管道等互联互通网络正在形成，中国与中亚的合作项目不断增加。

9.1　中国与哈萨克斯坦合作案例

9.1.1　能源工程类合作

中哈原油管道 2006 年正式投入商业运行以来，累计向中国输油超过 7700 万吨。中哈原油管道全线总长 2800 多公里，起点是哈萨克斯坦西部的阿特劳，途经肯基亚克、库姆克尔和阿塔苏，从中哈边境的阿拉山口进入中国，终点在阿拉山口—独山子输油管道首站。

中哈原油管道是我国第一条陆路进口跨国原油的管道，也是哈萨克斯坦唯一不经过第三国直接输送到终端消费市场的原油外输通道。它拓展了我国原油进口渠道，在地缘政治格局中具有突出的战略地位，是能源丝路的主要组成部分，对保障我国能源安全至关重要。

1. 快速优质，创造建设奇迹

2006 年，阿拉木图时间 5 月 25 日，中哈原油管道油头抵达阿拉山口末站，进入中国。这是中国石油史上首次实现通过管道长期稳定进口原油的目标。

中哈原油管道项目采取了边建设边运营的项目运作模式。哈国施工现场，冬季气温降至零下 40 摄氏度以下，冻土层近 2.5 米。春夏之际，每秒 10 米以上的劲风扬起漫天细沙。进入 6 月，最高气温高达 40 多摄氏度。在沼泽地段，化雪后，遍地泥泞，大型设备根本无法进入现场作业。阿拉山口地段，进入 9 月经常刮十级大风，冬季经常刮起风中夹雪的“白毛风”。在 101 公里的沙漠区和 400 公里的无人区，社会依托根本无处可寻。

面对这种情况，中哈原油管道一期（阿特劳—阿拉山口）工程以快速优质的建设，创造了跨国原油管道建设的奇迹，并按期投产。随后，中哈原油管道进入二期建设。

中哈原油管道二期建设一阶段工程（肯基亚克—库姆克尔）于 2008 年 4 月 28 日开工。一开始施工，中方团队就利用国际上最先进的项目管理工具 P3/E 软件，制订合理的施工计划，同时在一期工程中形成的优秀项目管理团队提供技术支持，负责对项目建设承包商

进行管理。

建设过程中，中哈原油管道项目聘请了国际知名的第三方监理公司，以制度建设作为良好工程质量的根本保证，以工程招标、工程监理、合同管理作为工程质量管理的基础，形成全过程、全方位的质量保证体系，并在所有工程监理合同中规定，工程监理单位必须同时与施工单位各自独立平行地进行全面的工程质量检测。这一规定对掌握工程质量的真实情况、确保一流的施工质量起到了保障作用。

2009 年 7 月 11 日，中哈管道二期一阶段工程提前 3 个月投油运行，2009 年 10 月 9 日顺利实现商业输油，比哈萨克斯坦国家验收委员会预计的工期缩短了 5 个月。

2. 呵护环境，打造绿色管道

在管道建设和管理中，中哈原油管道项目部以打造绿色管道为目标，尽量减少管道工程建设对周围环境的影响。开工前，项目根据施工现场的水文、地质、地形、交通等情况制订详细可行的环境保护计划。施工中，尽量减少营地建设，减少发电机噪声和尾气排放，同时专门划出施工作业带，施工机具和车辆必须在作业带内和施工便道内行走。

管道埋于地下，需要对土地进行开挖和回填。在农田和林地开挖管沟时，项目部要求，对农田和林地的可耕土壤，必须将表层土壤与深层土壤分开堆放，最后按序回填。在戈壁段施工结束后，要在作业带内恢复砾石层，防止风沙危害。在岩石段填埋管道，由指定的承包商从适当的地点取用需要的细土。

施工人员还特意在施工通道与公路交界处路面上放置碎石，以减少施工车辆将泥浆带上公路；为减少卡车运输产生的灰尘污染，项目规定卡车时速不超过 50 公里；管线建设经过人口稠密、动物种群聚集地时，禁止夜间施工；70 分贝以上噪声的重型设备靠近居民区施工时，避开休息时间和节假日，禁止长时间鸣笛等。

中哈管道项目的建设者们像爱护自己的眼睛一样爱护工区环境。在建设者们的精心保护下，中哈管道一期和二期建设工程全部实现了零污染。

3. 精心管理，确保“动脉”畅通

在中哈原油管道项目的初期运行中，项目部不仅承担着二期工程的准备和建设，而且有一期工程收尾的艰巨任务，因此，在项目内部划分了工程建设和管理运行两个平行的分管理中心。在工程建设上，建立了以项目管理部为核心、强有力的组织协调和指挥系统，并形成了独有的双协调员体系：一组协调员负责二期工程建设，一组协调员负责一期收尾和通信系统。由于中哈原油管道公司中哈双方为对等股本比例，现场由双方互派代表监督施工，这种我中有你、你中有我的管理方式有效实现了科学严格的监管。“平行管理、双轨运行”，形成了中哈原油管道项目二期建设过程中独特的管理特色，取得了丰硕的管理成果。

2013 年，项目完成了阿拉山口末站流量计改造工程。2013 年年底，中哈原油管道阿塔苏—阿拉山口段达到了每年2000万吨的设计输油能力。

为解决管道建成后的油源组织和管输费问题，中哈原油管道项目与相关供油单位建立了定期协调机制，最大限度整合资源，保证油源正常供应。同时，项目依据哈国现有法律制度，创造性提出通过创建非法人性质的“联合体”、在现有四段三个法人并存的条件下完成向中国输油实施统一管输费的具体方案。2014年5月19日，在中哈两国元首共同见证下，《中哈管道统一管输费计算及各段所有者管输费收入分配方法》签署。历时4年的统一管输费谈判取得重大成果。

安全管控是管道顺利运行的重要指标。2014年，中哈原油管道项目部将管道完整性管理体系逐步融入联合公司一体化管理体系（QHSE），使这一体系初步实现功能化应用。2014年，项目完成了KK和AA管道第二次内检测，对严重腐蚀缺陷处，实施了加固维修和开挖检测等措施，达到了事前控制、有效降低管道运行风险的目的，提高了管道的安全管控水平。2014年，中哈原油管道项目部制定了哈国境内管段防恐应急措施及应急预案，通过制定多方协作机制和专项演练，极大地提升了各方对中哈原油管道恐怖突发事件的重视程度和应对能力。

在油源构成发生重大变化的情况下，中哈原油管道2014年向中国输送原油1184万吨，保持了与2013年持平的输油业绩。

9.1.2 基础设施类

9.1.2.1 中国电建签订哈萨克斯坦乌斯克门EPC项目

2013年9月6日，国家主席习近平在阿斯塔纳同哈萨克斯坦总统纳扎尔巴耶夫举行会谈前夕，集团公司所属山东电建一公司正式与AES公司签署了哈萨克斯坦乌斯克门项目EPC合同，标志着该公司正式进军中亚及独联体市场，在国际市场开拓方面取得了新的突破。

哈萨克斯坦乌斯克门电厂位于哈萨克斯坦东部的乌斯季卡缅诺戈尔斯克市，该电厂有11台汽轮发电机组和15台锅炉，发电能力241.5兆瓦，该电厂1997年被美国AES公司收购。山东电建一公司本次中标的是乌斯克门电厂12号汽轮机EPC项目，主要包括对120兆瓦热电联产汽机岛进行已有设备基础拆除、技术设计、设备供应及安装，设备、系统调试运行等工作，约定工期23个月。

9.1.2.2 希江公路二标项目

目前中国水电集团在哈萨克斯坦已有两个在建项目，分别是由中国水电十六局承建的哈萨克欧中通道希江公路二标项目。

2016年10月26日，公司哈萨克希江公路二标项目项目部收到监理工程师颁发的工程接收证书，标志着本项目全部竣工移交给业主，并进入缺陷通知期。本项目的缺陷通知

期开始于2016年9月10日，结束于2018年9月9日。

希江公路二标项目是中国水电十六局公司在哈萨克国别市场开发中中标的第二个道路项目。本项目全长40.48公里，道路宽度为27.50米，为双向四车道水泥混凝土路面项目。本项目主要工程量为：涵洞42座、桥梁11座、路基土石方施工115万立方米、底基层施工64.2万立方米、水泥稳定基层24.26万立方米、路面水泥混凝土22万立方米、沥青混凝土约2.92万立方米、钢护栏60.64公里，排水沟17.982公里。

作为欧洲西部—中国西部国际运输通道上连接哈萨克斯坦希姆肯特市赛伊拉姆区和图库巴斯区的交通要道，本项目的竣工移交，不仅完善了南哈萨克斯坦州的交通网络，对于促进哈萨克斯坦的经济复苏也具有重要的意义。

9.1.2.3 哈萨克斯坦五标段公路工程

由中国水电建设集团国际工程有限公司承建的哈萨克斯坦“双西公路（中国西部—欧洲西部）”五标段正按计划顺利进行。公司技术人员同当地员工一起，利用夏日天长的有利条件加班加点，加快施工，力争在夏天施工季中多抢进度。

双西公路五标段位于南哈萨克斯坦境内，项目终点离南哈萨克斯坦首府希姆肯特市约50公里。该项目为世界银行贷款项目，在原公路路线上修复/新建，总长为34公里。道路宽度为27.50米，双向四车道。

9.2 中国与土库曼斯坦合作案例

9.2.1 中国与土库曼斯坦推动能源合作

2012年7月27日前国务院副总理王岐山在北京表示，土库曼斯坦是中国重要、可靠的天然气供应国，中国是土库曼斯坦长期、稳定的天然气出口市场。中方愿与土方全面推动能源合作，完成2012年底累计供气440亿立方米的目标。

王岐山表示，中方愿与土方共同努力，确保中土天然气管道C线按时建成投产，共同推进阿姆河右岸和南约洛坦气田开发项目。积极落实土方向中国每年增供250亿立方米天然气协议。

王岐山还指出，要继续推进两国在交通、通信、金融、电力、化工、建材、高新技术等非资源领域合作，进一步完善投资环境。继续推进人文领域合作，深入开展安全合作，打击“三股势力”及其他跨国有组织犯罪，加强大型油气项目和设施安保合作。通过全面深化务实合作，推动中土友好合作关系不断向前发展，更好造福两国人民。

土方副总理霍贾穆哈梅多夫说，土库曼拥有丰富的天然气资源，现在和将来都是中国稳定、可靠的供给国。土视中国为可信赖的朋友与伙伴，希望本着互利共赢的精神，深化各领域合作，进一步提升两国友好关系。

9.2.2 阿姆河天然气项目

中国石油2002年进入土库曼斯坦，目前在土库曼斯坦开展油气投资和油气田工程技术服务等业务。阿姆河天然气项目是中国石油在海外开展的大型天然气合作开发项目，是西气东输二线的主供气源。

阿姆河右岸第一天然气处理厂位于巴格德雷合同区A区块，2008年6月开工建设，2009年11月22日建成投产，2009年12月1日开始向中亚天然气管道输送合格天然气，是目前中亚地区生产能力最大、技术最先进的天然气处理厂。

2011年12月13日，第二天然气处理厂开工。第二天然气处理厂是二期工程的主体工程之一，位于巴格德雷合同区B区块主力气区的中心位置。建成后的第二天然气处理厂的合格商品天然气输送至净化气外输站，经压缩机增压和贸易计量后，通过中亚天然气管道外输。

在开工仪式上，土库曼斯坦总统别尔德穆哈梅多夫高度评价说，第二天然气处理厂的开工建设有着极为重要的意义。很高兴看到土库曼斯坦的清洁能源通过长输管道到达中国，到达太平洋畔的广东省。希望土中两个伟大民族之间通过广泛而深入的交流与合作，不断巩固友谊基础，促进两国在中亚地区的安全和其他领域的合作。

9.3 中国与吉尔吉斯斯坦合作案例

据外媒报道，吉尔吉斯斯坦总理萨里耶夫表示，中国计划于2016年开始建设穿过吉尔吉斯斯坦进入乌兹别克斯坦的铁路，该项目的实施将推动吉尔吉斯斯坦的经济。报道指出，萨里耶夫表示“中国—吉尔吉斯斯坦—乌兹别克斯坦铁路建成后，我们将获得出海口。目前，该项目正就铁路轨道宽度等问题与中方进行磋商。中方具备在短期内实现该项目的资金与可能性。项目计划于2016年开始”。他表示，中国境内高速铁路几乎遍布全境，铁路项目建设将推动吉尔吉斯斯坦的经济发展，另外还有在丝绸之路经济带框架下建设配套基础设施的计划。萨里耶夫称：“项目实施后，每年可通过吉尔吉斯斯坦中转运输1500万吨至2000万吨货物。在未来还将研究将铁路连接至伊朗的可能性。”据初步统计，该铁路项目需要的投资额超过20亿美元。

9.4 中国与塔吉克斯坦合作案例

9.4.1 中国黄金集团积极推动与吉尔吉斯斯坦矿业合作

截至2015年年底，作为中国矿业开发龙头，中国黄金集团（中国黄金）进驻矿产资源丰富的吉尔吉斯斯坦已3年。在此期间，中国黄金用技术、作风和企业责任感赢得了吉

尔吉斯斯坦人的尊重和信任，让“一带一路”的矿业合作体现出经济效益和社会效益并重的合作模式，让资源开发合作更加绿色、温暖。

吉尔吉斯斯坦矿产资源丰富，但由于投资不足、技术有限，再加上矿山基础设施如交通、电力等不完善，开发程度较低，一些矿山开发进度也较慢。对此，吉尔吉斯斯坦地矿署副署长乌兰·鲁斯库罗夫在接受新华社记者专访时表示，吉尔吉斯斯坦在矿业开发方面希望能吸引国外先进技术和充沛资金，并与之展开合作。

2008 年便开始制定海外资源开发战略的中国黄金于 2012 年在吉尔吉斯斯坦注册成立第一家海外子公司凯奇—恰拉特公司，并在吉西北部贾拉拉巴德州恰特卡尔区并购了库鲁—捷盖列克铜金矿。在一系列建设前期准备工作和反复论证后，中国黄金确定建设一座日处理矿石量 6000 吨、年处理量达 180 万吨的大型采选矿山。而这也将成为吉最大的铜金矿生产基地和该国最大的地下开采矿山，日处理规模仅次于吉经济支柱库姆托尔金矿。

中国黄金凯奇—恰拉特公司计划于 2016 年末试生产的库鲁—捷盖列克铜金矿项目将为中吉两国经济发展产生互利互惠的经济效益和社会效益。该项目正式投产后，预计将为吉尔吉斯斯坦带来 1000 万到 2000 万美元的税收，同时也将为中国弥补大量铜缺口。下一步库鲁—捷盖列克铜金矿项目正探索本地建设冶炼厂的可能性，这不仅能为吉填补铜金冶炼产业链空白，也能在吉直接形成产品，降低运输成本。

9.4.2 紫金矿业吉尔吉斯左岸金矿项目

2015 年 7 月，紫金矿业吉尔吉斯左岸金矿项目进入试投产阶段。这是之前一个月内，紫金矿业继俄罗斯塔什特克铅锌多金属矿项目投产后，“走出去”的又一硕果。作为吉尔吉斯斯坦第三大金矿，左岸金矿是中国企业在吉最大的投资项目之一。项目达产后，可年产黄金 3.7 吨，创造产值 1.5 亿美元，解决当地 1000 人就业，每年贡献税收 2400 万美元。吉尔吉斯斯坦国家领导人称紫金矿业改变了左岸金矿 20 年无作为的局面。

9.5 中国与乌兹别克斯坦合作案例

2016 年 2 月 27 日，乌兹别克斯坦东北部的库拉米山谷阳光明媚。上午 10 时 50 分，中国驻乌大使孙立杰、乌国家铁路公司主席拉曼托夫共同按下按钮，象征着中国政府优买项目、中铁隧道集团承担的甘姆奇克隧道全线贯通。随后，车队成功首穿全隧，并在隧道出口举行了贯通剪彩仪式。

2016 年 5 月 25 日，随着最后一组轨排平稳落下，中国中铁隧道集团承建的中亚最长隧道——乌兹别克斯坦安格连至琶布铁路甘姆奇克隧道全隧实现轨道铺通，首列火车也顺利完成全隧试运行。中铁隧道集团与业主方员工共同登上火车，首次顺利穿过甘姆奇克隧道。

作为中亚地区最长隧道，它的建设无疑是整个工程中的核心和最大难点，甚至让许多欧美知名工程公司望而却步。中铁隧道集团拿下了这块“硬骨头”，与工程管理方签订了价值 4.55 亿美元的设计施工采购总承包合同，全部按照中国标准进行建设。

1.“总统一号工程”意义重大

甘姆奇克隧道是乌兹别克斯坦安革连至琶布电气化铁路线的一部分。铁路所经过的纳曼干州紧邻吉尔吉斯斯坦，交通不便。由于当地与首都塔什干没有直通铁路，公路路况较差且受气候影响，当地居民不得不绕道邻国换乘火车才能往返塔什干，这对当地经济发展造成了很多不利影响。乌政府早在国家独立之初就将铁路修建列入日程，但由于技术制约、建设资金短缺等问题，这个被誉为“总统一号工程”的项目直到 2013 年才走上正轨。

在所有规划路段中，甘姆奇克隧道全长 19.2 公里，开挖总长度达 47 公里。作为中亚地区最长隧道，它的建设无疑是整个工程中的核心和最大难点，甚至让许多欧美知名工程公司望而却步。最终经过考察，中铁隧道集团拿下了这块“硬骨头”，与工程管理方签订了价值 4.55 亿美元的设计施工采购总承包合同，全部按照中国标准进行建设。

对中国而言，这个项目同样非同一般。孙立杰表示，甘姆奇克隧道不仅是中乌非资源领域的最大合作项目，也是中国优质产能走进乌兹别克斯坦的成功范例。作为中乌共建丝绸之路经济带的早期成果，随着隧道建设的不断推进，两国交通基础设施领域合作也在不断发展。正是由于意义如此重大，中国工人们从项目开工就铆着一股劲儿，希望早日完成工程，使铁路早日造福当地民众并促进中乌两国经济发展。

2.隧道建设展现“中国速度”

2013 年 9 月，隧道施工正式开始。从一开始，许多困难就缠上了项目组。在开挖的几十公里隧道中，总共需要经过 7 个不同的地质断层，进行山体爆破时，经常发生岩石爆裂弹射（岩爆）的现象，建设难度大。在隧道建设期间，仅中等强度以上的岩爆就达到了 3000 多次，其中最严重的一次岩爆使隧道坍塌近 2000 立方米，对施工人员的安全乃至心理都造成了极大威胁。面对无处不在的隐患，中铁隧道集团组织召开跨国专家会议，对岩爆灾害进行会诊，制定专项方案，并与国内高校联合进行科研攻关，制定了应对岩爆的科学方法，并在培训中切实提高隧道施工人员应变处置能力。在确保安全和施工进度的同时，在近 10 公里的岩爆区间，没有发生一起因为岩爆造成的人员伤害事故。中国技术攻克了世界级难题。

艰苦的环境也是不小的阻碍。当地冬季极端气温达零下 40 摄氏度，这对中国施工者们的身体健康和施工进度构成了严峻挑战。2014 年 1 月，一场罕见的大雪接连下了两个星期，隧道附近的山体发生雪崩，厚达七八米的积雪彻底堵塞了工程队与外界生产生活物资运输的通道。最终工人们动用大型机械连续奋战三天三夜，才打通了“生命线”。

在中国工人们创造性的劳动下，隧道建设也创造了飞一般的“中国速度”。从隧道开挖至全线贯通，中方仅用时 900 天就顺利完成了主隧道、安全洞、斜井及联络通道总长 47 公里的建设，比计划提前了近 100 天，是一个全新的海外施工纪录。

3. 道路联通促进民心相通

中方施工人员高质量高速度的工作，得到了乌兹别克斯坦政府的高度关注和肯定。乌总统卡里莫夫在 2016 年新年贺辞和 1 月举行的经济形势内阁会议中，两次专门提到了甘姆奇克隧道，并对中国建设者们给予了高度评价，乌总理米尔济约耶夫在项目施工期间三次来到工地现场视察并慰问施工人员。

在贯通仪式现场，乌方人员的喜悦溢于言表。拉曼托夫兴奋地表示，在 5 年前，乌兹别克斯坦和邻国，以及诸多欧美施工企业都不敢想象，19 公里长的“中亚第一长隧”会如此快速建成。“今天无疑梦想实现了，这源于乌中双方的友好合作，也得益于乌方选择了一家有实力、能担当的中国企业——中铁隧道集团，希望双方今后在铁路建设更多领域和项目上长期合作。”

在项目建设中，中方人员与当地居民也建立了深厚友谊。来自纳曼干州的项目工人加亨表示，如今隧道顺利贯通，他在高兴和激动之余，也感到有些不舍。他在这里工作了两年多，受到的中方照顾是全方位的：企业不仅专门设置了乌籍员工住宿区和食堂，工资待遇远高于当地水平，他在和中方工人的合作中也学到了不少工程技能；此外，中方企业具有高度的社会责任感，为当地 3 所学校捐赠了各类学习用品，他和当地群众都十分感激。“我们非常感谢中国人民给我们的帮助，希望日子越过越好，也希望乌中两国友谊万古长青！”

9.6 中国与中亚多国合作案例

9.6.1 能源资源类

2009 年 12 月 14 日，中国、土库曼斯坦、哈萨克斯坦和乌兹别克斯坦四国领导人在土库曼斯坦阿姆河右岸的第一天然气处理厂共同转动通气阀门，标志着中亚天然气管道正式开始输气；2011 年 5 月 28 日，中亚天然气管道累计向中国输气突破 100 亿立方米；2014 年 4 月 13 日，中亚天然气管道累计向中国输气突破 500 亿立方米。

中亚天然气管道是我国第一条跨国天然气管道，西起土库曼斯坦和乌兹别克斯坦边境，穿越乌兹别克斯坦中部和哈萨克斯坦南部地区，经新疆霍尔果斯口岸入境，全长 1833 公里，年设计输气量为 300 亿 ~ 400 亿立方米，境内与我国西气东输二线管道相连，可保证长三角、珠三角等沿线 4 亿人口的生活燃料供应，最远可至香港。

9.6.2 中国与中亚的人文交流合作

中亚地区历史悠久、文化灿烂，不同文明交相辉映，中国与中亚国家的人文合作交流，主要围绕教育、科技、文化、卫生等领域展开。

9.6.2.1 上海合作组织大学的建立

2007 年 8 月 16 日，在上海合作组织（以下简称上合组织）比什凯克元首峰会上，俄罗斯时任总统普京倡议成立“上海合作组织大学”；2009 年上半年，成员国五方协商一致，共同确定区域学、生态学、能源学、IT 技术和纳米技术这五个专业为优先合作方向，并遴选出了本国的项目院校共计 53 所。2012 年 10 月 11 日，第四次上合组织成员国教育部长会议通过上合组织大学项目院校增至 74 所，其中哈萨克斯坦 13 所、吉尔吉斯斯坦 9 所、中国 20 所、俄罗斯 21 所、塔吉克斯坦 10 所、白俄罗斯 1 所。

9.6.2.2 孔子学院

在借鉴英国、法国、德国、西班牙等国推广语言经验的基础上，中国探索在海外设立以教授汉语和传播中国文化为宗旨的孔子学院。十年来，孔子学院快速发展，已成为世界各国人民学习汉语和了解中华文化的园地、中外文化交流的平台、中国人民与世界各国人民友谊合作的桥梁，受到了广泛欢迎。截至 2013 年年底，中国已在 120 个国家和地区建立了 440 所孔子学院和 646 个中小学孔子课堂。孔子学院充分利用自身优势，开展丰富多彩的教学和文化活动，逐步形成各具特色的办学模式，成为各国学习汉语言文化、了解当代中国的重要场所，并充分发挥着综合文化交流平台的重要作用。自 2005 年起，中国充分利用孔子学院这一平台加大与中亚人文交流与合作。截至 2013 年年底，中国在中亚国家已建成 10 所孔子学院（哈萨克斯坦 4 所、吉尔吉斯斯坦 3 所、塔吉克斯坦 1 所、乌兹别克斯坦 2 所），乌、吉、塔最先成立的 3 所孔子学院分别是在 2004 年、2007 年、2008 年上合组织成员国元首峰会上确定签署成立的。

9.6.3 中国与中亚的科技领域合作

9.6.3.1 中国—中亚科技合作中心被科技部认定为国际创新园

为深入实施创新驱动发展战略，落实《国际科技合作“十二五”专项规划》部署，进一步扩大科技开放合作，加大引进国际科技创新资源的力度，加强区域创新体系与平台建设，发展国际化、具有地域特色的产业创新集群，科技部在各省（自治区、直辖市）推荐的基础上，经专家评议与研究，同意认定中国—中亚科技合作中心为国家国际科技合作基地（国际创新园类）。

“国家国际科技合作基地”是指由科技部及其职能机构认定，在承担国家国际科技合作任务中取得显著成绩、具有进一步发展潜力和引导示范作用的国内科技园区、科研院所、高等学校、创新型企业和科技中介组织等机构载体，包括国际创新园、国际联合研究中心、

国际技术转移中心和示范型国际科技合作基地等不同类型。国际创新园是根据国家创新体系或区域创新体系建设目标，为有效利用全球创新资源，依托大型科技产业基地或园区，由科技部与省级人民政府共建的国际科技合作基地。目前，新疆共有国家级国际科技合作基地 6 家，其他 5 家分别是新疆农科院示范型国际科技合作基地（2007 年）、新疆畜科院示范型国际科技合作基地（2009 年）、新疆自然资源与生态环境研究中心示范型国际科技合作基地（2012 年）、新疆科技情报研究所国际技术转移中心等。

中国—中亚科技合作中心是在科技部等国家科技口部门的支持下，利用全国科技援疆机制，聚集国内外科技资源，在上海合作组织框架下，建立面向中亚区域的科研数据库、资源库、环境监测及地震预测等网络，形成集国际科技合作组织协调、科技信息交流、战略研究、学术交流、新技术新产品展示、技术转移、创业孵化、科技培训、成果推广及协调管理等诸多功能于一体，具有一定国际影响力的"一站式"国际科技交流合作中心。据悉，中亚中心下设哈萨克斯坦分中心、吉尔吉斯斯坦分中心、塔吉克斯坦分中心。每个分中心主要由生态系统野外观测与研究网络、联合重点实验室和信息中心三部分组成。

9.6.3.2 中国与中亚跨国科技合作

自 2013 年中国科学院中亚生态与环境研究中心启动建设以来，推动了多项中亚跨国科技合作，并且多个项目已初显成效。中科院中亚生态与环境研究中心（简称"中亚中心"）主要面向上海合作组织和丝绸之路经济带建设对中亚资源、生态、环境和信息化的重大需求，开展中国与中亚国家自然资源开发、生态环境保护和对地观测信息技术的互惠合作研究，建立海外研究基地和平台。

中亚中心是丝绸之路经济带建设的重要组成部分。中亚中心已与中亚五国及俄罗斯等 16 家国立科研机构建立了中亚生态与环境科技合作联盟，获批中国科技部"中亚生态与环境"创新团队和国家外专局"中亚生态系统样带"创新团队项目，以及联合国开发计划署"中亚地区综合减防灾与适应气候变化"项目，合作出版中、英、俄《亚洲中部干旱区生态系统评估与管理》系列专著 11 部，联合发表论文 140 篇。

中亚中心已建成中亚生态环境、地质矿产数据库，实现了中国与中亚国家的数据网络共享，为丝绸之路经济带建设提供了信息支撑，是中亚区域数据最全、信息量最大的地质专业数据平台，已在中亚国家应用并推广，中亚中心研发了中亚干旱区生态系统模型，编制了中亚国家近 30 年 1∶10 万土地利用和土地覆被变化图，分析了中亚区域气候变化趋势。

中国—哈萨克斯坦"丝绸之路"新兴城市生态屏障建设技术合作研究项目主要针对哈萨克斯坦首都圈生态屏障建设技术需求，优选中国成熟的生态屏障建设技术和管理技术，对阿斯塔纳地区生态建设现状进行调查与研究，引种筛选与繁育生态屏障建设适宜植物，研究生态屏障建设土壤改良技术，研发适用于当地环境的生态防护林建设技术体系，推动中国先进的生态技术和产品"走出去"，致力成为"丝绸之路经济带"生态建设的典范。

第十章　结论及展望

目前，在全球经济危机阴影尚未消退、外部风险较大的环境下，中亚五国的宏观经济形势向好，保持积极稳健的发展势头，但经济增长速度放缓。五个国家间经济和社会发展不平衡，差距拉大；市场经济的治理结构和制度环境的改革滞后是中亚社会经济发展的主要状态。有些国家，因经济基础薄弱，既缺资金又缺技术，经济运行隐患颇多，发展处于低迷状态。与我国接壤的塔吉克斯坦是山地之国，曾是苏联最贫穷的地区，其经济发展总量在中亚五国中居吉尔吉斯共和国之前排第四位，是世界上经济发展较为落后的国家。反观之，该国与其他国之间的差距也表明它具有较大的发展空间。塔吉克斯坦的水资源十分丰富，占中亚水资源的60%，但目前的利用率只有5%，在水电开发和建设方面需要合作与融资。塔国具有丰富的矿产资源，但其本国既没有开发能力，也没有深加工技术。因此能源、矿产资源领域的合作是其重要的方向。塔吉克斯坦的农产品大都是“绿色原生态”。柠檬、石榴、蜂蜜等纯天然农产品出口到中国等其他亚洲国家，但是存在运输能力、深加工和包装等问题。中国与之在这些方面进行合作具有一定的发展前景。

中亚地区经济体系的主要特点之一是拥有丰富的资源基础，为有效的经贸合作创造了前提条件。中国与中亚国家能源合作在今后将进一步加强。

1.油气开发合作项目发展进展顺利

2018年6月，中石油集团和哈萨克斯坦能源部签署了《中国石油天然气集团有限公司与哈萨克斯坦能源部关于石油合同延期及深化油气领域合作的协议》，使两国合作的上游项目获得了继续开发的法律保障。2018年9月28日，哈萨克斯坦奇姆肯特炼油厂现代化升级改造项目二期工程投产仪式。哈萨克斯坦总统纳扎尔巴耶夫出席了投产仪式。奇姆肯特炼油厂现代化改造项目是“一带一路”重点工程，是哈国三大炼厂之一，由中国石油与哈萨克斯坦国家油气公司实施对等管理。作为投资哈萨克斯坦油气上游领域的中国民营公司的代表，得益于油价的回升，洲际油气公司2018年在哈萨克斯坦的生产经营指标大幅好转。该公司财报显示，2018年前三季度实现营业收入26.37亿元，同比增长29.65%，实现利润总额4.89亿元，较上年同期增长2112.80%，实现归属于母公司所有者的净利润1.18亿元，较上年同期增加1.58亿元，扭亏为盈。在土库曼斯坦，2018年10月29日，中国石油下属阿姆河天然气公司萨曼捷佩气田增压项目二期工程4台压缩机组投产，进一步提高了该项目的天然气开采能力。在乌兹别克斯坦，2018年8月，由西部钻探公司承钻的“一带一路”重点探井——明15井，在历经389天超长钻探周期后完钻至设计井深5918米，打破中国石油海外市场大尺寸套管下入最深、封固段最长两项施工纪录。

2. 中亚管道天然气供应量进一步提高

中亚天然气管道是中国从土库曼斯坦、乌兹别克斯坦和哈萨克斯坦进口天然气的战略通道。据霍尔果斯海关统计，2018年前三季度，中亚天然气管道共向中国输气357.6亿标方，同比增长27%。2017 ~ 2018年冬季，由于国内煤改气导致的需求大幅增加，以及土库曼斯坦天然气供应量减少，过境国下载气等问题，加剧了国内部分地区的“气荒”，中亚天然气供应保障问题一度凸显。

2018年以来，中亚天然气进口呈现出“淡季不淡，旺季更旺”的情况，进口量大幅攀升，2018年全球有望接近500亿立方米的水平。需要指出的是，尽管中亚管道天然气进口量逐年增加，但由于LNG进口量增长更加迅速，中亚天然气在中国天然气进口总量中的比例从超过50%逐步降至约40%。

为了避免2018 ~ 2019年冬再次出现天然气供应问题，中石油加强了冬季保供工作。根据中油国际管道公司预测，冬季供应期间，中亚天然气管道日输气量将达到1.6亿立方米，为管道投产依赖的最高值，管道负荷率将达到100%。

尽管长期以来中国与中亚的能源合作取得了重要成就，但合作中仍存在一些需要解决的问题。这些问题既包括企业经营的具体问题，也涉及中亚国家能源政策的制定与战略的选择。

（1）中亚国家油气政策法律多变，企业经营风险较高。哈萨克斯坦、乌兹别克斯坦和土库曼斯坦是中亚的主要油气生产国。油气行业是中国对中亚国家投资的主要领域。中亚国家在经济转型过程中，普遍存在法制不健全、有法不依、执法不严的情况。在油气领域，中亚国家的行业政策和立法变化较为频繁，给对中亚油气行业投资的中国企业造成比较严重的经营风险。

（2）中亚国家油气供应能力有限，合同执行风险较高。2017年冬土库曼斯坦对华天然气供应量减少，加剧了国内部分地区的“气荒”，在一定程度上暴露了土库曼斯坦国家天然气康采恩出口能力下降的问题。一方面，有分析认为，中亚地区容易开采的传统天然气储量几乎已经耗尽，土库曼斯坦新气田的开采十分困难，乌兹别克斯坦现有气田增长的成本过高。因此，中亚各国没有足够的财力和技术手段开发新储量，保障出口合同的执行。中亚国家需要吸引外国投资，但在低油价的情况下，高成本的天然气开采无法实现。同时，中亚的天然气出口国均奉行出口路线多元化的战略，在一定程度上降低了对华天然气供应的保障能力。

3. 展望未来

中国—中亚能源合作的重点将是保障现有油气合作合同执行、筹备建设中亚天然气管道D线等问题。

（1）较好地落实现有协议和合同的执行。目前，中国和哈萨克斯坦、乌兹别克斯坦和土库曼斯坦分别建立了政府间合作委员会能源分委会，同塔吉克斯坦和吉尔吉斯斯坦建立了政府间经贸合作委员会，形成了定期会晤机制，讨论中国与中亚国家的能源合作（经贸合作）问题。中国能源企业与中亚各国政府、国有能源企业也建立了密切的合作关系，也有定期进行互访、磋商的机制。

（2）中亚天然气管道D线的筹备与建设顺利。随着中亚天然气管道接近100%负荷率，以及中国国内迅速增长的天然气需求，D线管道的全面开工建设已经提到议事日程上。过境国的管道建设筹备工作也基本就绪。2018年2月，塔吉克斯坦能源和水资源部副部长绍伊姆佐达表示，在经过设计后，该国鲁达基地区已经开始中亚D线管道的筹建工作。中亚天然气管道D线塔吉克斯坦段将由中塔合资的Trans-Tajik Gas Pipeline Company Ltd.负责建设和运营。

随着丝绸之路经济带倡议的进一步落实，以及“丝绸之路经济带与欧亚经济联盟对接”“丝绸之路经济带”与哈萨克斯坦“光明之路”计划对接，中国与中亚的能源合作将在更加广阔的市场范围进行，多边合作也将进一步加强。除传统的油气行业，中国与中亚国家在新能源领域也有一定的合作前景，比如中国开始在哈萨克斯坦建设光伏发电能力，吉尔吉斯斯坦建议北汽集团在该国建设新能源汽车制造厂等。总的来说，中国与中亚国家的能源关系将更加紧密，但合作机制的建设、合作协议的落实仍将是未来关系发展的基石。

经济合作是共建“丝绸之路经济带”的着力点。我国西北省区都在根据本省（区）的经济发展特色及其与中亚国家的经济互补性，提出一些具体项目跟进与落实，加快本省（区）经济的快速发展。同时以其地理位置的独特性和不可替代性发挥着引进中亚能源和向西输出中国产品的通道作用。2013年11月28日，陕西省为打造“丝绸之路经济带”开通了从西安至中亚地区的首列国际货运班列“长安号”。这是我国中东部地区通往中亚最便捷的铁路货运方式，运输时间比公路运输减少了20多天，资金成本也比公路运输降低30%左右。2011年6月28日，中国银行在新疆正式推出人民币兑换坚戈（哈萨克斯坦货币单位）现钞汇率及挂牌交易，并成功办理同业中直接汇率项下的坚戈现钞兑换业务。综上所述，这些均为共建“丝绸之路经济带”创新合作模式的成功典型。

“丝绸之路经济带”创新合作模式的一个突出特点是依托沿线国家地理区位、环境条件和现代化交通运输干线等要素为发展轴，以轴上经济发达的城市为节点，发挥经济集聚和辐射功能，联结带动周围不同等级规模城市的经济发展，由此构建若干独具特色、不同层级的经济单元或次经济区的有机结合，形成多元性、动态性、稳定性、开放性、多层次性和相对合理的带状形态的地域经济区。“丝绸之路经济带”覆盖30亿人口、60多个城市。“丝绸之路经济带”上的城市具有鲜明的交通枢纽优势、市场规模优势和商贸物流中

心、金融服务中心、文化科技中心、信息交流中心等特征，是“丝绸之路经济带”建设的经济高地和增长极。2013 年 9 月 27 日“丝绸之路经济带”沿线城市共同签署了《丝绸之路经济带城市加强合作协议书》和《西安宣言》。沿线国家城市之间贸易和产业体系的互补，能源、金融、基础设施、公共事务等领域的相互支持、互通有无与务实合作，进而带动区域经济的共同繁荣，是“丝绸之路经济带”未来发展的决定性因素。

参考文献

[1] 李建民.丝绸之路经济带合作模式研究[J].青海社会科学，2014（05）：85-89.

[2] 于会录，董锁成，李宇，等.丝绸之路经济带资源格局与合作开发模式研究[J].资源科学，2014（12）:2468-2475.

[3] 丁晓星.丝绸之路经济带的战略性与可行性分析——兼谈推动中国与中亚国家的全面合作[J].人民论坛·学术前沿，2014(04).:71-78

[4] 张钰璞.新丝绸之路框架下中国与中亚五国经贸合作研究[D].大连：东北财经大学，2014.

[5] 胡鞍钢，马伟，鄢一龙."丝绸之路经济带":战略内涵、定位和实现路径[J].新疆师范大学学报(哲学社会科学版)，2014(02):1-10.

[6] 王保忠，何炼成，李忠民."新丝绸之路经济带"一体化战略路径与实施对策[J]. 经济纵横，2013(11):60-65.

[7]毛汉英.中国与俄罗斯及中亚五国能源合作前景展望[J].地理科学进展，2013,32(10):1433-1443.

[8] James P. Dorian.Central Asia: A major emerging energy player in the 21st century[J]. Energy Policy，2005 (5)：544-555.

[9] 赵东波，李英武.中俄及中亚各国"新丝绸之路"构建的战略研究[J].东北亚论坛，2014(01):106-112.

[10] 柳思思. 中国—西亚共建"丝绸之路经济带"的战略构想[J]. 当代世界，2014(04):41-44.

[11] 李琪.中国与中亚创新合作模式、共建"丝绸之路经济带"的地缘战略意涵和实践[J].陕西师范大学（哲学社会科学版），2014（07）:5-15.

[12] 李建民."丝绸之路经济带"合作模式研究[J].中国党政干部论坛，2014（05）:85-89.

[13] 刘沛.论丝绸之路经济带对我国与中亚五国经济合作的前景展望[D].北京：对外经济贸易大学，2015.

[14] 孙壮志."丝绸之路经济带"：打造区域合作新模式[J].新疆师范大学学报（哲学社会科学版），2014:36-41.

[15] 孙莹.国际经济合作[M].机械工业出版社，2015.

[16] 李悦，杨殿中.中国对中亚五国直接投资的现状、存在问题及对策建议[J].经济研究参考，2014(21):62-75.

[17] 刁莉，罗培，史欣欣.我国对中亚五国的直接投资效率与对策[J].经济纵横，2016(03):69-75.

[18] 孙梦健.中国对中亚五国直接投资的区位和产业选择研究[D].乌鲁木齐：新疆大学，2015.

[19] 刘亦乐.我国对亚洲地区直接投资的区位选择和产业选择研究[J].商业时代，2015（31）:63-65.

[20] 陈俭.中国与中亚五国农业经贸合作模式研究[D].乌鲁木齐：新疆农业大学，2014.

[21] 陈军，龚新蜀.中哈边境自由贸易区构建:贸易影响因素、目标设计和预警问题[J].俄罗斯中亚东欧市场，2011(04):25-30.

[22] 张辛雨.中国与中亚能源开发合作研究[D].长春：吉林大学，2012.

[23] 经济合作与发展组织.互联经济体：受益于全球价值链[M].商务部政策研究室译.北京：中国商务出版社，2013.

[24]陈扬.负利率能否救欧洲[J].中国金融家，2014（10）.

[25]高丽，杨红丽.欧元区货币政策实践及对我国的启示[J].货币政策，2015（1）：6-9.

[26]吴秀波.积极应对因美联储推出QE而加大的经济通缩风险[J].宏观经济，2015（1）:6-9.

[27]吴智钢.欧洲央行再度降息将产生溢出效应[N].证券时报，2014-09-09.

[28]孙文艳.降息对我国经济影响的分析[J].现代经济信息，2014（12）:365.

[29]华益文.丝绸之路经济带和海上丝绸之路一样精彩[N].人民日报海外版，2013-09-13.

[30]何茂春，张翼兵.新丝绸之路经济带的国家战略分析——中国的历史机遇、潜在挑战与应对策略[EB/OL].[2013-12-26].www.rmlt.com.

[31]潜旭明."一带一路"战略的支点：中国与中东能源合作[J].阿拉伯世界研究，2014（3）：44-46.

[32]罗雨泽."一带一路"：是区域的，也是全球的[N].中国经济时报，2015-03-23.

[33]白钦先，王京.合作金融的合作动机及引致原则研究[J].金融理论与实践，2014（10）：1-8.

[34]李娟娟，樊丽明.国际公共产品供给何以成为可能——基于亚洲基础设施投资银行的分析[J].经济学家，2015（3）：5-13.

[35]蒋希蘅，程国强.国内外专家关于"一带一路"建设的看法和建议综述[J].中国外资，2014（10）：30-33.

[36]杨晨曦."一带一路"区域能源合作中的大国因素及应对策略[J].新视野，2014（4）:124-128.

[37]金玲."一带一路"：中国的马歇尔计划[J].国际问题研究，2015（1）:88-99.

[38]霍建国."一带一路"战略构思意义深远[J].人民论坛，2014（5）:33-35.

[39]王敬文."一带一路"打开筑梦空间[J].中外投资，2014（10）:62.

[40]姚冬琴.习主席的"丝路之旅"收获了什么[N].中国经济周刊，2014-9.

[41]袁新涛."一带一路"建设的国家战略分析[J].理论月刊，2014（11）:21-25.

[42]蒋耀平.我国与中亚五国贸易额较建交之时已翻百倍[EB/OL].http://intl.ce.cn/specials/zxxx，2013-05-28.

[43]中国石油在中亚之经济篇：合作多赢济民[EB/OL].http://energy.people.com.cn/n，2014-11-15.

[44]国家开发银行新疆分行.深化与中亚国家金融合作 履行好金融使命[EB/OL].http://www.xj.xinhuanet.com/c-1113557274，2014-12-08.

[45]高岩.推动中亚地区跨境人民币业务发展的思考[J].金融经济，2014（2）:30-32.

[46]李廉水.中国制造业发展研究报告2013[M].北京：科学出版社，2013.

[47]吴白乙.拉丁美洲和加勒比发展报告（2013-2014）[M].北京：社会科学文献出版社，2014.

[48]中国贸促会.中国企业"走出去"发展报告（2011~2012）[M].北京：人民出版社，2013.

[49]哈瑞尔达·考利.2014年的拉丁美洲[M].北京：中国大百科全书出版社，2014.

[50]郑永年.TPP与中美关系的前景[N].新加坡联合早报，2013-06-04.

[51]李光辉，袁波，王蕊.加快实施自贸区战略的困难及对策[J].国际经济合作，2014（11）：23-25.

[52]上海财经大学自由贸易区研究院.赢在自贸区——寻找改革红利时代的财富与机遇[M].北京：北京大学出版社，2014.

[53]青岛市发展和改革委员会.青岛参与国家丝绸之路经济带和21 世纪海上丝绸之路战略研究[R].2014.

[54]崔武.青岛加快融入"一带一路"战略，着力深化提升与沿线国家双向投资贸易合作[N].青岛日报，2015-03-30.

[55]青岛市蓝色经济办公室等.青岛市推进"一带一路"战略规划总体实施方案[R].2015.

[56]国家发展改革委，外交部，商务部.推进共建丝绸之路经济带和21世纪海上丝绸之路的愿景与行动[Z].2015-03-28.

[57]胡鞍钢，马伟，鄢一龙."丝绸之路经济带"：战略内涵、定位和实现路径[J].新疆师范大学学报，2014（2）：1-10.

[58]高虎城.深化经贸合作 共创新的辉煌[J]. 国际商务财会，2014（6）：5-7.

[59]贾庆国.建设“一带一路”之我见[J].群言，2014（10）：16-18.

[60]胡怀邦.规划与融资并举共建丝绸之路经济带[EB/OL].[2015-03-15].http://www.boaoreview.org/html/zonglun-Opinions/jingji-Economy/20150315/3175.html.

[61]蒋志刚.“一带一路”建设中的金融支持主导作用[J].国际经济合作，2014（9）.

[62]孙志远.“一带一路”战略构想的三重内涵[N].中国经济时报，2014-08-11.

[63]胡怀邦.开发性金融的国家使命[J].中国金融，2014（8）.

[64]唐永红.两岸经济合作的政治效应问题探讨[J].台湾研究，2014（3）：24-29.

[65]王敏.台湾与东盟经济关系发展新趋势、成因与前景分析[J].台湾研究，2014（2）：46-54.

[66]刘红.“一带一路”利在当前功在长远[J].中国金融家，2015（1）：36-37.

[67]李强，徐康宁.资源禀赋、资源消费与经济增长[J].产业经济研究，2013（4）：81-90.

[68]盛雯雯.金融发展与国际贸易比较优势[J].世界经济，2014（7）：142-166.

[69]蒋志刚.“一带一路”建设中的金融支持主导作用[J].国际经济合作，2014（9）：59-62.

[70]安国俊.金融国际化与企业“走出去”[J].中国金融，2015（3）：45-46.

[71]李璐.政策性保险护航“一带一路”建设[J].进出口经理人，2014（12）：88-89.

[72]秦放鸣.中国与中亚国家区域经济合作研究[M].北京：科学出版社,2010.

[73]卡拉.中国与中亚五国经济合作的障碍与对策[D].哈尔滨：哈尔滨工业大学, 2014.

[74]全淅玉.我国与中亚五国经贸金融合作的现状、障碍及对策[J].对外经贸实务, 2016(11).

[75]袁胜育,李全军.中国与中亚各国的经济合作:问题及对策[J]. 社会观察, 2016(2):119-120.

[76]郭可为.中国与中亚经贸金融合作现状与挑战[J].国际研究参考, 2015(12):1-5.

[77] 田继军,刘之捷,德勒恰提·加娜塔依,等.新疆及中亚地区地学人才培养的思考[J].高等理科教育, 2015(5):118-123.

[78]吴建民.中国与中亚合作面临大发展的机遇[J].今日中国, 2016(4):12-13.

[79]李稻葵, 程浩.丝绸之路经济带的合作基础与投资策略[J].改革, 2015(8):29-38.

[80]马广奇, 王巧巧. 丝绸之路经济带金融合作瓶颈与发展建议[J]. 商业经济研究, 2015(1):108-109.

[81]马广奇 ,黄伟丽 . “互联网＋”背景下深化丝绸之路经济带金融合作的路径研究[J]. 经济纵横, 2018:98-105.

[82]马广奇, 黄伟丽. “互联网+”背景下丝绸之路经济带金融合作:基础、障碍与对策[J].云南财经大学学报, 2018, 34(09):15-24.

[83]赵静,李树民.丝绸之路经济带旅游合作障碍与对策研究[J].云南民族大学学报(哲学社会科学版), 2017(05):103-110.

[84]李金峰,时书霞.兰州面向丝绸之路经济带跨区域旅游合作研究[J].长春师范大学学报, 2016(1):55–59.

[85]李金峰，时书霞. 面向丝绸之路经济带的旅游资源非优区开发研究——以甘肃省兰州市为例[J]. 成都师范学院学报, 2016, 32(3):90–94.

[86]李泉, 张馨予. “丝绸之路经济带”沿线区域文化旅游产业合作发展研究[J].青海民族大学学报（社会科学版）, 2016, 42(1):135–139.

[87]吕江.全球能源变革对丝绸之路经济带能源合作的挑战与应对[J].当代世界与社会主义, 2018:164–169.

[88]巴燕・吾依木汗. 丝绸之路经济带背景下中国新疆与中亚能源合作探析[J].当代经济, 2018:80–81.

[89]朱新鑫,杨晓林,刘维忠.丝绸之路经济带背景下中国新疆与中亚五国农业科技合作路径探析[J].农业经济, 2017(4):14–16.

[90]杨宇,何则,刘毅. “丝绸之路经济带”中国与中亚国家油气贸易合作的现状、问题与对策[J].中国科学院院刊, 2018(6):575–584.

[91]胡健, 焦兵, 刘倩倩. “丝绸之路经济带”战略下的中国与中亚国家能源合作现状与发展前景?[J]. 人文杂志, 2017(1):29–43.

[92]乔平平.共建“丝绸之路经济带”背景下中国与中亚能源合作现状及升级途径[J].经济研究导刊, 2016(21):178–181.

[93]杨泽伟.共建“丝绸之路经济带”背景下中国与中亚国家能源合作法律制度:现状、缺陷与重构[J].法学杂志, 2016, 37(1):18–28.

[94]陈红, 眭睦. “丝绸之路经济带”视角下的次区域经济合作法律保障研究[J]. 太原城市职业技术学院学报, 2018:188–190.

[95]程晓荣, 刘源. 丝绸之路经济带战略背景下的区域税收协调问题研究——基于产业合作发展的视角[J]. 西部财会:10–15.

[96]徐小南,程晓荣. 丝绸之路经济带建设的税收政策创新研究—基于陕西外贸类产业税收分析的视角[J].西部财会, 2018:24–29.